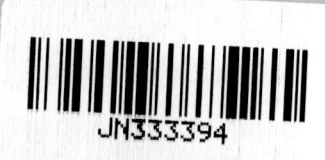

学校教育の
認識論的転回

中井孝章

溪水社

目　次

Ⅲ．「社会認識」変革への視座としての「思考の往復運動」
——社会科授業論としての中間項理論に学ぶ——

Ⅳ．「文学教育」変革への視座としての「虚構としての文学」
——新しい解釈学とマニエリスム文学論に学ぶ——

Ⅴ．「学校英語」変革への視座としての歴史精神分析
――「多元的散開的外国語」の理念に学ぶ――

Ⅵ．「学校道徳」変革への視座としての「モラルジレンマ」
――「決疑論としての道徳教育」の理念に学ぶ――

学校教育の認識論的転回

序

一般的に，私たちにとって学ぶ様式は，およそ次の3つの選択肢がある。

ひとつは，自転車に乗るとか，掃除の仕方を学ぶなど，日常生活の実践活動をごく普通の人として学ぶことである。もうひとつは，生徒として学校に入学し，特定の教科や活動を学ぶことである。さらに，もうひとつは，茶道・書道などの稽古事や宮大工などの職人世界のように，見習いまたは弟子としてある特定の共同体（コミュニティ）に入門し，知識や技能を学ぶことである。ここには，企業でなされる，新入社員に対するOJT（on the Job Training）方式による技能形成も含まれる。そして，各々の学ぶ様式を通じて習得される「知」は，順次，「日常知」または「生活知」，「学校知」，「実践知」または「エキスパートの知」と呼ぶことができる。

そして，具体的な状況・文脈や現場で知識（広義）を学習し，そこで身につけた知識をわざ（スキル）として使うのが，「日常知」と「実践知」に共通した特徴であるのに対して，具体的な状況・文脈や現場とは乖離した知識を主として学習（インプット）し，頭のなかに貯め込むのが「学校知」の特徴である。つまり，「学校知」は，生徒（子ども）たちに脱状況化された記号操作能力，すなわち定義可能で記号化（言語化）された知識を習得させることを目的としている（一般的には，経験はこうした知識を習得させるための手段となる）。その意味で「学校知」は，まったく特異な「知」のタイプなのである。従ってそれは，「日常知」や「実践知」とは関係なく，あるいはそれらに対立し，それらを排除することから，否定的なニュアンスをこめて「学校知」と呼ばれてきた。「学校知」は，生徒（子ども）たちの生活や経験と乖離した抽象的な知識に過ぎないと見なされている。

しかしながら，「学校知」がいかに特殊な「知」であるとはいえ，それが「知」である限りにおいて，必ずそれを使う状況・文脈や場は存在する。「学校知」の場合，知識を使う唯一の状況・文脈や場が入試や試験である（この点に関してはⅠで詳述する）。正確に言うと，「学校知」は生徒（子ども）たちがそれを入試や試験で活かすという目的だけのために，彼らの頭のなかに詰め込まれるのである。しかし，それが厳しく批判されるのは，アウトプットを行う入試や試験の場が現実とは乖離した，特殊なものだからである。そういう意味を込めて，生徒たちが学校で教師によって一斉教授（一斉授業）されるさまざまな知識のことを「学校知（knowledge transmitted at school）」と総称したい。また，学校で生徒たちが学習する，さまざまな教科や教育諸活動の教育内容のことを，分野・領域ごとにその都度「学校～」と呼びたい。それは例えば，「学校体育」，「学校算数」，「学校音楽」，「学校英語」等々である。ただ，「学校～」という表現が馴染まない場合は，例えば「従来の『文学教育』」とか「従来の『芸術教育』」というように表すことにしたい。

ところで，従来よりこうした「学校知」の問題点を批判し，その変革を試みた，さまざまな教育実践および理論が存在した。日常あるいはあるコミュニティのなかで使われている知識（広義）は，教科や教育活動として学校のカリキュラムのなかに組み込まれ（＝枠づけられ），学習対象となった途端，学校（特に，入試や試験）のなかでのみ通用し得る特殊な「知」となってしまうのである。

従って，本書は今まで蓄積されてきたさまざまな教育（授業）実践の理論，なかでも「日常知」や「実践知」のように，習得した知識を現実世界の文脈に即して適宜，使用する（アウトプットする）ことを理論の中心に据えた教育実践の知見に学びながら，認識論的なレベルにおいて「学校知」変革の視座について述べていくことを目的とする。前書の『学校教育の時間論的転回』は，学校教育を非日常性や反日常性といった，日常性（日常の時間意識としての陶冶的時間意識）とは異なる視座から変革していく方法を論述した。それに対して，本書は普段，教師と生徒たちによって営まれている授業実践や教育活動，いわゆる学校教育の日常性に焦点を合わせながら，授業実践や教育活動にみられる認識のあり方を根本的に変革していくことを目的としている。Ⅱ以下では順次，自然認識（主に，理科），社会認識（主に，社会科），文学教育（国語），英語教育（外国語），道徳教育（主に，道徳）を主題としながら，学校教育の認識論的変革のあり方を提示（例示）している。今後さらに分野・領域を拡げることにより，「学校知」変革の方法をより確かなもの，より具体的なものにしていきたいと考えている。

繰り返し強調すると，本書は，「学校知」変革の視座を，知識をインプットすることからアウトプットすることへと，すなわち知識を頭のなかに貯蓄（蓄積）することから（それを）現実の真正の文脈・状況で使うことへと認識論的に転回することに求めるとともに，その転回するポイントをさまざまな分野・領域のなかで具体的に論述していくことを目指している。なお，著者は，学校教育の変革（「学校知」変革）の戦略を三部作という形で構想している。つまり，前書では「時間論的転回」について，本書では「認識論的転回」について，各々述べてきたが，さらにその続編として，「言語論的転回」を構想している。近日中に『学校教育の言語論的転回』をまとめて上梓していく予定である。そして，その著書のなかで三部作の相互関係を中心に学校教育論の総括を行いたいと考えている。

Ⅰ．「学校知」変革への視座

――わざとしての知識――

1．「学校知」の特徴

一般的に言うと，学校教育とは，教師が口授と板書と教科書，すなわち言語を唯一の媒介（道具）にして科学的な知識や技術（教科の内容）を子どもたちに一斉教授していく場であると規定することができる。ここで注意すべきなのは，一斉教授法（recitation）という学校の伝統的な教育方法が，知識を言語で教授（伝達）することができるという前提に立っていることである。もっと言えば，一斉教授では知識は言語へと還元することができるとみなされている。だからこそ，教師は言語による説明（口授と板書）を介して，子どもたちに知識（言語としての知識）を伝えることができるということになる。

一方，子どもたちからすると，教師によって教授される知識（言語としての知識）を学習する，いわゆる「教授＝学習」過程において，この場合の「学習」が，「教授」行為を予想させる狭義の意味での「学習」概念，すなわち「知識・技術を『意図的に』習得すること」[『広辞苑』第4版参照]，もっと言えば知識・技術を言語によって記憶することに限定されてしまうことになる（広義の「学習」概念については，後述する）。こうした狭義の「学習」概念とは，一斉教授が前提とする知識観に対応する学習観に過ぎない。こうした学習観において，学習とは，コンピュータの認知システムよろしく，提示された「教授」内容を言語として「頭の中だけに（solely inside heads）」刻みつけ（インプットし），記憶中枢に貯め込んでいくことに等しい。ここで「知識」とは,「頭のなかに」「貯め込む」とか「詰め込む」といった所有のメタファーで表されるモノである。そして,所有のメタファーで表される「知識」は,言葉によって意図的,明示的に表現され,伝達されるものなのである。

以上のことから,言語を主要な媒介とする一斉教授法を通じて教師が複数の子どもたちに伝達していく知識や技術のことを,教育方法学的に「学校知(knowledge transmitted at school)」と規定することにしたい。「学校知」とは,一斉教授が前提とする「知識＝言語」という知識観およびそれに対応する学習観によって枠づけられた「知」なのである。「学校知」が言語に乗せて伝達できる「知」である以上,伝達する教師(の経験や能力)や伝達される子どもたち(の経験や能力)とは独立に存在する同一の実体(客体)であることが求められる。この場合,教師から子どもたちへの,「知」の伝達とは,その所有の移転もしくは所有者の拡張を意味する。

ところで,教育方法学からみると,一斉教授が前提とする「知識＝言語」という知識観によって規定される「学校知」は,次のような特徴をもっている。

まずひとつは,「学校知」が近代的な知育の中で,科学的な知識や技術を主要領域とするものであり,しかもこの領域内での知識や技術に限っては,言語によって合理的,明示的に習得できるものとみなされてきたということである。つまり,この「知」は,知り手である個々の子どもたちから独立して客観的に存在することになる。その端的な現れは,教科書であり,その内容の是非はともかく,それは客観的な真理・真実を記述したものとみなされている。教科書は,メッセージとしての教科内容のみならず,“これを学習せよ”というメタ・メッセージを子どもたちに付与している。見方を換えれば,「学校知」の主要領域としての科学的な知識や技術を子どもたちが習得するためには,言語以外の要素,すなわち後述するような,個々の子どもたちの身体的,暗黙的なわざを必要としないということ,それどころかそれを排除するということを意味する。

もうひとつは，いま述べたその特徴に関連して，「学校知」が，次のような原理に基づいて構成されているということである。すなわち，その構成法とは，まず習得すべき知識や技術（学習課題）の全体がどういう要素から成り立っているかを解析し，その中で最も基本的で単純な，下位の要素へと還元し，なおかつ，単一の要素から要素の複合へと――易しいものから難しいものへと――，諸要素を機械的に組み合わせていくというものである。ここで要素とは，言葉で記述可能なものである。そして，学年が進めば進むほど（上に行けば行くほど），学習課題は言葉だけのものとなり，経験が捨象されてしまう。

例えば，学校でなされる読み書きの教育（リテラシー教育）を引き合いに出せば，そこでは，最も基本的で単純な下位の要素が文字へと確定された上で，個々の文字から単語へ，単語から文へ，単文から長文へ，というように順次積み上げられていくといった方式で構成されている。ただ，こうした方法は，学校内での教科の学習ばかりとは限らない。学校外で個々の子どもによって自主的に習得される西欧の芸術においても同様の方法がとられている。例えば，ピアノの場合，最も下位の要素が音譜記号へと確定された上で，音譜記号の初歩から音符の組み合わせが比較的簡単なバイエルへ，そして，バイエル106番までを経てソナチネへ，ソナチネからソナタへ，というように単純で易しいものから複雑で難しいものへと順次積み上げられていく。これ以外にも，バレエならば「パ(pas)」という最も基本的なものの練習に多くの時間をかけて，基礎がしっかり出来上がってから，作品に入っていくというのが常道とみなされている。

以上述べたこれら２つの特徴は，一斉教授法が前提とする知識観によって制約される，「学校知」という「知」自体の有する形式的な特徴である。しかしながら，こうした特徴をもつ「学校知」は，子どもたちからみて本当に身につけることができるのであろうか。次にそのことを，言語だけによって知識を教えること（学ぶこと）の不可能性を示した「アウグスティヌスのパラドックス」[Augustinus，1952=1981] を引き合いに出して検討していくことにする。

2．「学校知」のパラドックス
――アウグスティヌスのパラドックスと「受験知のスキル」――

繰り返すと，「学校知」とは，言語を主な媒介（メディア）とする一斉教授法を通じて教師が複数の子どもたちに伝達していく知識や技術を指す，教育方法学の概念である。しかしながら，こうした特徴をもつ「学校知」は，子どもたちからみて本当に身につけることができるのであろうか。論理的に見れば，その答えは否である。そのことを示す教育哲学的知見として，「アウグスティヌスのパラドックス」[Augustinus，1952=1981] を引き合いに出すことができる。

ところで，アウグスティヌスのパラドックスとは，次の通りである。教師は子どもに言語（アウグスティヌスでは「記号」）によって知識（知らないこと）を「教える」というが，それは不可能である。なぜなら，教師が伝えた言語の意味を子どもたちが理解できるということは，子どもたち自身がその言語で言われていること（意味されるもの）をすでに知っているからである。従ってこの場合，子どもたちは何ら新しいことを知るわけではない（すでに知っていることを知るというのは，無意味である）。逆に，教師の与える言語を子どもたちがまだ知らないのであれば，子どもたちがそれを聞いても理解できないはずである。このとき，子どもたちはいたずらに耳を打つ音響（雑音）を聞いているに過ぎない。従って，子どもが教師から言語を介して知識を受けとって，いままで知らなかった新しいことを知るというのは矛盾であり，本来，不可能なことになる。要するに，教師は，子どもたちが知らないことを記号（言語）では教えることができない。逆に言えば，子どもたちが記号の意味を理解できるということは，その記号で言われていることをすでに知っているということなのである。

「教育は記号による」というように，アウグスティヌスは記号（言語）を教育における最高の伝達手段であると捉えていたが，同時に「記号だけでは教えられない」[ibid.：66ff.] というパラドックスをも抱えていた。要するに，アウグスティヌスは「知識（実在）」を「記号（言語）」をもって代替（等置）し，「記号」を通じて子どもに「知識」を教えていくことのパラドックスを知悉していたのである。この矛盾を彼は，「知識を知っている」場合には，「想起」の概念を，「知識を知っていない」場合には「探求」と「発見」の概念をそれぞれ導入することによって道を開いたが，この考え方は後述する M.ポラニーの「暗黙知」理論に通底するものである。

以上のアウグスティヌスのパラドックスに準拠する限り，「記号＝言語」を通じて子どもたちに一斉教授していく「学校知」それ自体，論理的に不可能な所業であると言わざるを得ない。

ただそれでは，「学校知」それ自体について言及する意味がなくなってしまう。否むしろ，「学校知」の存在意義は，本来不可能であるはずの，言語による一斉教授があたかも可能であるかのようにみせかけるための詐術でしかないことになってしまう。

しかしながら，現実的には子どもたちの大半は，一斉教授法を通じて「学校知」を身につけているようにみえるし，そのことはまた事実である（自己経験に照らしてもそうである）。それではどうして，論理上，身につけられないはずの「学校知」を子どもたちの多くは身につけることができるのであろうか。

ひとつ言えることは，一斉教授される知識（言語）を，子どもたちが学校以前・外の経験に照らし合わせてリアルに習得していけるからだということである。つまり，教授される知識（言語）がそこから生成されてくるところの文脈を，子どもたちが何らかの形でたまたま経験している——従って，経験と言語が対応している——ことで，彼らは抽象的で一見近寄りがたい知識を理解することができるのである。むしろこの場合，その知識は彼らのなかに潜在している経験内容を整序していくための手助けとなる。ただこの場合，当然のことながら，個々の子どもたちが有する，学校以前・外の経験の広さや深さの差異によって，知識の習得の度合いが異なってしまう。従って，一斉教授では必然的に学びの個人差が大きくなるのである。あるいは学びの個別性と一斉教授との間で構造摩擦が起こると言えるかも知れない。

しかし，以上の理由づけは，個々の子どもたちにのみ該当するものに過ぎない。むしろ彼らの大半にとって「学校知」の習得が可能になる理由とは，実は次のことにある。すなわちそれは，子どもたちの大半が試験勉強や受験勉強と称して，「学校知」を文字通り言語的なレベルだけで捉えて記憶し，そして記憶したことを試験という状況のなかで再生していける（使うことができる）「能力＝わざ」を身につけているということにある。こうした「能力＝わざ」のことを「受験知のスキル」と呼びたい。周知のように，テストや入試などの「受験知」の文脈では，教科書に言語で記述されていることや教師が口授・板書した言葉が唯一の正しい知識（正答・正解）であり，それを子どもたちが試験のなかで変形・加工を施しつつ言語で書けること（アウトプットできること）が当の知識を身につけた証左となる。しかもその結果は，数値（点数）という尺度で“客観的に”評価（判定）される。ところが，試験や入試という状況とは，子どもたちが身につけた知識や技術を活かす「エセ出力の場」［小西正雄，1997：116］，そういうことに語弊があるとすれば，最小限の出力の場に過ぎない。そして，こうした「受験知のスキル」の典型が，認知心理学でいう，メタ言語的操作としての「コピーマッチ（copy-matching）」［Cole & Griffin，1986／中井，2003：171–174］に相当する。

しかしながら見方を換えれば，試験という状況が，子どもたちが言語レベルだけで身につけた「学校知」を，わざ（スキル）として活かしていくことのできる唯一の場であるということもまた事実である。それどころか，「学校知」は，子どもたちが身につけた「受験知のスキル」によって成立可能な「知」であるとさえ言える。たとえ，「学校知」が試験の文脈でのみ意味づけられることが原因で，テストや入試が終われば忽ち「剥落」（芦田恵之介の言葉）されてしまう不本意なものであるにしても，「学校知」そのものが成立するためには，試験という「エセ出力の場」は不可欠なのである。

こうして，「学校知」が子どもたちに習得されるためには――というよりも，それ以前に「学校知」それ自体が成立するためには――，それがその合理性と客観性を成立根拠とするために本来排除しているはずの，学び手（個々の子どもたち）の身体的，暗黙的なわざが不可欠なのである。ありていに言えば，「学校知」は，子どもたちの「受験知のスキル」によって支えられることでかろうじて成立可能な「知」にほかならない。「学校知」は，こうした「受験知」の文脈に埋め込まれるとき，初めて正当化される。

だからこそ，テストや入試（「受験知のスキル」）に関心をもてない子どもたち（例えば，“学力の低い子どもたち”や“勉強や受験以外に価値を見出す子どもたち”）にとって，「学校知」はまったく疎遠で理解が困難なものとならざるを得ない。繰り返すと，たとえ，こうした，子どもたちのスキルが，学校教育からみて好ましくないものであり，「剥落」現象を引き起こす原因となる不本意なものであるにしても，この「受験知のスキル」以外には「学校知」そのものを意味づけるものを見出し得ない以上，学校としては当面――是非を超えて――，それを肯定せざるを得ないと言える。これが本当の意味での「学校知」のパラドックス，すなわち一斉教授が前提とする，「知識＝言語」による教育のパラドックス（＝言語だけによる教育の不可能性を唱える，アウグスティヌスのパラドックス）そのものを隠蔽してしまう，もうひとつのパラドックス，すなわち言語だけによる教育の不可能性を隠蔽し，あたかもそれが可能であるかのように擬装するパラドックスにほかならない。

3．暗黙知理論に基づく知識観の転換

それでは次に，教育方法学の立場から，「学校知」変革の「視点」について言うと，それは，「学校知」の伝達形態である「一斉教授」が前提とする知識観と学習観によって排除されてきた，広義の「知」と「学習」を，各々，子どもたちの立場から根本的に捉え直していくということであると考えられる。すなわち前者は，「知ること（knowing)」を，子どもたちからみてそれが本来どのような営みであるのかについて捉え直すことであり，後者は「教授＝学習」過程における「学習」を，子どもたちからみて「教授」行為を前提とする狭義の「学習」には回収し得ない広義の「学習」として捉え直すことである。従って，前者の「視点」は，知識観の転換を，後者の「視点」は，学習観の転換をそれぞれ意味する。とりわけ，子どもたちからみて前者，すなわち知識観を捉え直すことが先決である。というのも，「知ること」に対する捉え方が変われば当然，「学ぶこと」に対する捉え方も変化するからである。従って，まず「学校知」変革の「視点」として，知ることの根本的な捉え直し（知識観の転換）について論述し，その上で学習観の転換について述べていくことにする。

なお，ここで，学校変革の具体的な「方法」ではなく「視点」とするのは，「方法」があくまで学校教育実践に携わる人たちがその人なりに考え，実践していくものであるのに対して，「視点」が実践家たちに共通してみられる暗黙の前提を指すからである。そしてこの暗黙の前提は，批判的に検討すべき研究対象となり得る。小西正雄がいみじくも述べるように，「教育研究の世界全体がいま，前提である『観』の吟味を抜きにした極端な実用主義に覆われている」［小西正雄，1997：48］のであり，「観」の捉え直しは不可欠である。次に，「学校知」変革の手がかりとなる，M.ポラニーの暗黙知理論について述べていくことにしたい。

ポラニーによると，「暗黙知」とは，手がかりとしての「諸細目」（X線写真上の映像／目や鼻）を，私たちの人格的参加によってモノやコトの意味，すなわち「包括的存在」（結核の病巣およびそれに関する専門用語，例えば「浸潤」「空洞」「結核菌」／人相）へと構成していく，この暗黙的な統合プロセスのことである。そして，このプロセスで意味を統合する方法（技能）それ自体を強調するとき，それを特に「技芸（わざ）」と呼ぶことにする。ただし，しばしば誤解されるように，それは「知ること」の方法的契機であっても，行動主義哲学者，G.ライルの言う意味での「方法知（knowing how）」［Ryle，1949＝1987：27ff.］ではない。さらに，「暗黙知」の構造においては，「包括的存在」はさらなる“未知の”意味へと統合することに向けての「諸細目（手がかり）」となるという意味で，本質的に「知ること」は，ある特定の段階で完結することなく，営まれ続けるのである（この点はしばしば誤解されていることだが，暗黙知の探究過程は knowing how の形態ではなく，knowing that の形態をとる［Polanyi，1958＝1985：54f.］）。

ところで，このように規定される暗黙知が「学校知」変革という文脈で重要になるのは，ポラニーが科学的知識の本性の探究において，「知ること（knowing）とは，技能［わざ＝スキル］を要する活動である」［Polanyi，1958＝1985：vii］と考えていることにある。繰り返すと，「わざ」とは，暗黙的な統合プロセスにおいて意味を統合する方法である。「日常知」や「実践知」は言うまでもなく，たとえ脱状況化された「知」と言われる「学校知」であろうと，すべての知識（＝知ること）は，知る人の身体的，暗黙的なわざ，すなわち「暗黙知」の方法的側面に支えられなければ成立し得ない。一斉教授と不可分な「学校知」が，不本意ながらも「受験知のスキル（わざ）」との癒着によって成立可能だということはすでに見てきた通りである。換言すると，知る人のわざ（暗黙知）を介さない客観的な知識は本来，存在し得ない。普通，主観とは無関係に客観的知識が存立するとみなされるのは，科学的世界観に基づく臆見（ドクサ）に過ぎない。このように，ポラニーは「知ること」における重要な構成要素として知る人の身体的，暗黙的なわざ（スキル）を見出したのである。

ここで強調したいことは，「学校知」，すなわちその主要領域である科学的な知識や技術が，客観的な知識として個々の子どもたちの主観（主体）――知る人の「暗黙知＝わざ」――とは一切かかわりなく存立するという捉え方自体，妥当な知識観ではないということである。つまり，「知ること」は，個々の子どもたちが特定のモノやコトに人格的に自己投出（コミットメント）することで初めて成立する行為であり，その際，その参加の仕方は「(意味）統合のわざ」に応じて差異的（個性的）なものにならざるを得ないのである。ここでいう「差異的なもの」とは，言葉のもつ同一性・共有性では決して括れないものである。私たち個々人はその人なりの経験の仕方によって事象を捉えるが，一旦，経験したコトを言葉の次元に昇華させた途端，私たちはその経験内容が薄められ変質されてしまうという口惜しさを感じ取る。あるいは反対に，経験したコトを言葉にうまく表し得ないもどかしさを私たちは体験する。つまり，経験から言葉へと移し替えるとき，必ずこぼれ落ちてしまう何かが，ここでいう「差異的なもの」だと言える。さらに言うと，それは個々の子どもたちが自分なりに習得するしかないものであって，教師といえども決して教えることのできない類のものなのである。

以上のことから，「学校知」変革のためにまず必要なことは，「学校知」そのものが最初から排除してきた子どもたちの身体的，暗黙的な「わざ(暗黙知)」を，彼らからみて「知ること」における重要な構成要素として捉えていくということである。裏を返せば，そのことを踏まえずに，ただ，学校以外で営まれている「日常知」や「実践知」といった「知」の代替をもって対処していこうとする思考スタイル自体，間違っていると言える。たとえ脱文脈的な「知」と規定される「学校知」であっても，「わざ」を通じて十全な「再文脈化（recontextualization)」が可能である限り，その特徴（脱文脈性）だけで批判されるべきではない。平たく言うと，知識（言語）がそこから生成されてくるところの文脈を再び与えられるとき（再文脈化），それは子どもたちのなかで生きて働くものになるのである。

4．暗黙知理論に基づく学習観の転換

次に，学習観の転換という「学校知」変革の「視点」について言うと，それは前述したように，「学習」とは，どのような営みであるのかについて規定し直すことである。従来，学校教育において「学習」と言えば，それは必ず「教授＝学習」過程という場面での，教授行為を前提とする狭義の「学習」に還元されてきた。しかし，学校教育においても，それ以外の場でなされるのとまったく同様に，狭義の「学習」には回収し尽くされない，広義の「学習」が子どもたちによって営まれている。

こうした広義の「学習」を捉える手がかりは，「学習」概念を大和言葉（生活世界の言葉）へと語源学的に遡及することにある。語源学によると，漢語（外来語）として示される狭義の「学習」概念の根底には，「まなび＝ならう」という意味がある。簡潔に言うと，それは，他者の行為を「模倣」（＝「真似び」「倣い」）しながら，幾度も繰り返し慣れ親しむことで憶え，身につけていく（＝「慣らう」）ということである［森田良行，1988：185］。このレベルの「まなび」については，生田久美子が伝統芸道に学びつつ，図１［生田久美子，1987：18］のように定式化している。

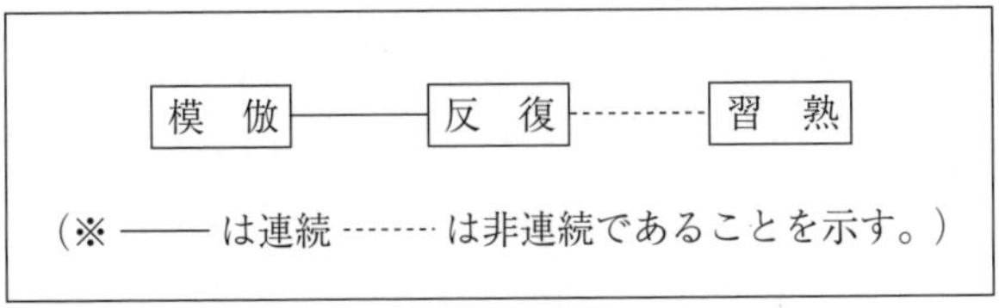

図１　「わざ」からみた学びの過程

ただ，この定式化は，芸道のような「実践知」や，それと同型的な

「日常知」であろうと——「文脈依存的な（contextualized）」もしくは「状況的な（situated）」と形容される——，「脱文脈的な（decontextualized）」「学校知」であろうと，学習者一般（子どもも含めて）が知識や技術を「身につけて」いく以上，すべての「知」に通底するものと考えられる。

そして，この「まなび」を捉え直すことは，学習者（子どもも含めて）が実際に「知識を身につけた状態とはどういう状態であるのか」［生田久美子，1992：114］という「視点」に立って「学校知」を改革していくことを意味する。この「視点」をほとんど顧みることなく，ひたすら教える（一斉教授する）ことに邁進してきたところに「学校知」の根本的な陥穽がある。こうした「視点」の欠落が「まなび」を単なる「受験知のスキル」へと貶めてきたのである。

それでは，子どもたちが「知識を身につけた状態とはどういう状態であるのか」について述べると，それは，子どもたちが教授された特定の概念（知識）を，現実の場面（真正の活動の場）において使うことができたときであると考えられる。つまり「知識を身につけた状態」には——循環論法になってしまうが——，「身につけたその知識を使用できる」という能力（わざ）が含まれているのである。ただ，この能力がテストや入試という局限化された「エセ出力の場」においてではなく，現実（対象・事象）を科学的に捉える，真正の活動の場において稼働（発現）するという意味で，ここではそれを「真正のわざ」と呼ぶことにする。この「真正のわざ」を身につけたとき初めて，子どもたちはその概念の意味を理解したということができる。「知ること」における「わざ」（「できる」）と「理解」（「わかる」）の形成は同一不可分の過程なのである。また，このように，子どもたちが「知識を身につけた状態とはどういう状態であるのか」という視点から，彼らの学びを捉える学習観を，ここでは「学習者モデル」と呼ぶことにする。

そして，この「真正のわざ」を子どもたちが身につけるためには，言語レベルでの「学習」（狭義の「学習」概念）だけではほとんど不可能であって，ここでは他者（教師や先達）が示す具体的な事例，正確には典型事例を「まなび＝ならう」ことが不可欠となる。つまり，この，他者が示す事例（典型事例）を模倣しつつ（なぞりつつ），幾度も繰り返し慣れ親しむこと──「模倣－反復」の往復──によって初めて，子どもたちは「真正のわざ」を体得することができるのである。それは，いわゆる「わざ」の「習熟＝時熟」である。

見方を換えると，子どもたちが「真正のわざ」を身につけるために，教師がしなければならないこととは，従来，言語による一斉教授では無視されてきた，事例（典型事例）を通してわざ（知的スキル）を伝承することである。つまりそれは，例示による教授である。勿論，前述したように，教師は知的スキルを直接子どもたちに教えることはできない。それは個々の子どもたちが自分なりに身につけるしかない身体的，暗黙的なわざ（暗黙知）である。それでも，教師は（彼らにとって）わざを習得し得る媒介となる「型（典型事例）」を例示することを通じて彼らに教えていくしかないし，一方，彼らもそのことによって自分なりに「まなび」とっていくしかないのである。

このように，「学校知」変革のためにさらに必要なこととは，「学校知」が（その伝達形態において）前提とする一斉教授（「教授＝学習」）が排除してきた広義の「まなび（＝身体的で暗黙的なわざ）」を，子どもたちからみて学ぶことのコアとして捉えていくということである。しかも，この学びは子どもたち一人ひとりにとって差異的，多義的なものにならざるを得ない。

こうして，「学校知」を変革するためには，まず何よりも，知識観と学習観を根本的に転換していくという「視点」が不可欠であることになる。そして，この「視点」とは，「暗黙知＝わざ」から「知ること」と「学ぶこと」を根本的に捉え直すことにほかならない。こうした変革の方向は，従来，多くの学校や教師によってなされてきた，学習内容における言語と経験とのずれを埋め合わせていく努力と工夫と何ら矛盾するものではなく，むしろそれらを理論的立場から統合的に捉えたものに過ぎない。

5. 暗黙知理論に基づく授業実践

5.1 食育における「暗黙知＝わざ」

以上，「学校知」変革の契機として知識観と学習観の転換について理論的に考察してきたが，次にこうした転換の先駆となり得る，「学習者モデル」をビルトインした典型事例（型としての授業実践例）を挙げて具体的に述べていくことにする。

まず，家庭科（中学校では技術・家庭科）の食物領域の中で，食育，特に「食事」を作る技能（知識の理解も含めて）を具体例としていくことにする。

ところで，ポラニーは，技能の階層構造を考えていくにあたって「言葉を話す」ことを典型事例としているが，そのことに共通する捉え方として，五明紀春が唱えた「食物＝言葉」モデル［五明紀春，1996］，すなわち言葉の体系を食の体系に射影変換するものがある。従ってここでは，食事作りの技能を考えていく上でこの，「食物＝言葉」モデルを手がかりにしていきたい。そのモデルは，図２のように，言葉の要素と食の要素を対応させたものとなる。

図２に示されるように，このモデルでは言葉の５つのレベルに対応して，食の５つのレベルが想定されている。つまり順に，(1)食品素材（原料），(2)調理素材（食品），(3)調理品（食物），(4)献立品（料理），(5)食事空間（状況），である。これらのレベルは各々，それ自身の原理（法則）に従っている。つまり，原理とはそれぞれ，(1)原料法および栄養学，(2)加工法，(3)調理法，(4)献立法，(5)食事法，である。

「食＝言葉」モデルを説明すると，次のようになる。つまり，単語が文字から構成されるように，食品は原料から作られる。単語を規則に従って並べれば，文章となるように，食品を組み合わせて調理すれば調理

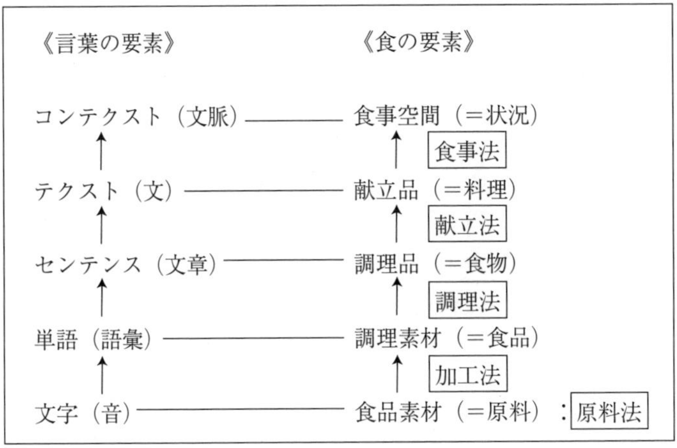

図2　「食物＝言葉」モデル

品となる。文章を連ねると意味のある文となるのと同じく，調理品を食卓上に並べると，完結した食事（料理）となる。さらに，文の意味が確定するコンテクストは，食事状況（食卓）となる。

次に，このモデルを使って食事作りの具体例を列挙したい。例えば，リンゴをもいでそのままかじったり，落ちているクリを拾って食べるのは，「⑴原料→⑸食事空間」という具合に，途中の，⑵加工法，⑶調理法，⑷献立法の過程を省略して，いきなり食品素材としてのリンゴをそのまま料理とする食事作りである。正確には，食事作りというよりも，野生動物と共通した食べ方である。また，刺身や生野菜のサラダを食事とするのは，「⑴原料→⑷献立品」という具合に，途中の，⑵加工法と⑶調理法の過程を省略して，すなわち格別の加工や調理は行わずに，ただ，食品素材としての刺身や生野菜のサラダを皿に盛りつけるだけの食事作りである。ホカホカ弁当やファーストフードをはじめ，調理済み食品は，「⑷献立品→⑸食事空間」という具合に，途中の，⑴原料法および栄養学，⑵加工法，⑶調理法，⑷献立法の過程を省略して，レディメイドの食品を食事とするものである。ただしこの場合，同じ食事作りプロセスの省略と言っても，リンゴの丸かじりやクリの拾い喰いと異なり，原料そのものを考慮しない食事作りであると言える。さらに，より特殊な食事作りとして，(5)食事法だけを省略した，病人の経管流動食がある。それは，病人の体のことを配慮して，(1)原料法および栄養学，(2)加工法，(3)調理法，(4)献立法といった各々のレベルの原理が十分踏まえられているが，ただ，病人が寝たきりであるため，(5)食事法だけが省略されざるを得ないのである。ただ，この場合，(1)原料のレベルの原理が踏まえられていると言っても，それは人間が生存していく上で必要な栄養分を栄養学に，いわば抽象的に産出されたことを意味するに過ぎない（それ以外の(2)～(4)についても同様である）。

また，以上の５つのレベルのうち，(1)～(4)のレベルが，料理作り，すなわち原料を加工した食品，またはすでに加工された食品（商品）を調理することによって食物を作り，そして作った何種類かの食物を料理として配置（献立）するといった“モノ作り”に対応するのに対して，(5)のレベルは，食べる人の状況作り，すなわち誰が誰と一緒に，どこでどのような様式で食べるのかといった“ヒト作り”に対応している。従来，食事作りという場合，(5)食事空間というレベルが無視されて，料理作り（クッキング）と同一視されてきた。その経緯からみて，両者を区別することは重要である。

そして，「食事作り」という技能を表す図２を，ポラニーの技能論によって再構成すると，それは図３のように表すことができる。

さて，５つの層（レベル）から成る，食事作りという技能を考えるにあたって基礎となるのは，調理素材（食品）およびその層（レベル）である。暗黙知理論によると，「各レベル（層）は，二重の制御を受ける」[Polanyi, 1966＝1980：36＝60]，すなわち上位の層は下位の層によって基礎づけられているのであるが，そのことを食品の層を中心にして当てはめると，次のようになる。まず，食品の層と食品素材（原料）の層との関係をみると，食品の層というのは，原料から食品を作るという加工法の原理（研究）によってなされるわけであるが，食品は調理品（食物）を

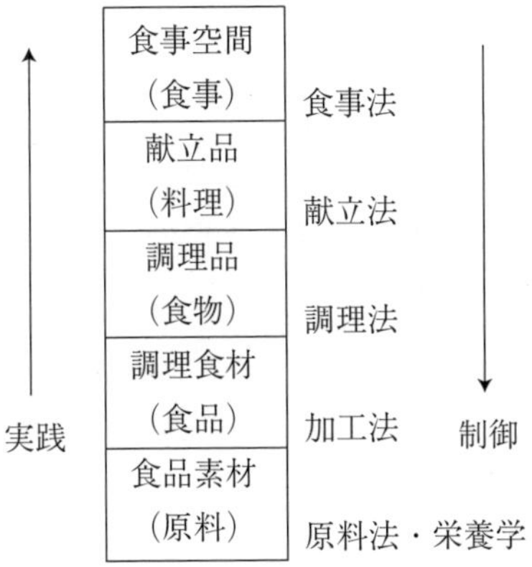

図3　食事作りという技能の階層構造

作るという目的のために作動していると言える。換言すると，食品の層は，一段上の食物の層の制御のもとに作動しているということである。ところが，食物の層からどのように制御されようとも，その制御には限界がある。それは例えば，体に良い食物（味噌汁）を作ろうと思っても，環境汚染されたり大量の農薬が使われたりした原料を使った場合には，無農薬の大豆などを加工した味噌，良質のイワシを加工した煮干し等々を使ったようにはいかないということである。その食品は，原料の違いによって性質が異なり，当然，出来上がった食物（食事）の質もまた異なったものになる。こうして，食品の層の原理は，下位（原料）の層に依存すると同時に，上位（食物）の層の制御を受けることになる。

さて，暗黙知理論によると，下位への還元が不可能な性質は――積極的に言えば，下位の原理からみて新しく付加された情報は――，「創発(emergence)」［Polanyi，1966＝1980：45＝72］と呼ばれている。つまりそれは，上位の層の原理は，下位の層の原理には還元できない，または上位の層の機能は，下位の層における個々の要素を支配する原理（法則）からは説明されないことを意味する。この原理から見ると，食事作りにおける5つのレベル（層）の各々の境界には“空白”というべきものが存在していて，例えば，（図３では）最も下位の原料法や栄養学の原理に精通したとしても，そのことが即，原料をうまく加工できることにはならない。ましてや（より上にある）バランスの良い献立を作ることができたり，和やかな食事空間を演出できること（ヒト作り）にはならない。このように，加工法の原理をより下位の原料法（栄養学）の原理へと還元することはできないのである。

さらに，この“空白”は，そのレベル固有の原理だけでは確定できず，それ以外の他（上位）の原理に依存しなければ意味充填できない類のものである。暗黙知理論によると，こうした“空白”を充填していくときに作動する，下位レベル（調理法）に対する上位レベル（献立法）からの組織原理の押しつけは，「かたどり（shaping）」［Polanyi，1966＝1980：40＝65］と呼ばれた。また，ポラニーは「かたどり」による制御のことを「周縁制御の原理（The Principle of Marginal Control）」［Polanyi，1966＝1980：40＝66］と呼ぶ。要するに，かたどりとは，人間の技能（実践）が上位原理によって制御されるということである。つまり，上位の層は，下位の層を制御することによって下位の層の意味を形づくる，あるいは下位の層は，上位の層によって意味づけられるのである。この原理に基づくと，例えば，どのように食品を調理するかという調理法（同じ食品でも焼くか，煮るか，あるいは調理しないか）は，上位の献立法の原理，すなわち形，色合い，大きさ，味などの面での料理間のバランスの原理に依存して初めて決定されてくることになる。

5.2　食育における理論と実践

以上，ポラニーに依拠しながら，食事作りという技能の階層構造，特に上位の層（遠隔項）と下位の層（近接項）との間で作動する関係について論述してきた。総括すると，人間の行う技能においては，原理的には下位の層が上位の層の制御を受けるが，実践的には上位の層が下位の層に依存するという関係が成り立つということができる。端的に言うと，人間の行う技能は常に，あるべき姿としての制御原理と，実践における現実の姿という2つの相反する側面をあわせもっているということができる。ポラニーはそれを「二重制御（dual control）」［Polanyi，1969＝1985：197］と呼ぶ。そして，食事作りという技能もまた，制御原理と実践との矛盾した構図（二重制御）によって実行されるのである。

このように，食事作りという技能は，最終的には最上位の層としての，食事空間のあり方や食べる人の状況など（食事法）を研究する層の制御を受けて作動していると考えられる。従って，食事を“どのような意図で作るのか”，すなわちポラニーの概念でいうと，どのように「かたどる」のかということが，その技能を実践する場合の最高の制御原理になっているということがわかる。ただ正確に言うと，図3では最上位の層として食事空間のレベルが置かれているが，さらにその層よりも上には，食事の意味の層を制御するものとして，人間の生き方や思想に関する原理が実在すると考えられる。繰り返すと，作られた食事は，その食事を作った人の技能がどのように制御され「かたど」られたかによって決まるのである。その意味で，食事作りの技能は，最終的には，作ったその人が，食事をどのように考えているかという思想や主張に委ねられなければならないことになる。

以上述べたことに即して，わざについて言及する前に，元々，わざの視点（技能論）を欠落させた，従来の栄養教育（「学校知」）の問題点について述べていくことにしたい。そのことによって，「暗黙知＝わざ」の「視点」から「知ること」を捉え直すことの重要性がより鮮明に見えてくると思われる。

足立己幸が指摘するように［足立己幸，1995：128］，従来，学校では食事作りという技能および「食事」という概念が，栄養教育の立場から，最も下位の食品素材，正確には（さらにその下位の）抽象的な栄養素（栄養記号）やその構成を示す栄養所要量（栄養価）に還元され，「○○の栄養素を摂取するため，△△の食材料を使うことが必要だ。それを抵抗なく，おいしく食べられるように××の料理がよい……」という考え方から，栄養素→食品素材→食品→食物→料理→食事——実際には，途中のプロセスを無視して，栄養素→食品素材→食事——という具合に再構成（統合）されてきた。つまりそれは，前述した，「学校知」の構成法における単純な最下位の要素への還元と，諸要素の組み合わせによる複合，すなわち「分解－統合」操作の所産にほかならない。こうしたアトミズムの要素還元的思考に対置されるものが，前述した，暗黙知の思考としての「創発」である。

確かに，こうした操作から作られた食事とは，栄養学的に裏づけられた理想的なものであり，栄養素摂取の有効な手段であるようにみえる（1973年告示，1973年実施の中学校技術家庭科・学習指導要領では，栄養素を6つの食品群に分けて献立のバランスを計算させるように指導するとともに，その具体化として「1日30品目」の栄養摂取が目標とされている）。しかしながらそれは，調理法，献立法，食事法といった諸レベルの原理を省略して——従って料理間のバランスや食事全体としてのバランスなどを無視して——，栄養素の高い食品素材を加工するだけで作り上げた，病人の経管流動食のようなものと言えるのではなかろうか。つまり，こうした食事作りは，“栄養を効率的に摂取するため”というまったく貧困な思想によって制御され「かたど」られたものに過ぎない。こうした思想からは，バランスのとれた食事や充実した食事空間を到底生み出すことはできない。

一方で，こうした科学主義的な栄養教育は，その反動として体験主義的な料理教育を生み出してしまう。すなわちそれは，実践の制御原理を知的に知ることなく，ただ食事作りの技能（生活技能）を実践的に知り，その実習を繰り返し行うというものである。しかし，この場合もまた，前述した栄養教育と同様，子どもたちは「真正のわざ」としての食事作りを身につけることはできない。それどころか，知的分析を介することなく，ひたすら実習（実践）を繰り返すところには，精神主義（忍耐・努力主義）が蔓延するだけである。

それでは次に，こうした栄養教育の陥穽を踏まえながら，食事作りという技能に即して，子どもたちが「身につけたその知識を使用できる」という「真正のわざ」とは，具体的にどのようなものかについて考えると，それは，彼らが食事作りという技能の各々の層（レベル）とその原理（知識）を十分習得していきながら，彼らが自ら生成した目的（意図）に制御され「かたど」られた食事を実際に作ることができたとき（あるいは，できること）であると考えられる。その目的（意図）とは，例えば「季節感のある食事」とか，「風邪をひいて食欲のないときの食事」などというように，子どもたちがその子なりに生成するものである。前述したように，食事を「どのような意図で作るのか」という「かたどり」が，食事作りの技能を実践する場合の最高の制御原理となる。そして，その意図を実際食事作りとして実現するために彼らは，下位にある各層の原理を知的にも実践的にも知らなければならないのである。

さらに，こうした「真正のわざ」には，作られた食事，例えば家庭で作られた食事や学校給食とか，レディメイドの“コンビニ料理”や“グルメ料理”などを，いわばひとつの作品として批評する能力が含まれている。子どもたちが食事を作品として的確に読解し批評し得るならばそのとき，彼らはそれらの有する意味（諸細目）を手がかりにして，上位原理にある思想（包括的存在）に注目していることになる。従って，食事作りという「真正のわざ」には，作品制作という意味付与の技能のみならず，作品批評という意味読解の技能も含まれていると考えられる。優れた作品を制作する人はまた，最高の制御原理（思想）に従っているという意味で，優れた鑑賞者（批評者）でもあると考えられる。

前述したように，実際には，学校教育においても，それ以外の場でなされるのとまったく同様に，狭義の「学習」には回収し尽くされない，広義の「学習」が子どもたちによって営まれている。繰り返すと，その広義の「学習」が試験のスキルなのであった。ただ，広義の「学習」，すなわち「まなび＝ならう」ことは，子どもを含めすべての人たちが実際に（＝無意識的，無意図的に）行っていることなのである。

いま，この広義の「学習」を食事作りの授業実践のなかで考えてみると，それは，教師や先達（他者）が示す具体的な事例を子どもたちが「まなび＝ならう」ことであると言える。つまり，授業実践のなかで子どもたちが，他者が示す事例を模倣しつつ（なぞりつつ），繰り返し慣れ親しむことによって初めて，彼らは自らの技能の「かたどり」方をはじめ，食事作りの「真正のわざ」を習得していくことができる。ポラニーが述べるように，そのための条件としては「教師が示そうとしていることの意味を子どもたちがつかもうとして努力する知的協力が，彼らの側に期待できる限りにおいてである。……言葉を用いたとしても，私たちには語ることができない何物かが後にとり残されてしまう。それが相手に受けとられるか否かは，言葉によっては伝えることができずに残されてしまうものを，相手が発見するか否かにかかっている。」［Polanyi，1966＝1980：5f.＝17］

見方を換えると，子どもたちがこうした「真正のわざ」を身につけるために，教師が最低限しなければならないこととは，従来，言語による一斉教授では無視されてきた，事例を通しての「真正のわざ」の伝承である。すなわちそれは，例示による教授である。しかもその事例は，典型的な事例でなければならない。食事作りの場合，その典型事例として，食事文化の原型となるもの，例えば「手打ちうどん」の実践が挙げられる。この実践について村田泰彦の考え方を敷衍すると［村田泰彦，1992：128-129／175］，「手打ちうどん」を作る場合，商品化された市販の小麦粉を利用せずに小麦を石臼で碾く過程を組織化することで，小麦粉の原料である小麦の形状や緻密さと栄養（原料法・栄養学）を体験的に知ることに始まり，その加工法（原料［小麦］→食品［小麦粉］），その調理法（食品［小麦粉］→食物［うどん］），さらにその献立法や食事法をじっくりと捉えることができる。

こうした授業実践に加えてさらに，教師は，自らが生成した目的（意図），例えば「現代風・一家団欒の食事」に適った食事作り（実践）を典型事例として子どもたちに示すことが必要である。つまり，そのような意図をもった人においては，食事作り（技能）がどのように制御され，

「かたど」られていくのかということを，教師自身が子どもたちに示していくことである。その過程で下位の，加工法，調理法などといった原理がどのように制御されていくのかが子どもたちに自ずと示されることになる。

しかしながら，教師は食事作りの「真正のわざ」を直接子どもたちに教えることはできない。それは個々の子どもたちが自分なりに身につけるしかない身体的，暗黙的なわざ（暗黙知）である。それは彼ら一人ひとりにとって差異的，多義的なものにならざるを得ない。それでも，教師は（子どもたちにとって）わざを習得し得る媒介となる「型（典型事例）」を例示することを通じて彼らに教えていく（示していく）とともに，一方，彼らもまた，知的協力を介して自分なりに「まなび」とっていくしかないのである。ただ，教師はこうした「まなび」をいわゆる「学び方学習」というように固定化しパターン化してはならない。万一，そうしてしまうと，それは言語による一斉教授——言語主義教育——とは異なる意味での，わざの教え込み，すなわち身体レベルでの教化（indoctrination）に転落してしまうことになる。あるいは，そのレベルまで行けずに，単なるモノマネに終始する可能性もあろう。ここで何を典型事例として体得し，教授するかは，教師一人ひとりによって異なることは言うまでもない。何を典型事例とするかはともかく，その核心部分に相当するのが「例示による教授」である。そして，子どもたちはこうした「典型事例＝型」を学ぶこと（模倣－反復）によって習熟（体得）し，自分なりの学びを発見していくことになる。

さらに言うと，「学習者モデル」に基づく授業実践は，従来の「一般教授学」や「教科教育学」およびそれらの固定化された見方（教育方法学観）を超えるものである。田中耕治が述べるように，「一般教授学」は「教授－学習という過程で扱われる文化内容（知の内容）の特殊性－固有性を捨象することによって教授の一般的枠組みの解明をめざす教育学」［田中耕治，1994：ii］であり，「教科教育学」は，「逆に，教育や教授の一般的枠組みを捨象し文化内容の特殊性のみに依拠して成立している教育学」［同上］であるというように，それらは文化内容の特殊性か，教育や教授の一般的枠組み，すなわち教授の普遍性か，のいずれかを犠牲にしてきた。しかし，これからは両者の止揚－総合がめざされなければならない。それは「個々の領域の文化内容の特殊性およびそれに立ち向かう学習者の特殊性から出発して，教授の一般的枠組み設定のための基礎を築くことが最終的な目的」［同上］となる。とはいえ，それは単なる主観的，特殊なモデルにとどまるのではなく，普遍的なものを予感させるような個々の特殊性を解明していくものが求められる。従って，「新しい教育方法学のモデル＝学習者モデル」は，文化内容の特殊性，すなわち「わざ」から「知ること」と，学習者（子ども）の特殊性，すなわち「わざ」から「学ぶこと」との交錯（出会い）から普遍的なものが創発されてくる，という見通しのなかで構築されなければならない。ここで創発されてくるものとは，一般教授学や教科教育学が探究する「抽象的普遍」に対して，「具体的普遍」とでも呼ぶべきものではなかろうか。

以上，本章では，言語を主要な媒介とする一斉教授法を通じて教師が複数の子どもたちに一律に伝達していく知識や技術，すなわち教育方法学でいう「学校知」の問題点がポラニーの暗黙知理論を中心に，わざ（スキル）の観点から批判的に検討された。その結果，「アウグスティヌスのパラドックス」（＝言語だけによる教育の不可能性）という知見に照らすと，それ自体伝達する（一斉教授する）ことがまったく不可能なはずの「学校知」が，伝達が可能であるとされてしまうのは，子どもたちの大半がテスト勉強や入試勉強と称して，知識を文字通り言語的なレベルだけで捉えて，記憶し，テストや入試という状況のなかでのみ使うことのできる「受験のスキル」を身につけているためである，ということが解明された。こうした不本意な受験のスキルから子どもたちを解き放ち，彼らに（本来学び手が持つ）身体的，暗黙的な「わざ」を習得させるためには，「学校知」が有する特殊な知識観と学習観を転換していく必要があるということが明らかにされたのである。従って，「学校知」変革の第一歩は，子どもたちが知識（「学校知」）をテストや入試の場面でのみ使えるような，言語レベルだけの記憶に基づく「受験のスキル」を習得するのではなくて，真正の状況・場面で生きた知識として使えるような，身体レベルからの潜入に基づく「真正のわざ」を身につけることにある。子どもたちがこうした「真正のわざ」を身につけるためには，教師は授業実践のなかで彼らにとって模範となり得るような「わざ」をその都度示していく必要がある。「わざ」そのものは示すことができるが，教えることができない類の「知」にほかならない。暗黙知理論の立場からすると，「学校知」変革の契機は，この，教えることのできない「わざ」（＝模範・モデル）を教師がどれだけ自覚して子どもたちに的確に示すことができるかにかかっていると考えられる。

文献

足立　己幸　1995　「食事づくり教育にこめる生活文化の視点」足立己幸・寺出浩司編著『生活文化論』光生館，124–146頁.

Augustinus, A.　1952　*De Magistro, Œuvres de St. Augustin, VI,* Desclée.（A.アウグスティヌス，石井次郎，他訳『アウグスティヌス教師論』明治図書，1981年.）

Cole, M. & Griffin, P.　1986　A Sociohistorical Approach to Remediation, S.De Castell, A. Luke & K.Egan（eds.）*Literacy, Society, and Schooling: A Reader,* Cambridge Univ. Pr.

五明　紀春　1996　『〈食〉の記号学——ヒトは「言葉」で食べる——』大修館書店.

生田久美子　1987　『「わざ」から知る』認知科学選書14，東京大学出版会.

————　1992　「『わざ』から教育を考える」『imago』3–6，113–117頁.

小西　正雄　1997　『消える授業　残る授業——学校神話の崩壊のなかで——』明治図書.

森田　良行　1988　『日本語をみがく小辞典・〈動詞篇〉』講談社.

村田　泰彦　1992　『自立と生活文化の教育』労働教育センター.

中井　孝章　2003　『学校教育の時間論的転回』溪水社.

Polanyi, M.　1958　*Personal Knowledge,* The University of Chicago Press.（M.ポラニー，長尾史郎訳『個人的知識』ハーベスト社，1985年.）

————　1966　*The Tacit Dimension,* Routledge & Kegan Paul Ltd.（M.ポラニー，佐藤敬三訳『暗黙知の次元』紀伊國屋書店，1980年.）

————　1969　*Knowing & Being,*（ed.）Grene, M., Univ. of Chicago Pr.（M.

ポラニー，佐野安仁・澤田允夫・吉田謙二訳『知と存在』晃洋書房，1985年.）

Ryle, G.　1949　*The Concept of Mind*, Hutchinson.（G.ライル，坂本百大・宮下治子・羽鳥裕幸訳『心の概念』みすず書房，1987年.）

田中　耕治　1994　「戦後授業研究史覚え書き」グループ・ディダクティカ編『学びのための授業論』勁草書房，1-26頁.

Ⅱ.「自然認識」変革への視座としての「多重概念」

——極地方式の科学教育に学ぶ——

1. 素朴理論への視座

一般的に，私たちは，様々な事柄を繰り返し経験し，知識や技術を学習することによって意識的，無意識的にものの見方や考え方を形成していく。そして，こうした学習経験を統合することを通じて私たちは，「その人なり」の「信念」(1)，すなわち素朴な理論を暗黙裡に形成していくのである。しかも，こうした素朴な理論の形成は，自然現象，社会事象，人間行動，知能・知識観，発達観など広範囲にわたる。なかでも，人間行動に関する素朴理論は，「素朴心理学（folk psychology）」——他に「民間心理学」，「通俗心理学」と訳される——と呼ばれ，心の科学を志向する認知科学や人工知能研究の領域で注目されている。P.M. チャーチランドによると，素朴心理学とは，「人間の行動を説明したり，予測したりするために使われる概念，一般化，経験則の大雑把な集合」［Churchland, 1986：299］を意味する。

例えば，ボヘミヤ事件のなかのホームズは，重要な写真の隠し場所を知るために，火事を装って見事に犯人の行動を予測した。その機知は天才には違いないが，状況を正確に知ることができれば，この種の予測は誰にでもたやすく行うことができるものである。この場合，私たちは，行動主義心理学や神経生理学などの特別な科学的知見を用いて予測するのではなく，私たち人間が普通持っている知識や欲求，例えばその写真は是非とも保存したいという犯人の要求，煙のある所は普通，出火場所であるという常識，火事は写真を焼失させると信じられることなどによって犯人の行動を予測し，誘導するのである。こうした他人の信念や知識，欲求を推し量る能力，あるいはそれらを結びつけている無意識の理論を，学問（科学）としての心理学に対して，素朴心理学と呼ぶのである［Stich，1983／大沢秀介，1988：54／1989：70f.／1990：70ff.］。

このように，素朴理論のひとつである素朴心理学とは，人間行動や心についてまったく素人である私たちが，他の人々の心的状態――欲求や信念など――を推し量りながら，その時々の自分や他人の振る舞いを理解したり説明したりする際に準拠する，心についての実践的知識の集積（常識）とほぼ同じであると言える。私たちが他の人々と協調しながら，日常生活を円滑に営むことができるのも，心についてのこうした素朴理論（常識）を共有しているためであると考えられる。つまり，「常識としての素朴心理学は，毎日の生活の中での，私たち一人ひとりの，“心の動きのかじ取り”を適切に行う道具なのである。」［丸野俊一，1994：10］具体例を挙げると，常識としての素朴心理学を平明で簡潔な命題（言葉）へと集約し，生活世界に住まう庶民の集合的記憶として表現したものがことわざやイディオムである（ことわざについては，Ⅳ章を参照)。ことわざやイディオムのなかには，私たちが生活していく上で有力な指針となる，心についての経験則（生活の知恵）が凝縮されている。

さらに重要なことは，科学としての心理学が著しく発達した現在においても，依然として子どもも含め，私たちが素朴心理学の有する概念，一般化，経験則を使用して日常生活を営んでいるということである［Carey，1985］。たとえ，人間の行動や心理についてのエキスパート――例えば，心理学者――といえども，ごく普通に日常生活を営んでいるときには，不可避的にこの素朴理論に依拠しているものと思われる。見方を換えると，科学者であれ，素人であれ，日常生活を営む上で「その人なり」に「心理学者」または「科学者」にほかならない。

以上のように，人間の行動や心理の経験則を説明する素朴心理学を典型例としながら，素朴理論について述べてきたが，それはまた，教育学の領域において個々の子どもたちが「その子なり」の学習過程（学ぶ様式）を理解し評価するのに適切な理論的枠組みを構築していく上で重要な影響を及ぼしつつある。言い換えると，従来の，学習に関する理論は，子どもたちが日常，「その子なり」に行う学習過程（学習の生態）をあまりにも過小評価するとともに，学ぶことを専ら教授行為を前提とした一義的で受動的な「学習」概念に矮小化してきたと言える。

しかも，子どもたちの学習過程（学習の生態）に対する素朴理論的なアプローチの萌芽は，無自覚的なレベルでありながらも，すでに学習に関するいくつかの先行研究のなかに見出すことができる。そのひとつは，“はいまわる経験主義”と批判された経験学習を，その実践的意義を理解するのに適切な理論的枠組みへと移植させつつ，それを「コード増殖としての学習」として再評価した子どもたちの学習モデルである。もうひとつは，子どもたちが日常，学習経験するなかで形成する，“誤った”「土着の知識－信念体系」，すなわち彼らの素朴な知識（素朴理論）を誤答と決めつけず，むしろその意味を十分評価しながら，必要に応じてそれを正しいルール・システムへと組み替えることを志向する教育（学習）モデルである。

そして，前者は，社会科を中心とする子どもの社会認識の形成にかかわり，後者は理科を中心とする子どもの自然認識の形成にかかわる。両者は領域を異にするが，無自覚的なレベルにせよ，すでに素朴理論的なアプローチに依拠しつつ，子どもたちの自生的な概念の形成過程を重視するという点で共通している。従って，本章では，この２つの学習モデルが提示する成果を，素朴理論と，学習の動態を分析し得る記号論の立場から明確に捉え直した上で，学ぶことの生態とそのあり方について探究していくことにしたい。なお，本章では，子どもの自然認識の発達の問題を仮説的推論を通じて解明していくことを中心とする。

2．経験学習の再評価と仮説的推論

戦後，初期社会科の理念のもとに実践された経験学習は，非能率的であり，子どもたちがいつまで経っても同じレベルに低迷し，狭い範囲の知識しか習得し得ないことから，“はいまわる経験主義”と呼ばれ，辛辣な批判にさらされてきた。しかし実は，経験学習そのものが無意味な学習方法なのではない。むしろ経験学習の意義を評価するのに適切な理論的枠組みを，それを肯定する「経験主義」論者も，それを批判する「系統主義」論者も，提示することができなかっただけなのである。つまり，経験学習は子どもたちにとって役に立たないものであるどころか，彼らが知識成長のための基礎を形成する上で不可欠な学習方法なのである。

ところで，経験学習の意義を再評価する契機は，従来の，固定化された知識概念または知識観の抜本的な捉え直しに見出される。普通，知識といえば，様々な自然現象や社会事象を説明し得るような抽象的な概念・一般命題，すなわち質の高い知識（概念）を意味する。しかも，この質の高い知識（概念）は，子どもたちの外部にあることが前提となるため，自ずとそれを教師が彼らに習得させなければならないことになる。教師からみて，教える価値の高い知識とは，彼らの既有の知識と落差のある質の高い知識とみなされる。つまるところ，質の高い知識（抽象性の高い概念）を教育内容とみなすことは，教師が子どもたちの外部にある知識を，彼らに主体的に習得（発見）させるべきだという前提を必然的にもたらすことになる。言い換えると，個別的もしくは断片的な知識は，子どもたちにとって意味のあるものであっても，教師からみて教える価値のないものとして排除されてしまうことになる。だからこそ，学習経験を通じて子どもたちのなかに自生的に成長しつつある知識（概念）は，質の低い知識として否定されたり，まったく無視されたりしてきたのである。

しかしながら，子どもたちは，学校に行く以前や学校外のところで，すでに「その子なり」の，自然現象や社会現象に関する素朴な理論を形成している。一例を挙げると，子どもが「病院」についてまったく何も知らないということはあり得ない。かと言って，「病院」について完璧に知っていることもあり得ない。子どもは「その子なり」の経験の度合いに応じて「病院」について何かをすでに知っているものである。子どもたちは「病院」について学校で系統的に教えられなくても，すでに学校以前・外の知識としてこの概念をある程度理解し，使用している。ただ，子どもたちが日常的に習得した知識（概念）の大半は，前述した質の低い知識もしくは低いレベルの概念に過ぎず，ときにはその概念形成・理解が偏っていたり，誤っていたりすることが少なくない。大人の概念理解との相違を述べるとすれば，大人は子どもと比べて，学習経験が豊富である分だけ，所有している概念のレベル（質）が高いという程度の差に過ぎないと言える。

ただ重要なことは，子どもたちの大半がこうした低いレベルの知識・概念（「病院」）を所有しているということである。「学校以前・外の知識と学校内の知識とをともに『知識』として統一的にとらえる視点」［池田久美子，1981：20］をもつ限り，こうした事実は無視することはできない。さらに重要なことは，子どもたちにとってこの概念そのものが，経験を繰り返すことを通じて自生的に成長・発達していくということである。

そして，コード増殖としての学習を行う機会を学校内で組織化したものがコア・カリキュラムのごっこ遊びに代表される経験学習であると考えられる。例えば，池田久美子は，コア・カリキュラムが隆盛の頃，マーケット（市場）を教室に作って，子どもたちが色々な店屋を営むという，いわゆるお店屋さんごっこを経験学習の典型と捉え，この学習方法の有する意義を記号論の立場から再評価した(2)。彼女は，薬屋をした子どもの作文を緻密に分析した結果，お店屋さんごっこをすることを通じてコードの増殖が起こり，子どもの所有する「薬屋」という概念が豊かで濃密なテクストへと変容していったプロセスについて論述している

(ただし，その内容は前述した「病院」の例とほぼ同じとなるので，ここでは反復を避けることにしたい)。

池田も言及しているように，こうしたコード増殖としての学習の生態を解明したものこそ，C.S. パースの「仮説的推論」である。パースによれば，探究の方法には，次の3段階がある。順に述べると，(1)仮説を設定する過程としての仮説的推論（abduction），(2)仮説を分析することにより予見を推論する過程としての演繹（deduction），(3)予見を検証する過程としての帰納（induction）である。探究の第1段階となる仮説的推論は，演繹と帰納とは異なり，大前提と結論から小前提を推論するものである。この諸段階は，次のような例にみられる。

私はかつてトルコのある地方の港に上陸したことがあった。訪れることになっている家に向かって歩いていると，馬にまたがった4人の男に天蓋をもたせて，やはり馬にまたがってやって来る人物に出会った。これほどの栄誉を得る人物として私の脳裏に唯一浮かんだのは，この地方の総督であったので，私はこの人物こそ，そうなのだと推論した。

この事例における推論を定言的三段階論法の形で示すと，次のようになる。

(1)この地方の総督は天蓋のある乗り物に乗る。……《大前提＝規則》
(2)この人物は天蓋のある乗り物に乗っている。……《結論＝結果》
(3)ゆえに，この人物は総督にちがいない。　　……《小前提＝事例》

さらに，この推論を定言的三段論法の形式から仮言的三段論法の形式へと変換すると，次のように表現することができる。

ここに，ある人物が天蓋のある乗り物に乗っているのを発見する。しかし，この地方の総督は天蓋のある乗り物に乗る。そこでもし，天蓋のある乗り物に乗っているこの人物がこの地方の総督であるとすれば，これは驚くにあたらない。ゆえに，この人物は総督であると考えるに足る理由がある。

さらにそれは，次のように定式化することができる（右はその論理形式である［米盛祐二，1981：198］)。

(1)驚くべき事実Cが発見される。　　C
(2)しかしAならばCである。　　　　A→C
(3)ゆえに，Aである。
　　　　　　　　　　　　　　　　　∴A

しかし，仮説的推論という論理形式は，後件から前件へと推論を行うという意味において「後件肯定の誤謬（the fallacy of affirming the consequent)」を犯している。つまり，仮説的推論は，「Aは真である」という論理的必然性を断定することのできない弱い論証の仕方であり，それは「Aが真であるとみなすだけの理由」があるにとどまる。それにもかかわらず，この類の推論が重要な意味を持つ理由は，私たちが直接には観察することが不可能な仮説的存在を仮定せざるを得ない場合が少なくないことに求められる。総督の例で言えば，パースは，観察可能なものを手がかりにして確認することのできる実在について推論している。そして，万一，仮説Aに十分な説明力・説得力が見出せないならば，さらに，A'，A''……というように，仮説を次々と改良し，洗練していくことを通じて事物の本道へと接近していくことが可能である。パース自身述べるように，「私たちの精神はある有限回の推測でもってそれらの事実に関する唯一の真なる説明を考え当てることができるだろうし，そういう期待から励みを得て，私たちは仮説の構成に進むべきである。」［Peirce，1983：219］

このように，重要な推論形式のひとつである仮説的推論は，驚くべき（意外な）事実や現象を，後件から前件への推論を通じて蓋然的な形で仮説を提示するのであり，それは仮説を有限回の推測でもって漸次，改良させ，洗練させていくことを可能ならしめる。

ところで，U. エーコは，パースの記号論を批判的に継承しつつ，この仮説的推論をさらに，「余剰コード化（extracoding)」［Eco，1976＝1980：220］という概念に置き換え，それをコード増殖の第１段階として位置づけている。エーコによれば，私たち人間は「コード化されていない状況と複雑なコンテクストに直面」すると，「メッセージが従来のコードに依存するのではないこと」［ibid.：208］を知り，それを解読（解釈）できる新たなコード，すなわち「一般的な規則を発明，ないしは想定」［ibid.：212］する必要に迫られる。つまり，私たち人間が，既有のコードでは解読することができない未知の状況に直面したときに，不可避的に行わざるを得ない自己のコードの再編成または組み替えを，「余剰コード化」と呼ぶのである。しかも，その際の新たなコードの想定の仕方には次の2種類がある。

ひとつは，「過剰コード化（overcoding）」［ibid.：214ff.］である。それは「既有の規則に従って新しい規則が提出され，従来の規則のもっと稀な場合への適用を支配する」［ibid.：215］場合であり，既有のコードにもっと細かい規則を加えて分節化することを意味する。もうひとつは，「過小コード化（undercoding）」［ibid.：218ff.］である。それは「信頼しうる既有の規則が存在しない」未知の状況に直面して新しいコードを「暫定的に想定する」［ibid.：219］場合であり，大まかなコードを暫定的に想定することを意味する。

以上のように，「過剰コード化」は，既有のコードをさらに細分化（緻密化）する方向での自己のコードの組み替えであり，「過小コード」は，既有のコードの無力化から，新たなコード形成の方向での自己のコードの創出であるということができる。

この2つの「余剰コード化」のうち，例示した「総督」の場合は，「過剰コード化」に相当する。すなわち，総督の例でパースは，誰かの頭上にある「天蓋」が《名誉》を意味しているばかりでなく，「総督」という記号も《名誉》という意味をもっていることをすでに知っていた。つまり，「天蓋」と「総督」について既有のコードを持っていた。そして，既有のコードに基づいて仮説的推論の操作を行うことによって彼は，まだ対応関係のついていなかった「天蓋」と「総督」の間を結びつけ，新しい対応関係を作り出し，コードを複雑にしたのである。この場合の新しい対応関係が，「『天蓋－名誉』と『総督－名誉』との2つの対応関係における共通の項である『名誉』を軸にして作られ」［池田久美子，1981：26］ていることからもわかるように，仮説的推論とは，「共通の性質を軸とする転換」［同上］であるということができる。さらに，仮説的推論において軸となりやすいのは，ある記号の，安定した慣習的な意味（外示的意味）よりもむしろ周縁に位置する意味（共示的意味）であり，特に思いがけない発想は，この周縁部分において作られる。子どもたちは過剰コード化によって，以前所有していたある事柄に関する低いレベルの知識（概念）を，高いレベルの知識（概念）へと組み替えていくのである。それは同時に，子どもにとって自己の信念の再編を伴うできごととなる。端的に言うと，コード増殖としての学習とは，自己が変わることにほかならない。

3．自然認識における仮説的推論——ルール学習の再評価——

3.1　自成的学習とルール学習

前述したように，素朴理論からみると，私たちが所有している概念は，それを知っているか否か（持っているか否か）という単純な二分法で捉えられるものではなくて，むしろ低いレベルのものから高いレベルのものへと至る，連続した様々な段階のものとして記述することができる。子どもが所有している概念は，低いレベルのものであることが常態であるが，すでに経験学習による「病院」のコード増殖で述べたように，様々な経験を繰り返すことを通じて概念は，子どものなかで自生的に成長・発達していくのである。いずれにせよ，子どもは学校の外で様々な経験を積み重ね，それに応じた概念（素朴理論）をすでに身につけている。概念の所有の仕方は，「その子なり」の場合もあるし，「その年齢なり」に共通した場合もある（実際には，両者は混在している）。

ところで，こうした概念の所有様式について詳しく検討した先行研究のひとつに，子どもの自然認識の形成を研究対象とする極地方式がある。それは，仮説実験授業とともに，1960年以降，理科教育の改革に推進してきた。極地方式の提唱者の一人，細谷純によると，「子どもに限らずすべての人間は，特に学校で教えられなくとも，自分の身のまわりに対して，絶えず『科学』をつくりあげ，また，つくり変えている。これを『自成的学習』と呼ぶことにする。（それは）他の人間の意図的計画的援助なしになされる学習である。この自成的学習によって形成された科学を，『土着の知識－信念体系』と呼ぶことにする。」［細谷純，1987：164］敷衍すると，子どもも含め，私たちは個々の経験を単に孤立的に記憶に留めるだけではなくて，何らかの形で「一般化」を行いつつ内化している。そしてこの一般化可能性こそ，自然認識の発展をもたらす動因であると考えられる。平たく言うと，私たちは，絶えず「その人（子）なり」のルールを作り上げずにはおられない存在であり，またルールを孤立させてもおられない存在であって，必ず何らかのルールの体系（システム），すなわち「土着の知識－信念体系」を作り上げてしまっている。それは，素朴理論（素朴心理学）の有する，現象・事象の一般化，経験則と合致する。

ただ，注意すべきことは，日常，私たちが何らかのルール・システムを作り上げてしまう原因がすべて心理的な機序に基づくものではないということである。従って，ルール・システムは，私たちが恣意的に生み出したものではない。むしろ，その原因は，認識の対象となる「もの」や「こと」が，自然や社会のなかで，孤立して個々バラバラに存在しているのではなくて，必ず他の特定の「もの」や「こと」と関連をもって存在していることに求められる。細谷は，私たちがルールを作りあげてしまうこの外因のことを「ものども，ことども相関連の原理」［細谷純，1983：367］と呼ぶ。生態系にみられる円環的な連鎖システムに直感されるように，この原理を内蔵する自然現象を認識していく上で，ルール作りという視座は欠かせない。ここで，ルール作りという視座を意識的に取り入れて学ぶ方法を特に，「ルール学習」(3) と呼ぶことにしたい。

いま，なぜ，このルール学習が取り上げられるかというと，そのわけは，従来，科学教育の領域を支配してきた学習方法に対する反省に求められる。ここで従来の学習方法というのは，自然現象に関するいわゆる“正しい”知識（概念）を，個別に切り離してその定義（科学的命題）を杓子定規に子どもたちに記憶させるというものである。つまり，子どもたちは近代科学の初期に確立されたボイルの法則や慣性の法則などを「頭のなか」に機械的に記憶させられてきたと言える。もっと初歩的には，「すべての動物はエサを食べる」という基本的な規則（ルール）を子どもたちは十分に学習せずに，「トラはエサを食べている」とか，「メダカはエサを食べる」という具合に，個別的な学習を行き当たりばったりにその都度，繰り返してきたに過ぎなかった。この程度のルールであればことさら，問題とはならないが，例えば「石やガラスに弾性があるか」と質問された場合，容易に答えられる子どもは恐らくそう多くないに違いない。この質問に正しく答え得るためには，子どもは「すべての固体はバネ（＝弾性体）である」というルールを十分学習しておく必要がある。例えば，崖崩れのとき，岩石が上からごろごろ転がり落ちてくるというよりも，山肌にぶつかって大きく弾みながら落ちてくるのは，石が弾性体であるという証左であるというように，である。「学習対象がルール化を可能にする構造［「ものども，ことどもの相関連の原理」］を持っているにもかかわらず，子どもたちの方がそのルールを学習するという観点がないために，あるいは教師の方にそのルールを教えるという観点がないために，個別的な学習に留まっている」［伏見陽児・麻柄啓一，1993：21］ことがわが国の科学教育の現状ではなかろうか。

さらに，ルール学習の重要な特徴として，未知の事柄に対する推測・予測活動が挙げられる。私たちはすべての事柄についてその真偽を確かめることができない。ときには，直接経験していないもしくは直接経験することのできない未知の事柄に対しても，ある程度の蓋然性をもって的確に推測したり予測したりすることが必要な場合がある。例えば，タンポポの生息地のルールを習得しておきさえすれば，旧家の庭に咲くタンポポや東京ドームの近くに咲くタンポポがどのような種類のものか――日本タンポポか，それとも西洋タンポポか――は，ほぼ確実に推測することができるのである。つまり，ルール学習の最大の利点は，身につけたルールを用いて推測活動または予測活動を行うことができるということにある。

さらに，このルール学習は，「極地方式＝ル・レッグ方式」に基づくと［高橋金三郎・細谷純，1974／Evans et al.，1962］，次のように明確に表現することができる。すなわち，ルール学習とは，私たちが自己の（過去の）経験を「エグ（eg）」——個々の「事例（exempli gratia：example）」——として，巧みに「ル（ru）」——「規則＝ルール（rule）」——を自成させつつ，その「ル」を利用して，推測活動を行うことである，と。

敷衍すると，私たちは，過去の数少ない経験を駆使しながら，それを素材にとりあえず大まかな経験則（ルール）を作り出す(4)。この原初の過程は，「eg → ru」と表すことができる。ただここで，ルール作りは，数多くの「エグ」から導き出した方がより確実なものとなるから，それは「eg_1 → eg_2 → …… → eg_n → ru」と表されるべきではないかという反論が考えられよう。この図式は，個々の事例から一般的な法則（ルール）を導き出すといった，いわゆる帰納法を表している。ただそれは，学習（探究）のメカニズムを論理の観点から事後的に説明し，定式化したものに過ぎない。従ってそれは，いま，まさに認識を形成しつつある子どもの学習過程，特にその心理プロセスを示したものではないのである。この図式では，子どもの心理プロセスがまったく無視されている。子どもの心理からみる限り，たとえ大まかでもいいからとりあえず，仮にルールを作り，次にみるように，その作り出したルールを少しでも早く使っていきたいというのが日常の道理ではなかろうか。

そして，「eg → ru」の結果，子どもたちのなかに大まかな「ル」が作り出された後，彼らはその「ル」を使って「エグ」を推測したり予測したりしていくことになる。この過程は，「ru → eg」と表すことができる。ただ，この場合でも，ひとつのルールから数多くの「エグ」が導き出されることになるから，「ru → eg_1 → eg_2 → …… → eg_n」と表した方が適切ではないかという反論が考えられよう。この図式は，一般的な原理から個々の事例を説明する演繹法を示している。しかし，それもまた，学習のメカニズムを事後的に説明・定式化したものに過ぎない。ここでもまた，いま，まさに認識を形成しつつある子どもの学習過程（心理プロセス）がまったく度外視されている。子どもの心理からみる限り，作り出したルールをとりあえず，ひとつの事例に使ってみることでそのルールの妥当性を確かめていく，そしてこのプロセスを繰り返していく，というのが日常の道理であると考えられる。

以上のことから，いま，まさに認識を形成しつつある子どもの学習過程とは，「eg → ru」と「ru → eg」の２段階，すなわち「事例からルールへ」と「ルールから事例へ」という認識の往復運動――認識のツー・ウェイ――から成り立つと考えられる。しかも，このプロセスは一回限りで完結することなく，オープン・エンドとなることが想定される。従って，それは「eg → ru → eg → ru → eg → ru」と図式化できる。さらに，この図式に子どもたちのルールへの確信の度合いを加味させると，それは「eg → ru → eg → r u → eg → r u」と表すことができる。この図式は，最初，子どもたちが少ない「エグ」から大まかな「ル」を作り出し，それを数多くの事例に使いこなすことによって次第に，ルールの正しさが実感できるようになっていくプロセスを誇張して表している。

ところで，ルール学習の第２段階となる「ルールから事例へ（ru → eg）」は，前述したパースの仮説的推論（アブダクション）に対応している。つまり，過去の数少ない経験に基づいて作り出した大まかなルール（経験則）に基づきながら，ある帰結（結果）を手がかりにして，それから導かれる予測的仮説，すなわち事例を導き出す営みは，まさに仮説的推論に相当する。

具体例でいうと，「動物はすべて，エサを食べ，食べたらウンチをするはず」という大まかなルールを持った幼児がいたとする。この幼児は，水槽で巻貝を飼っていたが，あるとき，水槽に一緒に入れてあった海藻が少し凹んでいることに気づいた後，「きっと貝が食べたんだ」と言った。数日後，幼児が水槽を観察していると，今度は水中に白い小さいぶつぶつのものがあることを発見し，「きっと貝のウンチだ」と言ったのである。

この事例を仮説的推論で記述すると，次のようになる。

①驚くべき事実C［海藻の凹みと白い小さいぶつぶつのものといった2つの奇妙な現象］が発見される。

②しかしA［「(貝も含めて) 動物はすべてエサを食べ，食べたらウンチをするはず」］ならば，C［2つの奇妙な現象］があっても驚くにあたらない。

③ゆえに，Aである［「海藻の凹み」は「貝が海藻をエサとして食べたこと」を意味し，「白い小さいぶつぶつのもの」は「貝のウンチ」を意味する］。

この幼児は，自分なりのルールを使用して，それを巻貝の仮説的推論に用いたのである。その結果，幼児のなかにこのルールへの確信の度合いが急速に強まったことが予想される。そして恐らく，幼児はその後も引き続いて，このルールを様々な事例を推測するコードとして使用していくことであろう。このように，ルール学習では，仮説的推論が幾度も繰り返し行われることによって子どもたちのなかでルールへの確信の度合いが強まり，最終的に安定した信念システムが形成されていくことになる。

ただ，ときには，子どもたちが作り出したルールが，例外（「例外的事例」［細谷純，1983：368］，もしくは「例外例」［高橋金三郎・細谷純，1974：80ff.／伏見陽児・麻柄啓一，1993：39ff.］）――「eg」と示される――に直面することによってルールの変更を迫られることもある。この場合，子どもたちにとって仮説的推論の繰り返しがルールへの確信の度合いを強めることになるどころか，そのルールを放棄することにもなり兼ねない（ただし，そのルールが，後述するような「誤ったルール」である場合は，何ら問題はない）。

しかし見方を換えれば，例外を発見することができたのは，子どもたちがルールといったそれなりに一貫した視点から自然認識を行ってきたことの証左であると考えられる。万一，明確な視点を持たない個別的な学習を繰り返している限り，例外（例外例）が子どもたちによって見つけられる可能性はないであろう。むしろ，子どもたちにとって例外例こそ，従来のルールを組み替え，新たなルールを形成していくための重要な契機にほかならない。そして，この例外例こそ，前述したエーコの「過剰コード化」に対応すると考えられる。というのも，例外例とは，子どもたちが自然現象を解読（解釈）する既有のコードにもっと細かい規則を加えて分節化することで，例外をも包摂し得る新たな解読コード——仮に「ru′」と表す——を作り出すきっかけとなる典型的な事例だからである。この例外例を踏まえた学習（探究）のプロセスは，「eg → ru → eg → ru′ → eg」と表すことができる。ただし，その例外が科学史上の大発見——パラダイム転換——の契機となり得る場合には，それは単なる「過剰コード」ではなく，「過小コード」もしくはそれを前提とする，「創造的アブダクション」と「メタ・アブダクション」に対応すると考えられる（子どもの自然認識を考えていく上で直接，関係がないため，ここでは取り上げないものとする）。

3.2　常識的モデルと科学的モデル——多重概念という視座——

ところで，私たちが自成的学習によって形成した素朴理論としての「土着の知識−信念体系」は，次のような性質をもっている。すなわちそれは，「(1)誤った方向への一般化がなされている場合が多い。(2)経験した際に現象的に顕著だった性質や部分にとらわれていることが多い。必ずしも明確には言語化されず，多くの判断の際の根拠として用いられているにもかかわらず，それが，自成の際の経験の狭さや偏りを前提にしているという意識が不明瞭である。」［細谷純，1987：165］という性質である（このなかで，(2)に関しては後述することにし，先に(1)と(3)について敷衍していきたい）。

一般的に，私たちは，大まかなルール（ルール・システム），すなわち「土着の知識−信念体系」——一般化と経験則——を能動的に形成していく一方で，過去の少数で偏った——「その人なり」の——経験を精一杯，一般化してしまうために，往々にして「誤ったルール」を作り出してしまうことになる。しかも，単に作り出すだけでなくて，「誤ったルール」を，一定の間――ときには，生涯にわたって――，保持し，使用する傾向をもつ。

このように，子どもも含め私たちは，絶えず過去の経験を一般化させてルール・システム（「土着の知識－信念体系」）を作り出し，それを保持し，使用する存在なのである。ただ，この場合，私たちは「その人なり」の一般化を行うため，誤ったルール――それは「ル・バー（$\overline{r}$）」［細谷純，1970：232f.／1976：145ff.／1983：367ff.］と呼ばれる――を作り出すことがごく普通である。つまり，私たちは，自己の（過去の）経験を個々の「事例（eg）」として巧みに「ルール（ru）」を作り出すのと同時に――ほとんど不可避な形で――，自己の内部に「ル・バー（$\overline{r}$）」，すなわち「誤法則」または「誤ルール」を所有しているのである。

ただ，子どもたちからみて，こうしたル・バーを所有することは不可避的な事柄であって，それ自体，致し方のないことである。むしろより問題であるのは，自己の内部にル・バーを作り出すときに前提とする経験の狭さや偏りそのものをすっかり忘却してしまっていることである。ソクラテスの無知の知を引き合いに出すまでもなく，人間にとって最大の無知とは，知識を所有しないことではなく，本当に知らないということについて自ら知らない（気づかない）ことである。自成的学習を想定する限り――不足とあらば，メノンのパラドックスを引き合いに出してもよい――，たとえ幼児であっても，まったく何も知らない――まったく“白紙状態”の――人間は存在し得ない。存在し得るのは，自らが形成した「土着の知識－信念体系」そのものが経験の狭さや偏りを前提にしていることを忘却している人間，すなわち自己の所有する知識や信念について何も知らない人間だけである。

こうした点も含め，この「ル・バー」に関しては「過去の狭い，偏った範囲の経験の自成的一般化結果として作られ，ルール命題における前提項ないし帰結項の選び間違え，選び過ぎ，選び不足などや適用範囲の拡大過剰（誤れる一般化）や縮小過剰（誤れる特殊化）などの特徴を持つ。」［伏見陽児・麻柄啓一，1993：68］と明確に規定されている。

ところで，素朴理論からみると，この「$\overline{r}$」と表される「ル・バー」こそ，日常生活のなかで学習される，自然現象に関する素朴な知識（概念）にほかならない。この「$\overline{r}$」については，これまで発達心理学や認知心理学の領域において「生活的概念」，「前概念」，「バグ（bug）」，「(誤った）メンタル・モデル」というように，様々な概念化がなされてきた。それらはいずれも，低いレベルの知識（概念）を記述する操作概念であるが，その内容は，正答からみて「誤った」とか「間違い」を強調するものというよりも，「日常的な」とか「素朴な」とか「無意図的な」というように，系統的な教育以前・外ということを意味している。例えば，L.S. ヴィゴツキーが示す「生活的概念」は，「教育内容の現代化」論者の通俗的な解釈に反して，それを全面的に「科学的概念」へと組み替えるべきものとは捉えられていない。

さて，理科教育学では科学概念の形成の問題に関して，「多重概念(multiple conception)」［Linn，1986／進藤公夫，1992：225］という考え方がある。つまり，「基本的に同じ課題の解決に適用できる複数の心的モデルを個人が保持している場合，それらの心的モデルが，その課題についての“多重概念”とよばれる。」［進藤公夫，1992：225］そして，「多重概念を構成する心的モデルのうち，素朴概念［生活的概念―著者］は日常的な課題の常識的な解決に適用される心的モデルであることから，それは“常識的モデル”」［同上］と呼ばれ，同じく，科学概念［科学的概念］は科学的な課題の科学的な解決に適用される心的モデルであることから，それは「“科学的モデル”」と呼ばれる。「理科に限ったことではないが，学校教育の主要な役割のひとつは，日常生活では手に入りにくいフォーマルな見方・考え方を提供して，子どものものの見方・考え方の幅を広げ，多重概念を増幅させることだと言える。学校教育の一環としての理科教育は，常識的で直感的な見方・考え方に加えて，科学的な見方・考え方もできるようにすることによって，子どもがもつものの見方・考え方の幅を広げ，多重概念を増幅させるのである。」［同上：227］衣服にたとえれば，汎用的で生活感覚的に馴染みのある，カジュアル・ウェア（常識的モデルとしての素朴概念）と，入試やテストなどの特殊な場面でのみ有用で生活感覚から乖離した，学校仕立てのフォーマル・ウェア（科学的モデルとしての科学概念）とを——両者はしばしば矛盾する関係にあるが——，「課題解決において“とき”と“ところ”と，“場面”をわきまえて，上手に使い分けることができるようにすることである。」［同上：227f.］相反することの少なくないこの，2つの心的モデルを，多重概念として一人ひとりの子どもたちのなかで共存（同居）させ，両者を使い分けることこそ，科学教育をはじめこれからの学校教育の課題であると考えられる。

こうした捉え方に対しては，科学的真理そのものを真っ向から否定する冒瀆行為に過ぎず，しかもそれを受け入れる人格的統一性の全面否定ではないかという反論が予想される。しかし，量子力学など科学の先端領域では，すでに科学的真理の絶対性はゆらぎつつある。また，人格的統一性に関しても脳の多重構造から説明され得る「多重知性理論」［Gardner, 1983］——言語的知能，音楽的知能，論理－数学的知能，空間的知能，身体－運動感覚的知能，人格的知能（個人内知能と対人的知能）の6つもしくは7つのの独立した知能から成り立つ——や，それを「7つの六角形」として空間的に表した，子安増生の「知能のヘプタ＝ヘクサゴン・モデル（hepta-hexagonal model）」［子安増生，1999：18］（図4参照）と，「自我（人格）のフレーム説」［澤口俊之，1989／1993］——連合野コラム群の並列的・逐次的活動としての「心＝自我（人格）」——によって確固とした人格的統一性（「ひとつの」人格，もしくは人格的同一性）という捉え方はゆらぎつつある(5)。

すでに，J. ピアジェは確固とした人格的統一性が幻想に過ぎないということを予見していた。「人格の構造的統一性，……私は子供の発達のいかなる段階においてもそのようなものをみたことはない。大部分の大人についてもそのようなものはみたことがない。私自身が多重で矛盾しあ

図４　知能のヘプタ＝ヘクサゴン・モデル

う人格の持ち主なのである。」［De Mey，1982＝1990：393］科学教育の多重概念については，今後，多重知性理論や自我（人格）フレーム説を通じてその妥当性が確証されていくものと考えられる。ただし，そのことは，多重概念という捉え方が矛盾するものではないことの科学的な根拠づけ，すなわち事後的な説明であって，多重概念そのものがすでに子どもたちによって衣服のように使い分けられているという事実とはまったく別問題である。

ところで，極地方式では，こうした多重概念について言及していないにもかかわらず，素朴理論と近似した捉え方をとることで無自覚ながらもすでに，多重概念の理論をビルトインしている。そのことは，次の箇所に明確に表されている。すなわちそれは，すでに正答（正しいルール，すなわち ru）を知っている人間（教師）からは“誤答”（$\overline{\mathrm{r}}$）とみなされることになる子どもの自然認識を，否定したり無視したりするどころか，（それを）子どもが豊富に，自力で創造したルールの体系として評価し，そのルール・システムに見られるそれなりの言い分（理由づけ）を尊重していることである。極地方式によると，子どもたちのこうした「誤り」や「つまずき」は，彼らが自らの認識を自力で進展させていることの証左であり，その障壁を自力で克服していくとき，彼ら自身に著しい認識の発達が予想されるのである。

ただ，急いで付け加えなければならないことは，子どもたちが作り出すこうしたル・バーは十分評価されながらも，そのすべてがそのまま，彼らの内部に所有され，保持されることが好ましいわけではないということである。ときには，彼らが強固に保持しているル・バー・システムを，学校教育を通じて多くの諸現象を説明・理解し得る普遍的なルール・システムへと組み替えていくことが必要であり，その組み替え作業が授業の課題となる。ただ，こうした言い回しは，素朴理論からみて適切なものであるとは言えない。というのも，素朴理論からみると，本来，ル・バー・システムを普遍的なルール・システムへと組み替えていくことは不可能であって，むしろ授業を通じてできることとは，普遍的なルール・システムを子どもたちが自らの新たなル・バー・システムへと土着していけるように，その活動を援助することだけなのである。言い換えると，程度の差はともかく，ル・バー・システムを所有することが，彼らにとってごく普通の状態なのである。だからこそ，彼らにとって学ぶこととは，より適切なル・バー・システムを探究し続ける営みとなるのである。

3.3　学習援助のストラテジー——「ドヒャー型」と「じわじわ型」——

さて，素朴理論と記号論を援用して極地方式の基礎理論について論述してきた。それでは，以上のことを踏まえた上で，次に，極地方式が提示する授業実践とそのストラテジーについて具体例を挙げつつ，論述していくことにしたい(5)。

子どもたちにとってより適切なル・バー・システムの形成をめざす極地方式の授業において，まず関心の対象となるのは，彼らがどのようなル・バー——低いレベルの知識もしくはルール，すなわち素朴理論——を所有しているかについて的確に把握することである。ル・バーは，個々の子どもたちによって多様であるとはいえ，ある発達画期の子どもたちには共通したタイプがみられる（ここでは，幼児から小学生までを取り上げることにする)。ル・バーには，大きく分けて，次の２つのタイプ，すなわち(a)「特徴（属性）の選び間違いによるル・バー」と(b)「誤れる特殊化のル・バー」［伏見陽児・麻柄啓一，1993：70–77／細谷純，1983：358–364］がみられる。

まず，(a)「特徴（属性）の選び間違いによるル・バー」についてであるが，このタイプの「ル・バー」は，特徴（属性）の抽出の仕方の違いによって，さらに２つのタイプに分けることができる。すなわちそれは，「着目すべき特徴（属性）を取り違えた結果生じたル・バー」と「着目すべき特徴（属性）はわかっているが，それ以外の特徴（属性）にも着目している（気を取られている）ために生じるル・バー」［同上］と，である。

まず，前者のル・バーとは，教師が着目して欲しいと願う特徴（属性）には着目せずに，子どもたちが自分なりに別の属性に着目して，誤ったルールを作り上げていく場合のそれである。彼らが形成するル・バーのなかで，最も頻度の高いものがこの類のル・バーである（従って，事例も豊富に見出される)。

具体例を挙げると［伏見陽児・麻柄啓一，1993］，

(1)「卵は食塩水に浮く」という事実から，子どもたちは「しょっぱいものは物を浮かす」という自前のルールを作り上げる場合である。この場合，彼らは食塩水の「比重」に着目せずに，「味」といった感覚的に目立った特徴（属性）に着目しているのである。

(2)「夏に暑いのは地球と太陽が近いからで，冬に寒いのは地球と太陽が離れているからだ」というル・バーがみられる。夏と冬の気温の違いは，「太陽高度」（日光が地表との間に作る角度）から生じるが，子どもは，誤って「距離」に着目してしまう。なぜ，こうした間違いをするかといえば，子どもは日頃，ストーブや火などの熱源に近ければ近いほど，暖かいという経験をもっており，そうした過去の経験を誤って一般化したものと考えられる。従って，この「ル・バー」にも，子どもなりの十

分な理由・根拠が存在するのである。

⑶また，大半の子どもたちは「周囲の長さが長ければ面積は大きい。周囲の長さが等しければ面積は等しい」というル・バーをもっている。この場合，彼らは過去の経験から「周長大なら面積大。周長等なら面積等」というルールを自分なりに作り出しているのである。このケースは，ユークリッド幾何学の全体からみれば誤りであるが，「相似形において」という限定を加えればまったく正しいことになる。従って，彼らが作るこのル・バーにも，それなりの言い分があると考えられる。

⑷多くの幼稚園児は「身体が大きい動物は赤ちゃんを生み，身体が小さい動物は卵を生む」と考えている。彼らは「ワシは赤ちゃんで生まれる，リスは卵で生まれる」と述べて，「リスはこんなに身体が小さいんだから赤ちゃんなんて生めやしないさ，きっと卵だよ」とその根拠を説明している。哺乳類は胎生であって，しかも動物界においては総じて大型動物である。そして，このケースにおいてもまた，幼児が作り出したルールはそれなりの正しさや言い分があると考えられる。

次に，後者の⒝タイプのル・バーについて，具体例を挙げたい。

⑸子どもは「同じ重さの重りをつるしても，ヒモの長さを長くすればバネの伸びは小さくなる」と考えてしまう。子どもにとってバネの伸びは「重りの重さ（数）」によって決まるだけではなくて，「重りからバネまでの距離」によっても決まるものであるらしい。子どもは「重りからバネまでの距離」という着目すべきではない特徴（属性）にも心を奪われている。

他方，「誤れる特殊化によるル・バー」は，前者（前二者）のように，対象（事象）のもつある特徴（属性）に着目するのではなく，対象そのものに着目している点に特徴がみられる。

具体例を挙げると，

⑹「チューリップやヒヤシンスなど球根を植える植物には種ができない」というル・バーである。日常生活では普通，チューリップを種から植えることは行わないが，こうした経験がルールの適用範囲の過剰な縮

小化をもたらしている。

以上，２つのル・バーのタイプをみてきたが，それでは実際に，子どもたちが誤ったルール（$\overline{\mathrm{r}}$）を所有している場合，彼らがそれを組み替えていくことができるようにするためには，どのような学習援助を行えばよいのであろうか。その学習援助のストラテジーを，子どもたちにとって「属性の選び間違いによるル・バー」の典型例となる「重さの保存法則」（「出入りがなければ重さは変わらない」）とそれを実践に移した授業を通じてみていくことにしたい。なお，その授業実践の例として初めに，仮説実験授業を手がかりとし，後で，極地方式と比較研究するための素材としていくことにする。

ところで，仮説実験授業は，「重さの保存法則」を「ものとその重さ」という単元として組織化し，その授業実践を“追試”という形で何回も重ねることによってその理論的な整合性を確立してきた。なお，仮説実験授業の基礎理論については，次のようにまとめることができる［庄司和晃，1976：11］。すなわちそれは，⑴重さの概念とか力の原理といった科学上の最も一般的で基礎的な概念や法則を，教室における授業のなかで確実に学び取らせて，科学とは何かを体験的に把握させることを意図し，⑵科学的認識の成立過程，すなわち問題→予想・仮説→討論→実験という過程に即して構成された授業であるとともに，⑶授業のあり方を科学化しようとする科学教育運動である，と。そしてその理論的基礎には，科学的な認識は，実践（実験）によってのみ成立するとともに，それは，社会的な認識であるということ，そして科学的なものの考え方は，科学上の一般的，基礎的な概念・法則の教育によって有効に育成されるとみなされる。

また，この名称から推察できるように，この授業では，子どもたちによる「予想－実験（または観察）」，すなわち「仮説（形成）－検証（反証）」という科学的な手続きのプロセスが何よりも重視される。板倉聖宣が述べるように，「自らの予想・仮説をもって対象に問いかけてその答えをひきだしたときにのみ科学的認識が成立する」［板倉聖宣，1966：28］とみなされている。具体的には，この授業で使用する教科書と，指導案や学習ノートを兼ねた「授業書」（「ものとその重さ」「まさつ力」など）を媒体としつつ，子どもたちが「授業書」にある予想項目から適切なものひとつを選択し，その論拠や正否について子ども同士で十分吟味し討論していく，そして選択された仮説群とその論拠が出し尽くされた後で，教師が代表して実験を行い，その結果を彼らに提示していく。さらにその後，子どもたちが出した予想（仮説）と実験結果との間に見られるずれとその根拠などに関して子ども同士の間で十分討論し，吟味していくのである。ただ，率直に述べると，この授業の最大の特徴が，予想（仮説）の背後にある理由づけ（論拠）について子どもたちが徹底的に吟味・討論し合った上で，実験・観察といった仮説の検証に臨むことにあるのは疑いない。

仮説実験授業に基づく有名なものとして「重さの保存法則」に関する授業がある［板倉聖宣，1966：20］。その授業書とは，体重測定を行った場合，どのような測定方法をとったならば体重が一番重くなるのかを子どもたちに考えさせ予想させるというものである。授業書ではその測定方法として，次の4つの選択肢を設けており，個々の子どもたちがそのなかからひとつだけ選択するように構成されている。その選択肢とは，ア）両足で立っているとき，イ）片足で立っているとき，ウ）しゃがんでふんばっているとき，エ）どれもみな同じでわからない，である。

ところで，仮説実験授業では子どもたちが所有するル・バーを打破して，一挙に正しいルールへと組み替えていくことを目指している。学習援助のために行う授業のこうしたストラテジー（「くみかえ型ストラテジー」［細谷純，1976：146］）を，極地方式では「ドヒャー型の授業」［同上：146ff.］と呼ぶ。ここで「ドヒャー」というのは，子どもたちが所有するル・バーからの予想（推測）がはずれたときの驚きを表現している。さらに言うと，この「ドヒャー」という驚きとは，仮言的三段論法の形式で示される仮説的推論の第1段階「驚くべき事実Cが発見される」ときの「驚き」に相当する。この授業のなかで，子どもたちはそれぞれ，自分たちの予想に自信をもって実験に臨んでいるだけに，それがはずれたときの心理的なショックは大きいことになる。彼らはなぜ，その予想がはずれたかについては分からないにせよ，とにかく自分たちの予想（依拠した「知識－信念体系」，素朴理論）が間違いであったことに否応なしに気づかされることになるのである。

ところが，子どもたちはその結果をみても，教師の提示する事実（実験結果）を受け入れた上で，なぜ自分たちの予想が誤ったかを考えながら，そのル・バーを普遍的なルールへと組み替えていこうとするとは限らない。すなわち彼らの対処仕方は，普通，このように一様なものとはならない。それを単純にかつ楽観的に考えてしまうのは，教師だけである。むしろ彼らの対処仕方は，麻柄啓一が述べるように［伏見陽児・麻柄啓一，1993：89］，およそ，次の３つのタイプに分かれる。

第１は，予想がはずれて驚いたにしても，必ずしも$\overline{r}$を点検し，正しいルールの学習に都合よく向かうとは限らないというタイプである。この場合，自分の誤りを認めなくてはならないというショックだけに終ってしまう。

第２は，子どもたちの思考が思いがけない方向に行ってしまうタイプである。この場合，実験結果だけが子どもたちのなかに印象的に刻印されるだけで，彼らはその原因について再考していく契機を逸してしまうことになる。

第３は，実験結果を否定し，$\overline{r}$の方を温存させてしまうタイプである。意外な実験結果をみて，「実験が間違っている」「今のはインチキだ」「先生は手品を使ったんだ」などという子どもが教室にひとりくらい出てきても，何ら不思議ではない。

前述したように，個々の子どもたちにとって，ル・バーが自分の経験を一般化させて作り出したものだけに，なおかつそれが日常経験と合致しており，それなりの根拠や言い分が見出されるがゆえに，彼らはそれが誤りであるということをなかなか認めようとはしないのである。つまり，極端ながらも３つ目のタイプの子どものように，「ある事実を示された結果，その事実に合うように自分の考え（ル・バー）を直そうとする子どもと，その事実を自分の考え（ル・バー）に合うように解釈する子どもがいても当然なのである。」［同上：90］ここに，多重概念を通して述べた，カジュアル・ウェア（素朴概念，もしくは生活的概念＝常識的モデル）とフォーマル・ウェア（科学概念もしくは科学的概念＝科学的モデル）との着こなし方の難しさが見られる。

こうした事態は，何も子どもの場合だけとは限らない。例えば，ある大人たちに「チューリップやヒヤシンスなど球根を植える植物には種ができるか」（事例(6)r）と質問したところ，彼らは「種はできない」と答えたとする。その後，仮説実験授業が行うのと同じように，彼らにチューリップの種を観察させて――（実験に相当する）観察に基づく実証過程を体験させて――，“あなた方の答えは，誤っている”と言っても，彼らのほとんどは納得することができないであろう。というのも，日常経験に照らすと，チューリップを栽培する場合，球根を植えることが常識だからである（チューリップの種を利用するのは，品種改良のときくらいである）。

言い換えると，日常経験に適合した自らのル・バーを持つことで，「重さの保存法則」を認識できない子どもたちや，「チューリップに種があること」を理解できない大人たちを十分納得させるためには，少なくとも，それなりの科学的な説明，すなわちルールに関する付加情報が必要になるのである。この付加情報を彼らに付与しない限り，彼らは依然としてル・バーを保持し続けることになると思われる。ただ，この付加情報そのものが，その性質上，フォーマル・ウェア（科学的モデル）的色彩の強いものだけに，彼らのル・バーを十全に新たなルールへと組み替えていけるかどうかは不明である。言えることは，「ドヒャー型の授業」を行う場合，最低限この付加情報が不可欠だということである。というのも，前述したように，授業実践が唯一できることとは，より適切なル・バー・システムを子どもたちが自力で作り出せるように援助することだけだからである。換言すると，子どもたちが普遍的なルール・システムを所有するといった状態は決してあり得ないのである（程度の差こそ異なれ，そのことは，少なからず科学者にも当てはまるものである）。以上のことから，「ドヒャー型」という授業のストラテジーをとる仮説実験授業は，表面上，画期的な学習効果を生み出しているようにみえながらも，実は，本当の意味で「重さの保存法則」といったルールを子どもたちに納得させるまでには至らないという意味で，根本的なリスクを伴っていると考えられる。

この「ドヒャー型ストラテジー」に対して，極地方式は，「じわじわ型ストラテジー」［細谷純，1976：146ff.］をもって授業実践を組織化していく。そのストラテジーの特徴は，「ドヒャー型」とはまったく異なり，子どもたちの予想が外れない（的中する）問題から開始していくことにある。「つまり，ル・バーからの抵抗ができるだけ小さい問題（事例）をまず提示し，……予想と結果が一致したことを足がかりとして，正しいルールを導入する。」［伏見陽児・麻柄啓一，1993：99］そしてある程度，そのルールの蓋然性が確立されたら，今後は子どもたちにそれを積極的に使用して考えていくように仕向ける。このとき，教材は，言うまでもなく，ル・バーからの抵抗が子どもたちにとって小さい順序で配列されていくことになる。つまり，子どもたちからみて，学習内容がまさに「じわじわ」わかってくるのである。このときの子どもたちの心理プロセスを表現したものが，この「じわじわ」にほかならない。言い換えると，教材の配列は，単純なものから複雑なものといった論理構造に即したものとはならないのである（ここでもまた，学習内容の論理よりも，子どもたち自身の心理が重視される）。

それでは次に，「じわじわ型ストラテジー」をとる極地方式の授業実践のなかで，「重さの保存法則」という同じ学習内容に即したものがある［同上：79–80］。その授業教材は，問題Ａ→問題Ｂ→問題Ｃ→問題Ｄというように，４つの場面から構成されている。各々はいずれも図版を交えながら，次のような設問となっている。すなわち，問題Ａ：「ボール型の粘土をソーセージ型にすると，重さはどうなるか。」，問題Ｂ：「ボール型の粘土を小さなおだんごに分けた。重さはどうなるか。」，問題Ｃ：「体重50kgの人と２kgの弁当がはかりの上にある。弁当を食べたら，全体の重さはどうなるか。」，問題Ｄ：「はかりの上で体重をはかるとき，両足で立つのと，片足で立つのと，しゃがんでふんばるのでは重さはどうなるか。」である。しかも，問題Ａから問題Ｄへは，易から難へというように教材配置がなされている。

このように，極地方式では，「ドヒャー型」に比べて，安定志向型の「じわじわ型」を授業のストラテジーとすることで，子どもたちのなかに納得した上での自然認識の形成を促進してきたと考えられる。ただ，授業のストラテジーを考える上で重要なことは，「ドヒャー型」と「じわじわ型」のいずれが適切であるかを決めつけることではなく，学習内容とそれに対する子どもたちの捉え方，具体的には子どもたちのル・バーの形成仕方およびそれに伴う心理プロセスを十分踏まえつつ，その状態に適合したストラテジーを的確に選択することなのである。現在のところ，そのひとつの目安となるのが，教育心理学の立場から極地方式の科学教育理論をより一般化させた，麻柄啓一の授業のストラテジーの試案［同上：107］である。それは次のようにまとめられる。

1．子どもたちの$\overline{r}$がそれほど強くはない場合：
ドヒャー型で一気にくつがえして正しいルールに組み替えることができるのではないか。
2．子どもたちの$\overline{r}$が大変強い場合：
①じわじわ型作戦の方が有効なのではないか。
②ドヒャー型を用いる場合は，その後で情報をつけ加えて「$\overline{r}$が成立した根拠」と「実験結果（事実）」との間の矛盾をなくする必要がありそうだ。
③あるいは実験に先立つ討論によって，「こういう結果が出た場合には，それはこういう理由だからだ」という対応がついていれば，ドヒャー型でも効果を上げるのではないか。

麻柄が示すこの試案は，「いま＝ここで」現に遂行されつつある授業過程において，子どもたちが表すル・バーの強さ（強度）と，ルールを教えてみたときに子どもたちが示す（ル・バーからの）抵抗の強さ（強度）が除外されてしまうという点で，実際の授業実践にとって効力の薄いものであるかも知れない。というのも，この試案そのものが，授業実践が終了したときに初めて発見される類の法則（ルール）だからである。こうした難点があるとはいえ，この試案を念頭に入れて，授業実践が積み重ねられていくとき，いままで注目されてこなかった，あるいは無視されてきた授業の新たなルール・システムが徐々に確立されてくると考えられる。従って，この試案の問題点を指摘することよりも，まさに教授者が所有する素朴理論，すなわち“授業ストラテジーのル・バー”を示すこの試案を幾度も使用しながら，より適切な授業実践の理論を構築していくことの方が有益ではないかと考えられる。

4．日常経験と学校経験を結ぶもの

前述したように，子どもたちは，日常生活のなかで経験を繰り返すことを通じて，概念（「病院」，「薬屋」，「弾性」，「重さ」など）を成長・発達させているとともに，学校での授業実践を通じて概念を成長・発達させていく。素朴理論や多重概念からみると，（前者の）自成的学習による概念の所有――「土着の知識－信念体系」もしくは「常識的モデル」――を再認識しつつも，それがまた，「誤った概念（ルール）」（＝ル・バー）――として彼らのなかに存在しているため，意図的に遂行される学校での授業実践では，それを彼らが正しい概念（ルール）へと組み替えていくことができるように援助していかなければならないのである。そしてそうした学習援助のストラテジーとして，「ドヒャー型」と「じわじわ型」が見出された。

しかしながら，繰り返し強調しているように，たとえ学校教育を通じて遂行される概念の組み替えが子どもたちにとって不可欠なものであるにしても，そのこと自体が学習の目的となり得るわけでは決してない。むしろ学校教育は，そこで学習した事柄を彼らが再び日常生活の場で生かせるように配慮しなければならないし，またそのための工夫を怠ってはならない。極地方式では，ルールが子どもたちからみて学ぶ価値のあるものにするために，学校で習得したルールを日常生活へと結びつけていくための工夫を行っている。その成果が「発展例」［同上：172］と呼ばれるものである。それは子どもたちにとって「思いがけない日常の事例」［同上］を意味する。「発展例」とは，子どもたちにとって学校以前・外の知識（概念）と学校内の知識（概念）とを結びつけていくための媒体にほかならない。それでは，具体的にみてどのような事例が発展例となり得るのであろうか。

普段，子どもたちは日常生活のなかで様々な事態に直面する。そして，直面する生活上の課題に対処するために，彼らは身近にいる人たちに聞いたり，あるいは聞く人がいなければ自分で考えたり工夫したりしていく。その結果，彼らは例えば「ピンポン玉が凹んでしまった」ならば，「お湯のなかにつけたらよい」とか，「ビン詰めのふたが硬くて開かなくなった」ならば，「ふたを熱湯で温めたらよい」とか，「牛乳ビンをストーブで温めるとこぼれてしまう」ので，「一口飲んでから温めるとよい」とか，という具合に生活のなかで無意識的にその都度，様々な個別の知識を身につけていく。つまり，彼らは十分意識化されない形でありながらも，こうした個別の知識を利用して，実際の生活課題のなかで工夫することで，様々なことができるようになっていく。彼らは云々のことができるといった，いわば生活の技能を身につけていくのである。

ところで，生活の技能を含め，こうした個別の知識とは，いわゆる生活の知恵と呼ばれてきたものである。例えば，日本人の知恵とか“おばあさんの知恵”とか言われるように，それはその科学的な根拠や原因が不明確なものでありながらも，日常生活のなかでは役に立つものの代名詞である。従って，例示した３つの知識がその科学的な根拠や原因について不問にされる限り，“おばあさんの知恵”（のレベル）に留まってしまうことになる。

しかし，例示した3つの知識は，単に個別の知識としての知恵に還元され得ない。というのも，それらはいずれも，「物体は温度が上がると，体積が増える」というルールで括ることができるからである。このルールは，さらに「物体の三態変化」という概念に収斂していく。ただ注意しなければならないのは，この3つの個別の知識を「物体の三態変化」という抽象的な概念へと昇華させて，それを子どもたちに機械的に認識させてはならないということである。むしろ，子どもたちは，これら個別の知識をひとつのルールとして結びつけることを通じて，「物体の三態変化」という概念について理解することができるようになると考えられる。彼らがこのルールを十分身につけておれば，例えば「電車のレールのつなぎ目に隙間がある」ことの理由も直ちに理解できることになる。個別の知識群をひとつのルールへと繋留していく視点を子どもたちのなかに発見させることが必要なのであり，その手がかりが発展例と呼ばれるものなのである（すでに例示した4つの事柄は，子どもの日常生活と結びつくことから，いずれも発展例となり得る）。

子どもたちが日常生活のなかで習得する個別の知識が確固たるルールに裏打ちされているとき，あるいは個別の知識を括るルールを積極的に発見していこうとするとき，日常生活でみられるありきたりの事例がまさしく意外性を持つものとして彼らの前に立ち現れてくると考えられる。こうした発展例に即してルールを学習していくことを繰り返すことで，彼らの学習意欲が高まり，知識に対するイメージ——知識観——が望ましいものへと変容していくのではなかろうか。当初，バラバラでしかなかった個別の知識（知恵）同士がルールによって彼らのなかで結びつけられていくとき，彼らは学ぶことの面白さや意義を強く感得していけるはずである。

こうして，それだけでは単なる知恵でしかない個別の知識を，「発展例」を介してひとつのルールへと結びつける（「つなげる」）ことによって，子どもたちは概念を納得した形で習得していくことができるのである。

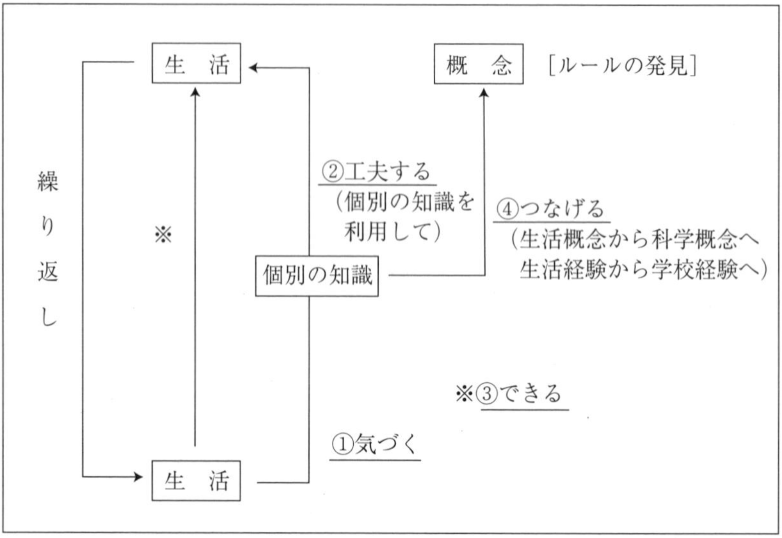

図 5　生活経験と学校経験の連携

発展例は，個別の知識を概念へとつなげる役割を果たすだけでなく，彼らのなかで学校以前・外の知識（生活経験）と学校内の知識（学校経験）とを結びつける橋渡し機能を担っており，それがまた彼らの望ましい知識観・学習観を誘導していくことになる。以上述べてきたことをイメージ化しやすくするために，図 5 ［無藤隆，1990：37］を表すことにしたい。それは，個別の知識から概念へと至る経路を踏まえつつ，子どもたちからみた，生活経験（学校以前・外の知識）と学校経験（学校内の知識）との連携を示したものである。

註釈

(1) 梶田正巳によると［梶田正巳，1986：7–9］，「信念」という概念は，日本語において非常に硬い言葉の代表であるが，英語圏では日常 “In my theory,……” という具合に，自信のある人が多用している。つまり，この場合，信念とは，まさしく理論（セオリー）なのである。従って，日常生活のなかで「その人なり」に抱いている「信念」を素朴なレベルでの理論（＝素朴理論）とみなすのは根拠のないことではないと考えられる。

(2) 池田久美子は経験学習を再評価するにあたって，『ベニヤの学校』［河内紀，1976］のなかで記述されているコア・カリキュラムの授業実践を資料としている。

(3) 一般的に，「ルール学習」という名称は定着していないが，それに該当するものとして極地方式以外に，R.S. シーグラーの「ルール評価法」［Siegler，1986］を含めることができる。

(4) この点については，観点こそ異なれ，心理療法（論理療法），一般意味論，認知心理学の領域においても問題にされている。前者について例示すると，S病院の受付で冷たい処遇をされたAが「あの病院は冷たい」と言った場合が挙げられる。この場合，すでに「S病院の受付」が「あの病院」そのものまで一般化されてしまっている。あるいは，Aはそこからさらに飛躍して「どうせ，病院とは冷たいところだ」と考えたとすれば，なおさらである。こうした「不当な，過度の一般化（overgeneration)」または「どうせ思考」［伊藤順康，1990：17ff.／19ff.］は，私たちの身の回りで日常茶飯事になされているのである。また，後者については，噂や迷信・誤信をいとも簡単に信じてしまう人間の認知システムを解明したものとして，［Gilovich，1991］が挙げられる。

(5) ここでは，科学教育に関する多くの事例を使用しているが，それは極地方式の実践記録を含めて，［伏見陽児・麻柄啓一，1993］などに依拠した。

文献

Carey, S.　1985　*Conceptual Change in Childhood,* The MIT Pr.

Churchland,P.S.　1986　*Neurophilosophy：Toward a Unified Science of the MindBrain,* The MIT Pr.

De May, M.　1982　*The Cognitive Paradigm,* D. Reidel Pub. Co.（M. ドゥ・メイ，村上陽一郎，他訳『認知科学とパラダイム論』産業図書，1990年.）

Eco, U.　1976　*A Theory of Semiotics,* Indiana Univ. Pr.（U. エーコ，池上嘉彦訳『記号論Ⅰ・Ⅱ』岩波書店，1980年.）

Evans, J. L. et al.　1962　The Ruleg System for Construction of Programmed Verbal Learning, Sequences, *Journal Educational Research,* 55, pp.513–518.

伏見陽児・麻柄啓一　1993　『授業づくりの心理学』国土社.

Gardner, H.　1983　*Frames of Mind: The Theory of Multiple Intelligences,* Basic Books.

Gilovich, Th.　1991　*HOW WE KNOW WHAT ISN'T SO: The Fallibility of Human*

Reason in Everyday Life, The Free Pr.
細谷　純　1970　「問題解決」八木冕監修,東洋編『思考と言語』講座心理学８，東京大学出版会，207−236頁．
――――　1976　「課題解決のストラテジー」波多野完治・藤永保他『思考心理学』大日本図書，136−156頁．
――――　1983　「プログラミングのための諸条件」東洋編『学習と環境』講座・現代の心理学３，小学館，301−388頁．
――――　1987　「科学をどう教えるか――順序性と教授方略――」『科学と技術の教育』岩波講座・教育の方法６，岩波書店，139−172頁．
池田久美子　1981　「『はいまわる経験主義』の再評価」教育哲学会編『教育哲学研究』44，18−33頁．
板倉　聖宣　1966　『未来の科学教育』国土社．
伊藤　順康　1990　『自己変革の心理学――論理療法入門――』講談社．
梶田　正巳　1986　『授業を支える学習指導論――PLATT――』金子書房．
河内　紀　1976　『ベニヤの学校――戦後教育を創る――』晶文社．
子安　増生　1999　『幼児期の他者理解の発達――心のモジュール説による心理学的検討――』京都大学出版会．
Linn, M. C.　1986　Science, Dillon, R. F. & Sternberg, R. J.(eds.), *Cognition and Instruction,* pp. 155−204.
丸野　俊一　1994　「心理学の世界を探る」丸野俊一・針塚進・宮崎清孝・坂元章編『心理学の世界』ベーシック現代心理学１，有斐閣，1−27頁．
無藤　隆　1990　『生活科の心理学』初教出版．
大沢　秀介　1988　「素朴心理学」土屋俊，他編『ＡＩ事典』UPU，54−55頁．
――――　1989　「素朴心理学」『生け捕りキーワード'89』哲学６，哲学書房，70−71頁．
――――　1990　「素朴心理学は還元されうるか」現代思想18−7，青土社，70−80頁．
Peirce, C. S.　1983　*Studies in Logic: The Collected Papers of Charles Sanders Peirce, Vol. VII,* Max Fisch.
澤口　俊之　1989　『知性の脳構造と進化――精神の生物学序説――』海鳴社．
――――　1993　『ここまでわかった脳の話』同文館．
Siegler, R. S.　1986　*Children's Thinking,* Prentice-Hall Inc.
進藤　公夫　1992　「科学概念の形成」日本理科教育学会編『発達と科学概念形成』理科教育学講座2，東洋館出版社，201−232頁．
庄司　和晃　1976　『仮説実験授業と認識の理論――三段階連関理論の創造――』季節社．
Stich, S.　1983　*From Folk Psychology to Cognitive Science: The Case Against Belief,* Cambridge MIT.
高橋金三郎・細谷純　1974　『極地方式入門――現代の科学教育――』国土社．
米盛　祐二　1981　『パースの記号学』勁草書房．

［間奏１］　記号学習における推論的範型の系譜
——世界の徴候学的解読——

前述した仮説的推論は，単なる思考技術にとどまるものではなく，「世界の徴候学的解読」を志向する「推論的範型」の系譜に位置づけられる。ところが，仮説的推論が教育学の領域の中で取り上げられる場合，それが有する思想的，精神的背景は切断され，専ら定式化された思考パターンとして位置づけられる傾向が強い［藤岡信勝，1991：22-46／立川明，1994］。こうした態度は，「和魂洋才」，すなわち物質的なもの（技術）と精神的なもの（思想）を分離し，前者だけをプラグマティックな形で受容する精神の型にほかならない。そうした轍を踏まないためにも，ここでは，仮説的推論の思想的，精神的背景や成り立ちにまで言及していくことにしたい。

ところで，「人間の思考システムは，意識的に働く運転システムと，その運転システムとの緊密な対応の下で意識されることなしに働く実行システムとで構成されていると見なすことができる。運転システムにおいては，概念は，多くの場合，宣言的知識を構成する言語や記号と結びついた形で意識世界に姿を表す。実行システムにおいては，概念は，意識されることのないスキーマとして働く。」［進藤公夫，1992：230］つまり，意識的に働く運転システムは，形式論理や厳密な演繹的推論を通して世界（自然，社会，人間）を固定的な記号の集積体として記述していく。そこでは，言語で意識化され言語化され得る記号，すなわち「デジタルな存在であり，反復可能なもの」［鈴木瑞実，1990：18］だけが厳密な論理形式に即して使用される。

それに対して，意識されることなしに稼働する実行システム（スキーマ）——暗黙的思考——は，形式論理などの反省的な認識態度を飛び越して，世界を生きられるものもしくは創造的なものとして記述していく。

その記述仕方は，中井久夫の表現に倣えば，例えば次のようになる。「世界は記号によって織りなされているばかりではない。世界は私にとって徴候の明滅するところでもある。それはいまだないものを予告している世界であるが，いわば眼前に明白に存在するものはほとんど問題にならない世界である。これをプレ世界というならば，ここにおいては，もっとももとおく，もっともかすかなもの，存在の地平線に明滅しているものほど，重大な価値と意味とを有するものでないだろうか。」［中井久夫，1990a：2］，と。つまり，生きられる実行システム（暗黙的思考）からみると，「世界とは記号の集合だけではなく徴候の集合でもある。」［鈴木瑞実，1990：17］

こうして，世界そのものは，デジタルで反復可能な――無時間的な――固定的な記号の集積体であると同時に，「徴候－予感」の明滅・交錯するところである，と記述することができる。ただ，近代知の枠組みでは，前者の「記号」的側面だけが強調され，後者の「徴候」的側面はまったく無視され排除されてきた。しかしながら，記号によって世界が過不足なく記述し尽くされ，現前意識の辺縁（「外」）にはもはや何も実在しないとみなすことは早計である。「私の意識する対象世界の辺縁には，さまざまの徴候が明滅していて，それは私の知らないそれぞれの世界を開くかのようである。」［中井久夫，1990b：76］平たく言うと，その世界開示（の仕方）とは，例えば美しい景色を眺めながら，山道を歩いていた人が道に迷ったと直観した刹那に，その人自身の視界から一切の景色が消え失せ，眼前には踏みわけ跡らしきものだけが些細な「徴候」として立ち現れてくる，と表現されよう。そして，道に迷った人は，目の前にあるもの（踏みわけ跡）から目の前にないもの（山道）を予測・予知していこうとする。こうした予測・予知活動――広義の「推論」活動――を行うために，その人は「踏みわけ跡」を「徴候」――意味を帯びた表意体――として認知し，それを手がかりにして推論活動を行っていくことになる。

ところで，記号論の立場からみると，「徴候」とは，図６の(2)のように示される［高辻正基，1985：98−139］。

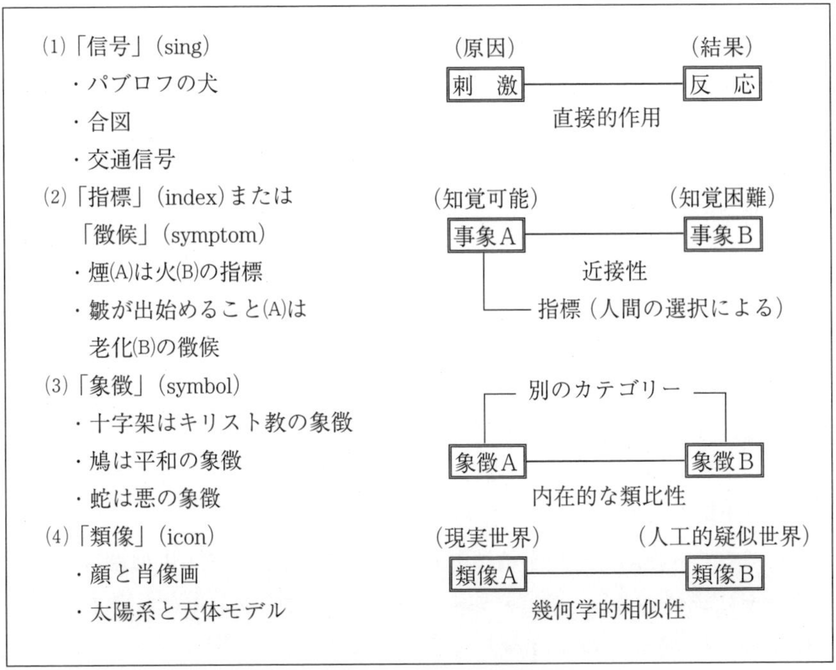

図6　記号の種類と機能

図6のように，「徴候」とは，近接関係にある2つの異なる事象の内，一方の知覚可能な事象（記号表現）を手がかりにして，他方の知覚困難な事象（記号内容）を解読（解釈）していくタイプの記号である（記号の種類には，「徴候」以外に，(1)「信号」，(3)「象徴」，(4)「類像」があり，その機能は各々異なる）。この場合，記号を解読する者が記号内容を把握するために，選択した記号表現が「徴候」なのである。例えば，人間にとって老化という事象を直接，認知することは困難であるが，老化現象と近接関係にある，皺や足腰の弱りや爪の縦筋などを「指標」もしくは「徴候」とすることで，老化について蓋然的に語ることができる。いわば皺が出始めたり，足腰が弱くなり始めたり，爪に縦筋が増えること［＝記

号表現］は，老化の「指標＝徴候」［＝記号内容］なのである。

以上，記号とそれが織り成す固定的，静的な世界記述と，徴候とそれが織り成す流動的，動的な世界記述とを対比させてきたが，実は，後者は，精神史的には「推論的範型」［Ginzburg，1986＝1988：177–226］の系譜に位置づけられる。それは古代ギリシャの「メーティス」に始まり，19世紀西欧でJ. モレッリによって体系化されたものである。ただそれは，近代科学（近代知）によって曖昧なもの，不確実なものとみなされ，排除されてきたが，現在，記号論（記号学）の立場から再評価されつつある。繰り返すと，私たちは，社会認識や自然認識を形成していく上で，仮説的推論（アブダクション）という記号生産を介して暗黙裡に豊かなコード増殖やコードの組み替え――自己変容――を行っているが，その記号論的な営みこそ推論的範型そのものなのである。それでは，仮説的推論や余剰コード化に代表される推論的範型とはどのようなものであろうか。次に，みていくことにしたい。

ところで，推論的範型を精神史的に辿っていくと，その原型は古代ギリシャに求められる。M. デティエンヌとJ＝P. ヴェルナンによると［Detienne & Vernant，1974＝1986］，古代ギリシャでは「メーティス」と呼ばれる実践的知恵を使いこなす職業集団として，狩人，漁師，水先案内人，政治家，軍事戦略家，医者などが存在した。例えば，狩人は，獣が残した足跡や木の枝に引っ掛かった獣の毛などの小さな事柄を手がかりにして獲物を追い，漁師は，微かな天候の変化や海流の変化を鋭敏に認知して，釣りの穴場を誰よりも早く推理していく。彼ら職業集団のエキスパートたちは，経験的に見えないものを見る（認知する）予知能力を仕事上の問題解決に活用していたのである。「微細なるものに目を向け，かすかな痕跡や細部に注意深くあること……その方法はたとえば狩猟民にとって，死活にかかわる欠くべからざるものであったはずである。獣の消え去ろうとする足跡や微小なものの変化に対して，そこでは否応なく鋭敏でなければならなかっただろう。」［市村弘正，1994：30］

このメーティス（古代的知恵），すなわち微かな痕跡や徴候（兆候，兆し）を感受する能力を，人間科学の立場からみると，それは「微分回路」的認知様式［中井久夫，1982：9ff.］に対応させることができる。「微分回路」とは，「見越し方式ともいわれ，変化の傾向を予測的に把握し，将来発生する動作に対して予防的対策を講じる」，いわば「先取り的回路」［同上：9］である。それは狩猟民だけに限らず，「分裂病親和者」［同上］として全人類がその可能性をもっている。これとまったく逆の認知様式が過去全体を集積した上で，意味づけを行っていく——それゆえ，過去の事柄に固執する——「積分回路」的認知様式［同上：9ff.］である。このように，メーティスという「知」は，人間科学の知見に照らし合わせても，決して無根拠なドクサではなく，正統な知の形態である。例えば，従来，神秘的で非科学的なものとみなされてきた直観やカンなどもまた，メーティスの一種であり，「微分回路」的認知様式として合理的に説明され得る。

こうしたメーティスの中でも，医学の祖と称せられる古代ギリシャのヒポクラテスとその学派（経験派の医者）は，従来の祭儀的，迷信的な療法を排して観察と経験を重視し，人間（患者）の自然治癒力を援助していく新たな医学（医療）を目指した。「彼らは徴候（セメイオン）という概念を熟考し尽くすことで自らの方法を確立した。あらゆる徴候を綿密に観察し，たんねんに記録することで，個々の病気の正確な『歴史』を再構成することができる，と彼らは主張した。［何故ならば］病気それ自体は直接とらえられないからである。」［Ginzburug，1986＝1988：194］具体的に言うと，ヒポクラテスは，『流行病について』という著書の中で熱病を罹った患者を次のように診断している。「この病気は分利がなくて種々様々徴候を示すばあいが多かったが，大多数に終始ともないつづけたところのもっとも重大かつ悪質な徴候は，あらゆる食物に対する食欲の喪失であった。この徴候は，これ以外の死の徴候をも示したところの患者にあっては，とくに顕著であった。」［ヒポクラテス，1963：122］つまり，ヒポクラテスは，患者（の身体）に表れる幾つもの症状や症例（食欲の喪失，下痢，吐き気等々）を「徴候」として解読し，病的症状における徴候間の連想術の熟練を通じて病気の診断を行ったのである（実際，同書には「徴候」という言葉が数多く登場する）。

このように，ヒポクラテスは「徴候学（的医学）」の祖と呼ばれ，近代的な徴候学の先駆をなしたと評価されている［脇坂・川島・高橋, 1992：134］。「ヒポクラテスにはじまる古代ギリシャの医学の徴候学では，今日の医療で一般に行われているように，個人の年令・特質・症状の頻発性・風土というような『コンテクスト』を考慮にいれて，人体の状態の変化を『結果』として示す知覚できる徴候の観察から，経験を『規則』として『事例』としての現時点の診断を行ない，更に，現時点の診断を『結果』とみなしてそこに同様のコンテクストと『規則』を適用することから，予後の診断や既往症の診断を行なったとみることができる。」［有馬道子, 1986：226ff.］繰り返すまでもなく，コンテクストを参照しながら，「結果」と「規則」から「事例」を推論していく探究の方法こそ，パースが定式化した仮説的推論（アブダクション）にほかならない。言い換えると，パースは，古代の偉大なメーティスやヒポクラテスの徴候学（的医学）の中に明示化されないまま，すでに使用されていた仮説的推論を意識の下に把捉し直したのである。従って，仮説的推論は，パースによって創造されたのではなく，発見されたと考えられる。

このように，古代ギリシャではすでに，ヒポクラテスの徴候学を典型として，様々な職業集団のエキスパートに固有の推論的認知の様式が存在していた。すなわち，この時代には目に見えないものを見えるものを手がかりにして推測（予測）し，予知していくといった推量的認知が人間の能力のひとつとして認められていたのである。

この推量的認知は，次のように定式化される［星野克美, 1991：51］。

第1に，状況を観察し，状況を把握する。特に，変化の「徴候」を認知する。

第2に，こうして認知された状況変化，特に「徴候」を既知の事実と比較する。

第3に，「徴候」を既知の事実と比較することによって未知の事実を推量する。そのことによって，未知の事実を事前に予知する。

この定式化からわかるように，推量的認知（予知）をうまく働かせるためには，まず第1に，日常，何気なく見過ごされてしまう状況を鋭く観察し，そこに表れた微妙な状況変化を徴候として記号論的に把握することが必要になる（現状把握）。そして，第2に，認知された状況変化としての徴候がどのような事態を表すものであるのかを知るために，過去の経験に照合してみることが必要になる。ただ，推論する者が現在の状況変化と既知の事実とを照合し，比較していくためには，経験を相当積み上げていること――つまり，ある固有領域に関してエキスパートであること――が必要条件となる。見方を換えれば，過去の経験を豊富にもつエキスパートだけが，素人や初心者が気づくことのない小さな変化や部分，すなわち微かな徴候を手がかりにして推論的予知を行うことができるのである。そして，過去の経験とコンテクストに基づきながら，第3に徴候が既知の事実と比較され，徴候が経験の連鎖の中で解読されることによって未知の事実を推量することが可能になる。それはまた，自ずと未知の事実の予知をはらんでいる。

ところで，古代ギリシャのメーティス（経験的知恵）は，19世紀になってようやく「徴候学（symptomatology）」という科学的パラダイムへと再編されることになった。その典型がJ. モレッリの美術鑑定，シャーロック・ホームズの犯罪学，G. フロイトの精神分析学である。なかでも，イタリアの民俗学者，K. ギンズブルグによって再評価されたモレッリの方法は，近代的な徴候学を理解する上で不可欠なものである。それは，絵画の作者鑑定法に関するユニークな手法のことであるが，この方法によってヨーロッパの多くの美術館の真作・贋作がことごとく鑑定され，当時，大変な反響を呼び起こした。普通，真作と複製・贋作とを見分ける作業は，絵画の最も人目を引く特徴，例えばヘルジーナが描いた人物たちの天を仰ぐ視線やレオナルドの人物たちの微笑みなど，最も模倣しやすい特徴に注目する。しかし，モレッリは，こうした主要な部分ではなく，むしろ「画家が属していた流派の特徴に最も影響を受けていない，最も見すごしやすい細部を検討する」[Ginzburg, 1986＝1988：179] のである。それは「神は細部に宿れり」(A. ヴァールブルク) と言わんばかりに，である。ここで，「細部」とは，例えば「耳たぶ，爪，手足の指の形など」[ibid.] である。こうしてモレッリはボッティチェッリやコズメ・トゥーラなどの，オリジナルにはあって複製にはない耳の形を発見し，詳細な目録を作り上げた。」[ibid.] モレッリの方法でいう最も見過ごしやすい「細部」とは，まさしく「徴候」にほかならない。モレッリは，絵画作品の最も中心的な部分に注目せず，周辺部分の細部に注目し，それを鑑定の鍵とする。「作品全体よりも細部を鑑賞 [鑑定] するよういざなう態度」[ibid.] こそ，モレッリの方法なのである。

そして，こうしたモレッリの方法は，同じ犯罪の現場にいながら些細な証拠を見逃してしまうワトソン博士に対して，彼が感知できないような証拠――「泥の上の足跡や煙草の灰など」[ibid.：180] ――を鋭くかぎつけ，それを手がかりに犯罪の下手人を発見するシャーロック・ホームズ（その生みの親，コナン・ドイル）の方法にも通底する。ドイルによって一般化されたホームズの推理の方法は，今日の犯罪科学の原理とも軌を一にしている。

さらに，モレッリの方法は，精神分析学を創始したフロイトにも深く影響を与えたと言われている。フロイトは，1914年に「ミケランジェロのモーゼ像」という論文の中で，モレッリという美術鑑定家の手法が医学的な精神分析の技術に極めて近いということを指摘している [ibid.：184]。実は，精神分析もまた，普通ほとんど重要視されていないような特徴もしくはあまり注意されていないような特徴，すなわち観察の残り滓から，隠された秘密，隠されたものを判じ当てるといった方法をとっている（モレッリはまた，医者でもあった)。注目すべきことは，「モレッリの評論との出会いが，……フロイトが『精神分析を確立する以前に』起きている」[ibid.] ということである。

こうして，モレッリ，ホームズ（ドイル)，フロイトの三者に共通しているのは，ヒポクラテスを祖とする「徴候学的医学」にほかならない。

そして，徴候学とは，「徴候」を探り出し，それを手がかりに隠された病理を究明するという意味で，見えないものを見る，あるいは見えない未来を予知する科学のひとつでもある。「狩人から精神分析医にいたるまで，不透明な現実を解読するための大切な手がかりは，いつでも『兆候や兆し』なのであった。」［市村弘正，1994：30］さらに現在では，徴候学の第三世代である，パース，エーコ，T.A. シービオク等，記号論者によって一層進展されつつある。盗まれたコートと時計を自らの推測能力（アブダクション）を活用して取り戻した名探偵としてのパースと，それを主題化したシービオク夫妻［Sebeok & Sebeok，1980＝1981：2–17／Sebeok,Th.A., 1991＝1991］，ヴォルテールのテクスト『ザディグ』に登場する夥しい「痕跡＝徴候」を記号論的に分析したエーコ［Eco，1983＝1990：304–323］――彼はまた，徴候の解読を主題とした推理小説『薔薇の名前』［Eco,1980＝1990］の作者でもある――など，現在，推論的範型は，様々な領域で展開されつつある。そこには，推論的範型のもとにある領域には，消費文化のトレンドを一刻も早急に予知するために「有徴記号＝徴候」の解読を志向するマーケティングの世界も含まれている。繰り返し強調すると，推論的範型が教育学の領域において最も影響を及ぼすのは，仮説的推論や余剰コード化といった，記号生産を介した子どもたちの推論過程である。ただ，仮説的推論は，単なる思考技術（教育技術）として近視眼的に捉えられるのではなく，それが推論的範型という精神史的な系譜に位置づけられること，しかもそれは，近代知（近代科学）が排除してきたもうひとつの正統な知の形態――「微分回路」的認知様式――であることを再認識する必要がある。

文献

有馬　道子　1986　『記号の呪縛――テクストの解釈と分裂病――』勁草書房.

Eco, U.　1983　Horns,Hooves,Insteps：Some Hypotheses on Three Types of Abduction (eds.) Eco, U.& Sebeok, Th. A., *The Sign of Three*：*Dupin, Holmes,*

Peirce, Indiana Univ. Pr.（U. エーコ「角，蹄，甲——アブダクションの三つの型についての仮説——」エーコ・シービオク，小池滋監訳／富山太佳夫他訳『三人の記号——デュパン，ホームズ，パース——』東京図書，1990年，290–323頁.）

―――― 1980 *Il Nome Della Rosa,* Fabbri-Bompiani.（U. エーコ，河島英昭訳『薔薇の名前』上・下，東京創元社，1990年.）

藤岡 信勝 1991 『社会認識教育論』日本書籍.

ヒポクラテス 1963 『古い医術について』小川正恭訳，岩波書店.

Sebeok, Th. A.& Umiker-Sebeok, J. 1980 *YOU KNOW MY METHOD, A Juxtaposition of Charles S. Peirce and Sherlock Holmes,* Gaslight Pub.（Th.A. シービオク・U-シービオク，富山太佳夫訳『シャーロック・ホームズの記号論』岩波書店，1981年.）

Sebeok, Th. A. 1991 Indexicality.（Th.A. シービオク，山中桂一訳「指標性」日本記号学会編『かたちとイメージの記号論』記号学研究11，東海大学出版会，277–299頁.）

進藤 公夫 1992 「科学概念の形成」日本理科教育学会編『発達と科学概念形成』理科教育学講座２，東洋館出版社，201–232頁.

立川 明 1994 「アブダクションと授業——藤岡信勝氏の『社会認識教育の方法』の批判的検討——」森田尚人，他編『教育のなかの政治』教育学年報３，世織書房，333–354頁.

脇坂豊・川島淳夫・高橋由美子 1992 『記号学小辞典』同学社.

Ⅲ.「社会認識」変革への視座としての「思考の往復運動」

――社会科授業論としての中間項理論に学ぶ――

1. 授業実践のタイポロジー ――知識論と思考論の交差――

Ⅱでも述べたように，学校教育は，日常生活のなかでは習得することのできない「質の高い知識」を子どもたちに学習させることを目的としている。ここで言う「質の高い知識」とは，抽象的・一般的な知識のことを指す。もっと言えば，それは，どのような状況・文脈においても活用・応用することのできる，転移性の高いまたは転移可能な知識のことである。学校教育は，脱文脈化された知識（言語・記号）を操作する能力を子どもたちに習得させるというニュアンスを込めて，Ⅰでは学校で伝達される知識や技術のことを，「学校知」と名づけた。従って，「質の高い知識」とは，「学校知」と同義である。

ただ，学校教育が「質の高い知識（「学校知」）」を教えることについては，それが子どもたちの興味・関心や生活から乖離したものであることなどを理由に批判的に語られることが少なくない。しかしながら，次のように言い換えればどうであろうか。すなわち，学校教育は「質の高い知識」を子どもたちに“主体的に”学習させることを目的としている，と。こうした学校教育の目的に対して私たちは容易に異議を唱えることができないのではなかろうか。

このように，私たちは子どもたちが知識を主体的に学習すること自体について異論はないと思われる。問題なのは，学習すべき知識の質（抽象的／具体的，一般的／個別的等々）なのであって，子どもたちが知識を主体的に学習することそれ自体には何ら異論はないのである。ましてや，子どもたちがある事柄や事象に興味・関心や疑問を抱き，その問題（課題）について自ら考え，追究し，その問題を解決していくのであれば，その学習行為は賞賛されることはあっても，批判される理由はないことになる。

しかし果たして，子どもたちが知識を主体的に学習することまたは子どもたちが問題を主体的に解決することは，疑問の余地のない教育的価値なのであろうか。結論から言うと，ここで言う子どもの主体的な学習もしくは問題解決そのものは，それほど自明な教育的価値や学校教育の目的とは言うことができない。従って，この章では，子どもたちが知識を学習することに関して，従来自明視されてきた「知識論」と「思考論」，さらには両者のクロスから創出される授業実践論を批判的に検討するとともに，再構成することが目的となる。ただ，その研究目的をより明確化するために，あらかじめ，批判的に検討すべき事柄を具体的な形で整理しておくことにしたい。

ところで，子どもたちが「知識を主体的に学習すること」は，知識の種類と，知識を学習する子ども（学習主体）の状態をクロスさせ，その可能な組み合わせのなかのひとつとして示すことができる。具体的には，縦軸には知識をとり，横軸には学習主体の状態をとる。その上で，知識を「質の高い知識＝一般的概念」と「質の低い知識＝個人的知識」，学習主体の状態を「主体的＝能動的」と「受容的＝身体的」というように，各々大きく２つのタイプに分けてクロスすると，図７に示されるように，４つの授業実践のタイプが創出されることになる。この場合，「知識を主体的に学習すること」は，図７のＢに相当する。

重要なことは，知識の質と思考の状態とのクロスから創出される図７が，考えられ得る授業実践のタイポロジーを網羅したものだということである。ただ，このようにして作られる授業実践のタイポロジーを検討するにあたって，分析する観点（枠組み）が必要になる。そして，その枠組みは，知識の質（知識論）主導のもとに作られると考えられる。正

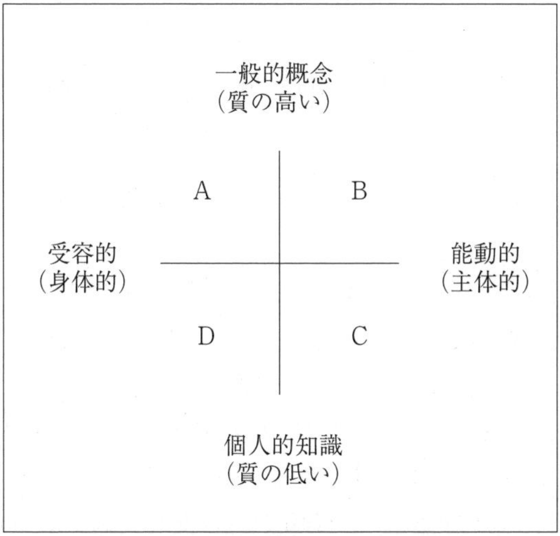

図７　知識のタイプと学習方法

確に言うと，まず知識の質，すなわち「質の高い／低い」が，（それを学習する）子どもたちの思考の状態を決定するのであって，彼らの思考状態，すなわち「能動的／受容的」のあり方は副次的な問題に過ぎないと考えられる。授業実践のタイプについて検討していく以上，どのような類の知識を教育内容（教材）とするのかは，先決問題となる。従って，分析の枠組みは，「質の高い知識」と「質の低い知識」の２つのタイプに分けて各々，構築していくことにする。

以上述べたことを踏まえつつ，Ａ～Ｄの各々から構想される授業実践のタイプを順次，批判的に検討していくことにしたい。なお，この章で取り扱う知識は，主として社会科，広くは社会認識に関するものに限定することにしたい。

2．問題解決的思考の批判的検討

まず，「質の高い知識」と子どもたちの思考状態との関係からみていくことにしたい。

さて，社会科（社会認識）教育の場合，「質の高い知識」とは，社会的事象を表す社会的概念・理論を意味する。社会科学的概念の学習を目指す，社会科授業構成の理論を唱える代表的研究者，森分孝治は，それを「概念的説明的知識・理論」と呼び，「質の低い知識」に対応する「事実的記述的知識・情報」と区別している。森分によると，「概念的説明的知識・理論」は，「構成概念」，「一般化」，「概念」という3つから構成される。以上のことをまとめたものが，図8［森分孝治，1978：103］である（ただし，森分は後に［森分孝治，1984：61，68，70］において概念を再編しているが，ここでは図で統一することにしたい）。

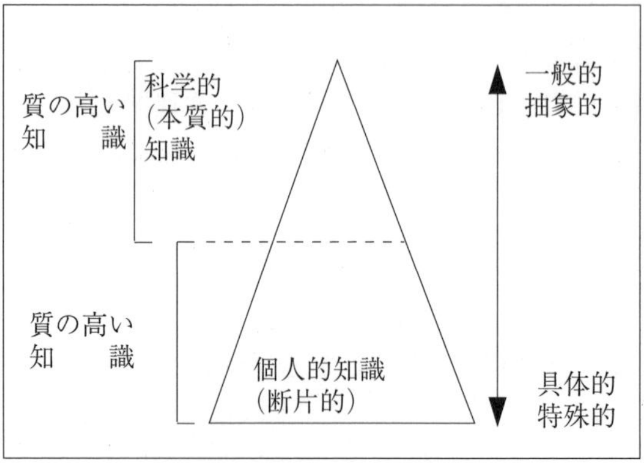

図8　質の高い知識

図8に例示された，「市場経済」における価格変動について社会科学的に捉えるためには，「需要」，「供給」，「価格」などといった諸「概念」が

必要であり，これらの諸概念を相互に関係づけることによって，ひとつの経済現象を説明する「一般化」，すなわち「需要が一定のとき供給が増せば価格は下がる」という法則が定式化される。「構成概念」としての「市場経済」そのものは，価格変動をはじめ，いくつかの一般化と法則の定式化が相互的に関係づけられ，体系化されることで形成されることになる。これに対して，図８に示された「特殊な事実や過程についての知識」，すなわち「事実的記述的知識・情報」，例えばなぜ「みかんの価格は暴落した」のかについての理由は，前述した「需要が一定のとき供給が増せば価格は下がる」という「一般化（法則）」によって説明される。一般化は，こうした「質の低い知識」としての「事実的記述的知識・情報」を説明するものである。

ただ，こうした「概念的説明的知識・理論（社会科学的概念）」は，その高度な抽象性のゆえに，子どもたちにとっては自分とは関係のない，思考の外にある客観的な知識に映る（それは大学生にとってさえ，習得することが困難なものである）。裏を返せば，それは，教師と子どもたちにとって情報間格差の大きな知識であるがゆえに，学校教育を通して学ぶべき教育内容とみなされるのである。授業実践では，それは，子どもたちからみて，教師の「頭のなかに」存在し得る“真理”となる。

子どもたちからみると，「質の高い知識」と思考の状態はどのように関係づけられるのかというと，それは次のようになる。すなわち，子どもたちにとって，「質の高い知識」とは，「分からないこと」，すなわち「未知なるもの」となる，だからこそ彼らはそれを「理解する」ために，学習していくわけである。もっと言えば，彼らはそれを学ぶことによってその「未知なるもの（分からないこと）」を「既知なるもの（わかること）」へと変えていくのである。つまり，「未知なるもの」の「既知なるもの」への変換（移行）が，彼らにとって知識を学ぶことになる。

思考論の立場からすると，普通，「未知なるもの」は，「質問（問い）」または「疑問」，「既知なるもの」は，「答え（解答）」に各々対応している。従って，知識論の立場でいう，「未知なるもの」から「既知なるもの」

への変換とは，思考論の立場でいう，「問い」から「答え」への変換に対応することになる。

それでは次に，以上のことを踏まえつつ，Aから構想される授業実践のタイプから批判的に検討していくことにしたい。

2.1　「受け身の授業実践」の批判的検討

さて，Aを命題化すると，それは子どもが「質の高い知識を受容的に学習すること」と記述することができる。それでは，こうした子どもの学習（の方法）を組織化する授業実践とは，どのように構想されるであろうか。

普通，授業実践は，教師主導のもと，授業の導入，展開，終末という一連の流れ（物語でいう起承転結）によって構成されている（組み立てられている）。授業構成からみると，Aから構想される授業実践のタイプでは，授業の導入は，教師が子どもたちに向けて未知（わからない）の事柄・事象（知識）を提示し，続く授業の展開は，教師が設問・質問などを通じてその未知の事柄・事象を彼らに考えさせたり，または教師自ら説明・解説したりして，彼らに認知・理解させ，最後の授業の終末は，教師が彼らに未知なるものを既知なるものへと変えさせていく，というようになる。

こうして，Aから構想される授業実践のタイプでは，子どもたちにとって学習すべきものが，未知なるものから既知なるものへと，または不安定な状態から安定した状態へと変わることで完結されることになる。ただ，その変化が彼らの能動的な思考と追究によってなされるわけではないことから，「受け身の授業」となってしまう。しかも，授業の終末で問い（＝未知なるもの）が解決されることになる（＝既知なるものとなる）。言い換えると，こうした授業実践は，多くの事柄や事象（知識）を子どもたちが言葉（概念）として「頭のなかに」記憶するという点では効率的である一方で，未知から既知への移行（変化）が短時間でなされてしまうため，未知の事柄・事象について彼らが十分思考し，追究する契機が奪われてしまうことになると考えられる。

以上のことから，Ａから構想される授業実践のタイプとは，一般に学校でなされている一斉授業だということがわかる。「質の高い知識」が“真理”として教師から子どもたちへと伝達される一斉授業は，彼ら（の学習）を受容的な状態におくというよりも，むしろ彼らに受動的な状態を強いるという意味で，それは「教化（indoctrination）」または「注入主義」と呼ばれることがある。

一斉授業の大半が，教師による言語主義的な教育方法であることから，こうした授業実践では必然的に子どもたちは社会的概念を，例えば「鎌倉幕府が創設された年号」とか，「喜望峰を発見した探検家の名前」などというように，唯名論的に「学習＝記憶」していくことになる。そして教師は，授業のなかで「問い－答え」が短絡的に結びつくクイズ方式で彼らに質問することになる（社会科の試験や入試が暗記中心だと批判されるのは，この側面である）。従って，教師の言語主義的な教育方法と，子どもたちの唯名論的な学習方法は共犯関係にあると考えられる。こうして，Ａから構想される授業実践のタイプは，一義的な答えがあらかじめ「客観的知識＝言語・概念」として教師の「頭のなかに」定立されていて，それを言語・概念レベルだけで，子どもたちが受動的に「記憶＝学習」したり，クイズ方式であてっこしたりする（推測したりする）レベルに終始することになるのである。

2.2　問題解決的思考の批判的検討――反省的思考を超えて――

次に，Ｂについて言及していきたい。

Ｂを命題化すると，それは子どもが「質の高い知識を主体的に学習すること」と記述することができる。前述したように，それは，知識の教育としては，教育的価値が高いものとみなされている。それでは，こうした子どもたちの学習（の方法）を組織化する授業実践とは，どのように構想されるであろうか。

前述した授業構成からみると，Ｂから構想される授業実践のタイプでは，授業の導入は，教師が子どもたちに（彼らが）まったく知らない事柄・事象（「未知なるもの」）を提示し，続く授業の展開は，教師がその「分からないこと」について彼らに十分思考させ，追究させていく，その上で，最後の授業の終末は，教師が彼らの思考し追究した成果を踏まえつつ，問題解決を行っていくものとなる。Ｂから構想される授業実践のタイプが，Ａの場合と異なるのは，問いが答えへと変換されていく場合，教師によって子どもたちの思考や追究が授業実践のなかで十分組織化されているという点である。つまり，この授業実践では，彼らの思考が十分組織化されたものとなっている。

ところで，授業実践のなかで十分組織化された思考とは，一体どのようなものを指すのであろうか。その典型として，J. デューイの「問題解決的思考」もしくは「反省的思考」を挙げることができる。

デューイは，問題解決を志向する思考を特に「探究（inquiry）」[Dewey，1951＝1968：394ff.] と呼び，それを「不確定な状況を，確定した状況に，すなわちもとの状況の諸要素をひとつの統一された全体に変えてしまうほど，状況を構成している区別や関係が確定した状況に，コントロールされ方向づけられた仕方で転化させることである。」[ibid.：491f.] と規定する。従って，「問題解決的思考＝探究」にとって先行条件となるのは，思考を喚起せしめる不確定の問題状況である。そして，不確定な問題状況のなかから問題が設定された後――問題的事態・場面から解決的事態・場面へと至るプロセス――は，彼が論理的に形式化（定式化）したように，一連の科学的方法をたどることになる。すなわちその思考様式とは，(1)暗示，(2)知的整理，(3)仮説，(4)推理，(5)仮説の検証，となる。

このように，問題解決的思考は，ひとつひとつ段階を踏まえながら，不確定な問題状況を確定された状況へと転換していくプロセスとして記述することができる。そして，この混沌とした問題的事態を安定した解決的事態に変える働きを担うのが，制御された思考としての「反省的思考（reflective thinking）」［ibid.：411ff.］にほかならない。この反省的思考とは，デューイ本人が自覚していたように，近代人（産業人）が一般的にたどるであろうと考えられる，思考の方法・過程を事後的かつ論理的に分析し，整理したものである。つまり，反省的思考は，思考には本来どのような段階（局面）が含まれているのかを例証的に抽出したものにほかならない。子どもも含め，近代社会に生きる私たちは，反省的思考によって合理的かつ理性的にモノゴトを判断し，意志決定を行うことができるのである。従って，反省的思考を核とする問題解決的思考は，私たちすべてに共通な普遍的思考であるということになる。しかも，問題解決的思考または問題解決学習は，企業の職場での品質管理活動，正確には職場の問題改善活動を自主的に行う小グループである，QC（Quality Control）サークルで活用され，「日常科学の共同化」がなされてきた［片岡徳雄，1990：105–109］。

しかも，わが国では，5つの思考様式から成るデューイの問題解決的思考は，思考の5段階論（局面論）として定式化され，長らく，そして現在でも，教授段階論——子どもたちからみると，学習段階論——として活用されてきた［佐々木俊介，1974］。問題解決的思考が学習段階論として活用される場合，それは特に，「問題解決学習」と呼ばれる（厳密に言うと，「問題解決学習」は，デューイその人の学説ではなく，それを信奉し，研究する“デューイの亜流”の考え方であると言えるが，ここでは問わないことにする）。ただ，わが国では，こうした問題解決学習タイプの社会科の教授（学習）方式をとっているのは，名称が同一の，社会科の初志をつらぬく会の「問題解決学習」——昭和22年・26年の学習指導要領の理念（子どもの生活を基底に据えた学習の理念）を継承した——ではなく，むしろ名称の異なる，「検証学習」，「発見学習」，「探究学習」，「主体的学習」，「課題解決学習」，「学び方学習」，「仮説検証学習」等々である（なお，社会科初志の会の「問題解決学習」は，Dから構想される授業実践のタイプに対応すると思われる［社会科の初志をつらぬく会，1970／

1987／谷川彰英，1979］）。一例だけを挙げると，水越敏行の「発見学習」では［水越敏行，1971：31］，(1)学習課題を捉える，(2)仮説を立てる，(3)仮説を練り上げる，(4)確かめる，(5)発展する，という５つの思考様式が段階論として定式化されている。「検証学習」や「探究学習」などでも，デューイの思考の５局面理論に準じて学習方式が定式化されている（それらはまた，教育内容の現代化または現代科学化を提唱しているという点でも共通する）。

このように，Ｂから構想される授業実践のタイプは，「検証学習」や「発見学習」をはじめ，多くの授業研究者に信奉されてきた問題解決学習もしくは問題解決学習タイプの学習方式である。それでは，この学習方式（思考の方法）は，知識の教育からみて何の問題もない，すぐれたものなのであろうか，次に批判的に検討したい。

まず，こうした問題解決学習に関して指摘できることは，この学習方式の元となっている反省的思考そのものが，近代人にとって必要な思考の諸要素を事後的かつ論理的に抽出したものであって，実際に行われる具体的な思考の筋道そのものを定式化した論理形式や段階ではないということである。本来，思考とは，必然的に具体的な思考なのであって，個々の対象や事象とのかかわりにおいて自然と多様にならざるを得ない。言い換えると，反省的思考も含めてすべての思考は，個々の対象や事象とのかかわりを離れて抽象的なパターンとして定式化することができないと考えられる。「デューイの５段階論（局面論）は，あらゆる探究に共通の型として結果的に取り出されたものであることの認識が重要であり，（従ってそれは）対象の独自性に即し，対象そのものとの関係で取りだされた思考ではない」［片上宗二，1985b：57］のである。

以上のことから，反省的思考は，具体的な思考から共通の型を取り出し，「抽象化＝形式化」したメタレベルの思考であると考えられる。端的に言うと，反省的思考（問題解決学習）は，思考についての思考（メタ思考）にほかならない。こうしたメタ思考は，宇佐美寛が一般意味論の立場から主張するように［宇佐美寛，1973：16–27］，混沌とした問題状況を整除し，概念の交通整理を行う役割を担うが，一方で，このメタ思考は，子どもも含め私たちの思考を形式化するとともに，ワンパターン化させてきたと言える。そして，問題解決的思考の５段階論が教授段階論へと実用化されたことによって，結果として子どもたちの思考様式を画一化させ，「形式化＝形骸化」させてしまったと考えられる。

次に，指摘できることは，未知なるものから既知なるものへ，または不安定な状態から安定した状態へと転換することを帰結させる問題解決的思考（問題解決学習）は，子どもたちからみて，常に，直線的（リニア）で不可逆的な過程（行程）へと収斂してしまうということである。つまり，問題解決的思考は，思考のワンウェイ化に過ぎない。このように，子どもたちにとって思考が完結されるということは，学習そのものがクローズドエンド（closed-end）で，閉じられた終わり方となることを意味する。つまりこの場合，授業実践は「完結され＝閉じられ」てしまうため，彼らの思考や問題意識は，次の授業実践へと引き継がれては行かない。もっと言えば，直線的で不可逆的なプロセスとなる思考のワンウェイ化は，必然的にクローズドエンド（閉じられた終わり方）を帰結させてしまうのである。クローズドエンドな授業実践は，前述したＡにもあてはまる。つまりそれは，「質の高い知識」を学習する，ＡとＢの両者に共通する特徴であると言える。

このように，問題解決学習タイプの社会科学習方式は，思考のワンパターン化とワンウェイ化をもたらすという点において，看過し得ない問題点をもっていることがわかる。繰り返すと，思考のワンパターン化は，個々の事物や事象に即して多様な形で展開されるべき具体的思考を，その「形式化＝抽象化」によってメタ思考化し，思考の方法を一義的なものへと固定化してしまう（思考の「局面化＝学習段階論」としての問題解決学習の定式化）。そして，思考のワンウェイ化は，未知なるものから既知なるものへの変換（転換），または問い・疑問という不安定な状態から答え・真理という安定した状態への変換（転換）に向けて，思考の流れを直線的で不可逆的なプロセス，すなわち一方向的な行程へと固定化してしまうのである。こうした思考の完結とワンウェイ化は，自ずとクローズドエンドな授業実践に帰着するわけである。

それでは次に，「質の低い知識」を軸とする，２つのケース，すなわちＣとＤおよびそれらから構想される授業実践のタイプについて見ていくことにしたい。

３． 問題発見的思考の可能性

前述したように，「質の高い知識」が，様々な社会的な事象を説明し得るような社会的概念・一般命題を指すのに対して，「質の低い知識」は，個別的もしくは断片的な知識，森分の言葉では「事実的記述的知識・情報」を指す。繰り返すと，従来，社会科教育では大抵，「質の高い知識」が優先的に取り上げられ，「質の低い知識」は軽視されてきた。例えば，社会科教育においては，民主的人格の形成を目指すといった教育目標のもと，それを実現するべく，子どもたちが「質の高い知識」を主体的に獲得（発見）すべきであることが自明視されてきた。しかし，こうした知識観（または，それに依拠する知識論）は，知識とは子どもが主体的に獲得（発見）するべきだということを必然的に前提とすることになる。つまり，こうした知識観は，次のような前提をもつことになる。すなわちそれは，獲得させたい知識を教師が前もって決定しなければならない上に，前もって決定される知識ができるだけ，子どもたちの既有の知識と落差のある知識でなければならないということである。しかし実際には，落差のある「質の高い知識」ほど，子どもたちが主体的に獲得することが困難になるとともに，彼らが自分の知識の成長過程を認知，あるいはモニターすることが困難になってしまうのである。

総じて，教師は，子どもたちの既有の知識とは落差のある高い知識を用意しなければならず，しかもそれを彼らにわからないように伏せて置いて，問題解決の過程（仮説・検証の過程）で，「あっそうだったのか」

とか「なるほどそうなのか」というように，発見させたり獲得させたりするように授業を組み立てなければならなくなる（その典型が，仮説実験授業である）。そのことは，小西正雄が指摘するように［小西正雄，1997：26–29］，テレビの科学・情報番組やインターネットを通してあらかじめ，教師（大人）と同程度の答え（知識）を所有している，情報化社会に生きる子どもの存在を想定する場合，アナクロニズムな捉え方になってしまう。

しかしながら，あらかじめ知識を獲得させるもの，あるいは発見させるものと考えるのではなくて，むしろ反対に，知識を子どもたちのなかに自然に成長させるものまたは太らせるものとみなすならば，彼らにとって知識の習得は，柔軟性が高く，しかも弾力性に富むものに転じていくものと考えられる。そのことは，獲得型の知識論から成長型の知識論への転換とでも呼ぶことができる（その典型が，極地方式の授業である）。成長型の知識論では，たとえ，子どもたちが個別的な質の低い知識を学び，それを基点にしても，そこから質の高い知識へと拡がっていくことを可能ならしめる知識の構造が想定されていると言える。しかも，子どもたちのなかで成長し，進展する知識においては，その構造そのものが絶えず変化し，閉じられることはない。

前に，「質の高い知識」と子どもたちの思考状態との関係について考察し，その結果，図7にまとめたが，同じように，ここでは，「質の低い知識」と子どもたちの思考状態との関係について考えることにしたい。

学習主体（子ども）にとって，「質の低い知識」とは，「質の高い知識（社会的概念・一般命題）」のように，「分からないこと＝未知なるもの」ではない。しかし，子どもたちにとって「質の低い知識」がすでに「分かったこと＝既知なるもの」であるとすれば，彼らにとってそれはもはや学習の対象とはなり得ない。たとえ「質の低い知識」といえども，知識であるからには，それをまったく「既知なるもの」とみなすことは，語義矛盾となってしまう。従ってそれは，ある意味で「未知なるもの」となる。ただ，この場合の「未知なるもの」とは，子どもたちが自らの感覚・知覚や経験を通じて何らかの形でかかわることのできるものであることを意味する。強いて言えば，その子なりに何らかの形でコミットできる程度の分からなさ（の状態）を指す。知識論の立場から言うと，「質の低い知識」は，「未知なるもの」と「既知なるもの」との中間（あいだ）に置かれた知識を指す。

思考論の立場からすると，「未知なるもの」(「既知なるもの」) と「既知なるもの」(「未知なるもの」) との中間（あいだ）に置かれた知識は，思考の構造を表す「問い－答え」の連鎖に対応することになる。ここで「問い－答え」の連鎖とは，具体的には，「……－問い－答え－問い－答え－問い－……」と表すことができる。重要なことは，この場合，こうした連鎖においてはそうした知識の状態に対応する思考の状態に関する記述を，問いから始めて「問い－答え－……」と表しても，答えから始めて「答え－問い－……」と表しても，一向に構わないということである。というのも，思考の構造を表すこうした「問い－答え」の連鎖自体，どこかで切断して固定化することができないからである。

「質の低い知識」の前提となる成長型の知識論を踏まえつつ，次にCから構想される授業実践について検討していくことにしたい。

4．有田和正の「新しい授業モデル」

Cを命題化すると，それは子どもが「質の低い知識を主体的に学習すること」と記述することができる。それでは，こうした子どもの学習（の方法）を組織化する授業実践とは，どのように構想されるであろうか。

前述した授業構成からみると，Cから構想される授業実践のタイプの場合，授業の導入は，教師が子どもたちに（彼らが）経験を通じて知っているが，未知の部分も少なくない――未知なるものと既知なるものとの中間状態にある――，事物・事象を提示し，続く授業の展開は，教師がその事物・事象に関して主体的に思考・追究させるなかで問いや疑問を出させていく，その上で，最後の授業の終末は，教師が彼らの出した問いや疑問を一緒になって考え，追究していくものとなる。

こうした授業実践のタイプとしては，授業実践のエキスパート（名人），有田和正の提唱する社会科授業の構成方法を挙げることができる。有田は，Cから構想されるような「新しい授業モデル」を構築するにあたって，従来の授業実践のタイプ（AやBから構想されるそれに対応する）について次のように述べている。「これまでの授業は，『未知（わからない）を，既知（わかる）に変えるもの』であった。つまり，『教え・わからせ・理解させる』授業であった。1時間の終わりには，問題が解決し，『なあんだ！こんなことだったのか』と，安定した状態で終わるものであった。これは，クローズドエンドで，閉じられた終わり方で，子どもが自らの力で調べることなどを期待するものではなかった。しかし，これでは，今日の授業から明日の授業へ続かない。間が生きない。子どもたちの希望もない。」[有田和正，1989：3f.]，と。つまり，「質の高い知識」の習得を社会科の授業の目標とする限り，その学習を子どもたちが受動的に行おうと（Aのような一斉授業の場合），反対に主体的に行おうと（Bのような問題解決学習の場合），授業そのものが安定した状態で完結されることによって常に，授業の結末はクローズドエンドなものとなるのである。

有田は，一斉授業に典型される，こうしたクローズドエンドな授業モデルに対して，オープンエンド（open-ended）な「新しい授業」モデルを提唱する。それは図9［同上：6］のように示される。

図9について有田は次のように説明している。「新しい授業は，子どもたちが『既知（わかっていること・理解している）』と思っていることが，実は，表面的なことで，本質的には何もわかっていない（未知）のだ，ということに気づかせることにならなければならない。教え・わからせ・理解させるのではなく，わかっていると思うことをネタでゆさぶりをかけ，子どもたちに，『あれ！』『わからないや』といわせるようにするのである。」[同上：3f.]，と。こうした「新しい授業」を授業構成から

みると，授業の導入は，教師が子どもたちに（彼らが）すでに知っている事柄・事象（「既知なるもの＝知識」）を提示し，続く授業の展開は，教師がその知識（既知）について彼らにゆさぶりをかけ，彼らに疑問をもたせたり，問題を引き出させたりして，その知識について追究する意欲を引き出す，最後の授業の終末は，すでに未知なるものへと変貌した事柄・事象について彼らがさらに思考し，追究し得るように，問題解決することなしに，授業実践を「オープンエンド（開かれた終わり方）」にしておく，というようになる。オープンエンドな授業は，授業の結末で子どもたちを不安定な状態にさせることによってかえって，彼らの追究心を掻きたて，問題発見に向かわせることになるのである。

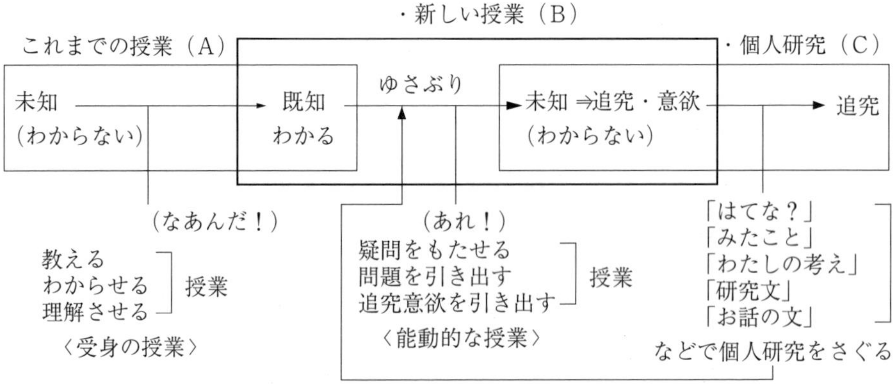

図９　新しい授業モデル

以上のことから，有田の提唱する「新しい授業」は，子どもたちにとって学習すべきものが，既知から未知へまたは安定した状態から不安定な状態へと変わるという意味で，彼らを激しくゆさぶる授業実践となる。そして，その変化が彼らにとって大きければ大きいほど，再び，未知なるものへと変貌した事柄・事象（知識）について彼らの思考や追究は意欲的なものとなる。その知識は，その子なりの問題意識となって次の授業実践へと引き継がれることになるであろうし，さらには，学習の後，個人的に研究されることになろう。言い換えると，そうした授業実践は，自明とされてきた既有の知識を教師のゆさぶりによって子どもたちが問い直し，あらためて思考し直すという点で有意義なものとなる。

有田の提唱するこの「オープンエンドな授業」モデルは，子どもたちからみて，学習対象・内容を既知から未知へと変容させるという意味で“問題発見的”であり，注目すべき授業モデルであると言える。従ってそれは，本論ではCから構想される授業実践のタイプに対応すると考えられる（ここでは言及しないが，社会科初志の会の「問題解決学習」，特に初志の会の代表的な授業実践者，長岡文雄の「近鉄地下乗り入れ工事」の授業（小学校３年生対象）［長岡文雄，1972：94–149］と類似した点を多々もっている）。それは，前述したように，子どもたちからみて，学習対象・内容を未知から既知へと変換されることでクローズドエンドな授業となる問題解決学習（Bから構想される授業実践）よりもはるかに優っている。

ただ，問題なのは，有田の代表的な授業，「バスの運転手」（小学校２年生対象）にみられるように，授業のなかで教材として取り扱われた発問（問い）そのものが，例えば「バスにはタイヤが何個ついていますか。」とか「バスの運転手は，どこを見て，運転していますか。」とか「バスの運転手は，運転中どんなことを考えているのでしょう。」等々というように，あまりにも唐突過ぎるという点である。こうした発問は，教師が子どもたちにバスの運転手の仕事の難しさを教えるためとはいえ，その目的を超えてただ彼らをゆさぶるための道具と化していると思われる。授業の導入段階で教師が，彼らにとって半ば既有のものと思われる「バスのタイヤの数」を逆手にとって彼らをゆさぶることは，彼らの追究心を刺激し，問題発見に向かわせることになるのであればまだしも，ただ，低学年児童のこころに動揺を与えるだけではなかろうか。むしろ低学年児童の精神発達にとって必要なのは，自らの世界構築の橋頭堡となり得るような「絶対的な知識」である。また，この授業の結末では「バスの運転と電車の運転は，どちらがむずかしいか。」というように，まったく新たな発問を子どもたちにぶつけることによって，彼らを不安定な状態にさせている，すなわち彼らをわからなくさせているが，こうした発問そのものもまた，授業のオープンエンドな終わり方にするための強引なゆさぶりではないかと考えられる。というのも，この類の発問は，子どもたちの追究を「深める方向というよりは拡げる方向」，すなわち「視点を転換させて，不安定な状態（あれ！）にさせればよい」［片上宗二，1995：23］という安易な考え方に基づいているからである。彼らにしてみれば，授業の結末で異なる「バスの運転」と「電車の運転」を比較しなさいと言われても，何ら手だてが思い浮かばないのではなかろうか。少なくとも言えることは，オープンエンドな授業モデルとは，授業の結末で視点の転換を行うことにより，子どもたちの追究心を起こさせるようなものではない，ということである。

このように，有田の「新しい授業モデル」は，授業の導入での意外な発問と結末での視点の転換を伴う唐突な発問と，そうした発問によるゆさぶりによって，オープンエンドな授業を組織化するものであることがわかる。教師のゆさぶりによって子どもたちが半ば知っていると思っていた「既知なるもの」を「未知なるもの」へと変換させること（＝ゆさぶりをかけること）は，見方を換えれば，彼らが所有している既有の知識が教師からみていまだ不確かなものに過ぎないことを彼らに知らしめる（いわゆる，「無知の知」を自覚させる）だけでなく，実は教師が“本当の知識”（“真理”）を所有していることが彼らに伝わってしまうことになると考えられる。つまり，子どもたちの所有する知識は，彼らの基準からすると，「既知なるもの」であるが，教師（大人）の立場からみると，それは，いまだ知識とはいえない不確かなもの，すなわち知らない状態に等しいのである。つまるところ，有田の提唱する「新しい授業」モデルは，オープンエンドなものとなるという点で評価されるにもかかわらず，授業の導入段階で学習対象とされる知識そのものが，子どもたちにとっては「分かった状態＝既知なるもの」にみえるが，教師（大人）からみると，彼らの「分かった状態」とはいまだ「わかっていない＝未知なるもの」であるというように，教師によってゆさぶられる既有の知識が，教師（大人）と子どもとの，思考力・判断力における能力格差——一般に，大人は子どもに比べて，多角的なモノの見方ができるとともに，それに基づいて高度な判断力ができるということ——を示すものに過ぎないという点で批判されなければならない（前述したように，授業の結末段階での唐突な視点の転換によるゆさぶりは，強引な授業戦略であり，もはや批判するまでもないと思われる）。

5．問題思考と再思考の展開——中間項理論の射程——

Ｄを命題化すると，それは子どもが「質の低い知識を受容的に学習すること」と記述することができる。それでは，こうした子どもの学習（の方法）を組織化する授業実践とは，どのように構想されるであろうか。

ところで，Ｄから構想される授業実践のタイプを考えることは，Ａ～Ｃから構想される授業実践のタイプを考えることと比べてはるかに困難であると考えられる。というのも，「質の低い知識」と「受容的な学習（思考状態）」のクロスは，ネガティブなもの同士の掛け合わせ（倍加）ということで，私たちの想像を超えているからである。それはまた，Ｂから構想される問題解決学習と対極にある（この学習方式自体，思考のワンパターン化とワンウェイ化という面で批判された反面，授業実践をイメージ化することが容易であったということにおいても，Ｄから構想される授業実践とは対極的な関係にある）。そこでＤから構想される授業実践を考えるにあたって，すでに実践されている社会科授業の理論を手がかりとすることにしたい。すなわちそれは，片上宗二の提示する「中間項の理論」，正確には「『中間項の理論』による社会科授業の構成方法」および「社会科授業論としての『中間項の理論』」である。ここでは簡略化して，「中間項理論」と呼ぶことにしたい。

あらかじめ言うと，「中間項理論」は，その提唱者の片上が自ら言及しているように，前述した森分孝治や民間教育運動（教育科学研究会や日本生活教育連盟など）のように，社会科学的概念・理論の形成を目指す社会科授業構成論を改革するべく，授業実践のなかから創出されてきた新しい社会科授業論である。従ってそれは，特定の「知識論＝思考論」から導出されてきたものではない（片上自身も，これらの知見についてはまったく言及していない）。にもかかわらず，中間項理論は，理論構成の土台においてM. ポラニーの問題発見の潜在能力（広く，問題思考論）やR.G. コリングウッドの問答論理学（広く，「再－思考」論）といった「知識論＝思考論」に通底している。こうした一致はまさに驚くべきことであるが，それはまったく偶然とはいえないと思われる。両者が理論的に一致する根拠を強いて言えば，それは，「質の低い知識」を出発点としつつ，新たな思考の可能性を探究することを両者とも共有しているからだということになる。こうした点を踏まえつつ，中間項理論による社会科授業の構成方法（特に授業の導入・展開・結末）とその社会科授業論を手がかりにして，Dから構想される授業実践のタイプについて考えていくことにしたい。

さて，中間項理論によると，授業構成は，学習対象（事物・事象）の差異性・多様性に応じて２つに分けることができる。すなわちその２つのタイプとは，「問いかけ主導型」の授業構成と「対象受容型」授業構成である［片上宗二，1985b：108–133］。それに応じて授業実践の展開も２つのタイプに分けられることになる。順次，記述した上で検討していくことにしたい。

5.1　問題思考と「問いかけ主導型」の授業構成──思考の往復運動論(1)──

5.1.1　「問いかけ主導型」の授業構成方法

まず「問いかけ主導型」の授業構成は，表１のように表される［同上：119–133］。

導　入	学習問題の把握ではなく，疑問の涌き出しを
展　開	仮説－検証ではなく，問いの深化を
終　末	閉ざされた終わり方ではなく，開かれた終わり方（オープンエンド）を

表１　「問いかけ主導型」の授業構成方法

表１に示されるように，このタイプの授業の導入では，教師は子ども一人ひとりが学習対象に対して，ひとつでもよいからその子なりの何らかの疑問を涌き出せるように配慮することが当面の目標となる。従来，授業の導入段階では，教師は子どもたちに共通する学習問題の把握をさせてきた。つまり，学習問題の共有化，あるいは共同問題化である。こうした授業の導入の仕方が成立する背景には，子どもは本来，知的好奇心に富み，追究心にあふれ，わかりたがっている存在であるという素朴な子ども観が前提されている。J.S. ブルーナーをはじめ，従来の内発的動機づけ論は，子どもにはあらかじめ，最も基本的な欲求として知的なものを求める欲求やそれに伴う学習意欲が存在しているとみなしてきた。つまり，子ども（というよりも，人間）とは，本質的に学習する動物であるとみなす子ども観（人間観）が長らく支持されてきたのである。しかし，子どもは成長するに従い，自分にとって価値・意味があるとみなされる事物・事象に対してしか知的好奇心を示さない傾向が強くなる。

こうした観点からすると，すべての子どもたちに同じような疑問をもたせる必要はなく，その意味で「わからないようなことの実感」を彼らに与えるというアプローチを極力斥けることが必要になる。彼らが疑問をもつというのは，知らない（わからない）からではなく，少しわかっていて，もっと知りたいと思う時である。つまり，子どもたちは既知と未知の間で疑問（問い）をもち，既知と未知が織り成される文脈のなかで問いを発するのである。後述するように，それは子どもだけに限らず，大人にもあてはまる。

続く授業の展開では，教師は子どもたちが涌き出させた疑問を問いに砕き，その問いを深化させてやれるように配慮することが必要になる。つまり，導入で彼らが涌き出させた疑問は様々になるので，それを相互に関係づけてあげることが必要になる。また，子どもの疑問はいわば大きな問題である傾向が強いため，この疑問をそのまま考えさせてしまうと，思いつきの予想や追究に任せることになりかねない。これらのことを回避するためには，子どもが最初に出した疑問（わからないこと）を調べさせて，「わからないこと」と「わかること」，すなわち未知（無知）と既知（熟知）とを繰り返しながら，徐々に，彼らの考えをつなぎあわせたり結びつけたりしなければ簡単に成立し得ないような照合の場面を設定することが必要になる。従ってここでは，「わかること」（既知なるもの）と「わからないこと」（未知なるもの）の繰り返しになる。

終末では，前述したように，文字通り開かれた形で設定されなければならない。つまり，問いに重点が置かれ，問いが答えへと帰結されることのない仕方で，授業を終えることが必要である。一般に，オープンエンド・アプローチと呼ばれる授業論では，結果が一義的なものに確定（収束）されないような問題を設定するのが普通である。実際，こうした授業論では問題に対して多様な答え（結果）が得られている。ただ，オープンエンドという方法をとりさえすれば十分だというわけではない。たとえ，形の上ではオープンエンドな授業展開になっているようにみえる場合でも，実際には，正しい答えを求めるという基準で思考の多様性が許容されている場合が少なくない。従って，こうした類の授業論は，いまだ答えに重点が置かれる，（Bから構想される）問題解決学習型の授業論の枠内に留まっていると考えられる。

こうした授業を展開するにあたって，片上の開発した「調べ学習メモ」［同上：135–137］を欠かすことができない。それは，子ども自身が理解できることと理解できないことを随時記録していくためのノートである。そしてそれを横につないでいく過程は，実は，子ども自身が自分の知識の成長を認知し，さらにそれをメタ認知していく過程でもある（Bから構想される授業実践のタイプでは不可能である）。ここでいうメタ認知とは，認知科学によって明らかにされた概念である。すなわちそれは，「自分が『わからない』ことがわかること，自分が『わかる』ことがわかること」［無藤隆，1980：177／片上宗二，1985b：135］を意味する。言い換えると，それは，子ども自身が問題探究の過程において「このような自らの思考・知識の状態についてわかること」［同上］を指す。「メタ認知」を授業に即して考えてみると，個人レベルでは，子どもが授業のなかで自分の認知過程をもう一人の自分に監視させ，モニターさせるということになる。個々人が自分自身の知的成長をメタ認知できるひとつの方法として「調べ学習メモ」を活用することは，自己評価の観点，すなわち「自分を越える目をもつと（ともに，）自省と自信を促す」［安彦忠彦，1987：6］ことからも不可欠なものだと考えられる。それでは次に，「問いかけ主導型」の授業構成方法に見られる思考について検討していくことにしたい。

5.1.2　問題発見の潜在能力としての問題思考――暗黙知理論の射程――

5.1.2.1　メノンのパラドックスと未成熟知

すでに述べたように，問題解決学習で組織化される子どもたちの思考は，答えの側に重点が置かれていて，問いが答えへと帰結してしまうものに過ぎなかった。それはクイズ問題や入試問題などのように，答えが問いの外に歴然と置かれてしまうことで，問いが問いとして十分に主題化されない思考様式なのである。

これに対して，「中間項理論」の「問いかけ主導型」の授業で組織化される子どもたちの思考は，重点が専ら問いの側に置かれていて，問いと答えが絶えざる動的連関（循環）を形成するものであると言える。こうした思考様式を仮に，社会哲学の概念である，「問題思惟（Problemdenken）」，もしくは「問題思考」と呼ぶことにしたい。つまり，問題思考は，問いが答えへと終結することなく，むしろ問いが思考の始動点となることによって，絶えず問い続けられるあるいは問い直される探究的な思考様式なのである。

本質的に見ると，問題思考とは，思考とは何かということを根源的に問い直す原初的な思考であると考えられる。というのも，一般的に思考そのものが，思考がその成果として事後的に産出したものを，思考一般の共通の枠組みとして抽出したものと同一視する捉え方が少なくないからである（その典型は，問題解決学習である）。思考を事後的な立場から捉えるのではなく，思考が成立してくるところの基盤へと還帰することによって思考を捉え直すところに問題思考の本質が見出される。繰り返すと，思考の本質は，一旦，結果として産出された枠組みそのものを再度，思考し直す（問い直す）という創造的側面にあると考えられる。

このように，問題思考あるいは端的に思考は，問いをその始動点として生成してくる。従って，問いの成立の仕方が思考（問題思考）の優劣を決定すると言っても過言ではない。それでは，ここでいう問いとは一体どのようなものなのか。この問題を解く手がかりとして，著名な認知科学者，H.ガードナーをして「人間の知の歴史上おそらく初めて，知識の性質について徹底した吟味がおこなわれた」［Gardner，1985：4］と語らしめた，メノンのパラドックスの問題が挙げられる。それはプラトンのメノン篇の中で次のように述べられている。すなわち，「人間は，自分が知っているものも知らないものも，これを探求することはできない。というのも，まず，知っているものを探求するということはありえないだろう。なぜなら，知っている以上，その人には探求の必要はないわけだから。また，知らないものを探求するということもありえないだろう。なぜならその場合は，何を探求すべきかということも知らないはずだから。」［Plato，1977：276］

つまり，私たちにとって，思考の始動点としての問いは，ある制約を受けることになる。その制約とは，問いそのものが，メノンのパラドックスが示すように，すでに熟知されているものでもならないし，かつまたいまだまったく知られていないものでもならないというものである。端的に言うと，問いは，熟知と無知の中間態にあると言わざるを得ない。

従って，メノンのパラドックスから思考とは，次のように言い直すことができる。すなわち思考とは，その都度その都度，問いの成立をまって始動し，一応，答え（暫定的な答え）の確立をもって終了する，と。問いが成立しないところに，思考はあり得ない。

しかし一方で，問いは何の前触れもなく，突然成立してくるわけではない。問いは，それが成立する背景，すなわち先行与件に影響されながら生成してくる。私たちが真摯な問いを発するとき，問いを通じて問われている当のものについてまったく無知であることはできない。というのも，万一，私たちがまったく見知らぬことを問うことは不可能だからである。さりとて，思考の始動点としての問いは，私たちにとって十分に知られている必要はない。というのも，私たちが熟知していることであれば，それを敢えて問うことも必要ないからである。そのことから，思考の始動点となる問いは，私たちにとって微妙なスタンスをとることになる。つまり，問いによって問われる当のものは，私たちにとって無知でもならず，さりとて熟知でもならないのである。言い換えると，問いの成立には，常に知と非知の間に位置する「未成熟知（正しい思いなし）」［植松秀雄，1990：206f.］と呼ばれる何かが想定される。それは問いに対する暫定的な答え（仮りの答え）と呼ぶべきものであろう。しかし，この仮りの答えは，実は，「未成熟知」がその都度その都度，具体的な問いを発するまでに進展したものであると考えられる。

このように，問題思考，すなわち真の意味における思考において，その始動点となる問いは，既知（熟知）と未知（無知），または知と非知との間から微妙なバランスを保ちつつ成立してくる。あるいは，問いは両者の中間態と規定し得る。それでは，この知の状態，すなわちメノンのパラドックスに対して解決を与えるものは存在しないのであろうか。否である。その有力な解決策は，M. ポラニーの次の言明の中に見出すことができる。

「『メノン』のパラドックスを解明することができるのは，一種の暗黙知である。それは隠されてはいるが，それでもわれわれが発見できるかもしれない何物かについて，われわれがもっている内感である。……もし，まだ発見されてもいないことを，われわれが明示的に知らなければならないというのなら，これはもちろん意味をなさない。しかし，まだ発見されていないことについて，われわれが暗黙知的な予知をもつことができることが認められるならば，それは意味をなす。」［Polanyi，1966＝1980：42f.］つまり，私たちはすでに知られている状態といまだ知られていない状態との間に身を置きつつ，この暗黙知の働きに誘導されることによって何が探求していくべき問題であるのかを把握することができるのである。知識の探求において重要なのは，暗黙知を手がかりにして，的確に良い問題を発見し，探求の端緒をつかみとることである。しかも，「問題が見えるということは，隠れているなにものかが見えること」［ibid.：40］であるとともに，知識の探求は主体にとってある実在への手応え――真実性への予感または実働感――に誘導されながら，その隠されたものを明るみに取り出すことにほかならない。本来，真理（真実）とは，古代ギリシャ語で「アレテイア」，すなわち隠されているものを明るみに取り出すことを意味する。概して，思考するということは，その人なりの独創的な問題を発見することと同義である。この場合，暗黙知とは，問題そのものを発見することを意味する。問題を発見することは，問題を解決することよりもはるかに重要な営為なのである。ポラニーによると，相対性理論の提唱者，A. アインシュタインは，「まだ子どもだった16歳のときに，もしも，観測者が，自分の送りだした光を追い掛け，それに追いついたとしたら生じるであろう奇妙な帰結について思索を巡らしている。彼の自伝の明かしているところでは，彼が相対性を発見したのは，『既に16歳のときに思い到った逆説から……10年にわたる思索の後であった』」［Polanyi，1958＝1985：10］という。つまり，アインシュタインは暗黙知の働きによって若くしてすでに相対性理論に関して正しい問題を立てていた（＝問題発見した）にもかかわらず，（学校では“劣等生”であった彼が）彼自身の理論を数式によって証明するために，すなわち問題解決するために，半世紀近くの年月を要したのである。言い換えると，アインシュタインのケースからもわかるように，正しい問題を立てた時点で問題の大半が解決されたも同然と言えるほど，問題発見は重要なのである。しかし一方で，問題の発見はそれだけ難しい営為とも言える。

ここで，暗黙知と問題思考との関係について述べると，両者は図10のように示すことができる。図10に示されるように，暗黙知は大きく3つの側面に分けることができる。技芸としての暗黙知は「透視術型」に，「問題発見の潜在能力＝問題思考」としての暗黙知は「相貌看取型」に分類される。なお，個人的知識としての暗黙知は，社会哲学の概念である[1]。技芸としての暗黙知が行動主義哲学者，G. ライルの「行為遂行的知識」に還元できるのに対して，「問題発見の潜在能力＝問題思考」としての暗黙知は，暗黙知独自の働きを表すものであると考えられる（私見によると——この点に言及した暗黙知理論の研究は皆無であるが——，近接項と遠隔項が同一空間に位置する「相貌看取型」と，そうでない「透視術型」を比較すると，「相貌看取型」の方が暗黙知の特徴をより表しているという点で，重要であると思われる）。

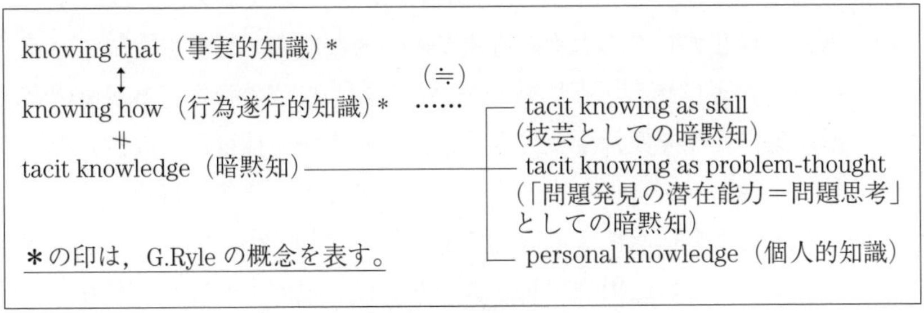

図10　暗黙知と問題思考との関係

5.1.2.2　問題思考の文脈依存性と問題状況

さらに，私たちにとって「問題発見の潜在能力としての問題思考」がどのような形で生成してくるのかを論述すると，まず言えることは，問いが何の前触れもなく，突然成立してくるものではなく，ある先行与件に影響されながら成立してくるということである。問いは，「問いの地平による一定の境界」［Gadamer，1976：346］を所持している。つまり，問い

（思考）の成立にとって必要なのは，問い（思考）そのものが生み出されるところの状況・文脈であると考えられる。ここで状況・文脈とは，2つのことを意味する。すなわち，ひとつは，思考を行う主体の動機の側面であり，もうひとつは，思考がそれとの具体的なつながりにおいて展開されるところの対象の側面である。

まず，動機という思考主体の側面から考察していきたい。従来の学習理論を省みれば，それは，子どもが知的好奇心に富み，探求心に溢れ，常に物事を知りたがっているといった素朴な人間観（人間理解）を動機づけ理論の前提にしていることがわかる。しかし，それでは一体なぜ，学習意欲を失い，いわゆる勉強のできない子どもができるのであろうか。その主な原因として，次のことが想定される。つまり，できない子どもまたはやる気を失った子どもというのは，「自分が外界の変化に対して原因になれないのではないかという不安と，他人に『能力がない』と評価されることへの不安」［佐伯胖，1983：101］をもつ子どもにほかならない。とりわけ，子どもが自分にとって価値がある，意味があるとみなす事柄・事象に対してしか，本当の意味での知的な興味・関心をもつことができないと考えられる。そして，子ども自身，自分の行う行為が原因となって対象に変化を及ぼすという手応え・実感——「自己原因性」の感覚［de Charms，1976＝1980］——が，その子どものやる気を持続させ，忍耐強くモノゴトを探求させることになる。ただし，小学校に行く前の幼児にあっては，自己原因性の感覚よりも，自然の欲求と好奇心が有力な動機づけになるものと考えられる。

また，認知科学の立場から，思考する（わかる）という心的な営みは，それが属する状況や文脈に依存して初めて可能になると言われている。つまり，私たちにとって思考することが思考する自分の意思や知識への意義づけが伴わない限り，十分に思考することができない。つまり，思考するという行為は，思考することの意義づけが思考主体にとって明確に自覚されて初めて創造的に行われるようになるのである（ただし，必ずしもメタ思考を伴う必要はない）。このように，心的営為としての思考が有する特徴は，「心的概念（＝思考）の文脈依存性」［土屋俊，1986：4f.］と呼ばれている。

次に，思考（問題思考）が成立し，展開されるところの対象の側面，すなわち状況・文脈（コンテクスト）について述べたい。この側面は，人間の具体的活動を見ていくとき，前述した心的概念の文脈依存性と並んで，度外視できないものである。とりわけ，この側面については，前述した問題解決的思考の最初の契機としての「問題設定」と対比することができる。つまり，問題解決的思考（科学的探究の方法）では，あらかじめ教師によって設定された状況・文脈――言語・概念だけで成立するコンテクスト，（具体的な状況からみると）脱コンテクスト――が「問題状況」として前提される。つまり，この思考ではあらかじめ理論，または言語によって構成された全体性を措定し，そのなかで部分（要素）の位置価を確認した上でその諸部分を系列的にかつ順次的に配置し，加算し，積み重ねることで全体を復元していくことをその論理基底とする。いわば，問題解決的思考は，すでに構成された全体性のもとに，そのなかで規定される対象（部分）を逐次，探求していくことになる。

これに対して，問題思考では，全体があらかじめ規定されない（あるいは決定されない）。従って，問題思考とは，思考主体にとって不確定な状況から始動される類の思考となる。この場合，状況とは，「諸条件の網の目（texture）であり，解釈して解きほぐすべきテクスト（text）であり，そして人びとの置かれている文脈（context）である。それはいってみれば行為者からみた意味の世界（第三世界［K.R. ポパーの概念］）であって，人びとはそれを自分なりに解釈しなければならない」［間宮陽介，1986：141］ことを意味する。この状況・文脈をデューイに倣って「問題状況」［Dewey，1951］と呼ぶことにしたい。つまり，この「問題状況」は，科学的思考を含め，あらゆる思考にとっての出発点となる。前述したように，デューイの亜流では，「問題状況」は不安定な状態を表すものとみなされ，反省的思考によって専ら安定した状態へと変換されるべきものであることが強調されたが，実はこの「問題状況」こそ，問題思考の出発点にとって重要な契機となるのである。この概念が重要なものであることの証左は，それと近似したものとして，デューイ以外にも，ポッパーの「問題状況」，H-G. ガダマーの「解釈学的状況」などが見出されることに求められる。思考主体は，問題を確定する以前の多義的な問題状況（問題的事態）に入り込み，その状況のなかから対象そのものに直面し，それに即応しながら，問題の所在をつかみ取り，組み合わせて，思考を進展させていく。この場合，視点やイメージの働きを介して対象のあらゆる側面をくまなく，知悉し，多様に解釈することを通じて不確定な問題的事態を暫定的な解決的事態へと変容させていく。こうした思考のプロセスは，暗黙知理論のなかでより明確化されている。

さて，ポラニーによると，暗黙知は，身体による対象への潜入が重要な思考上の実践的契機となる。しかも，暗黙知は，一切の理論装置や知識表現（言語的明示化）をもち込むことなく，細目（部分）と細目（部分）との間に潜入しながら，「想像力（imagination）」を介して耐久的にそれらを一つの織物のように織り込み（con-text），繋留していくことを論理基底とする。暗黙知の思考（問題思考）は，諸細目（諸部分）への潜入によって，一挙に全体（＝より上位のレベルの事象）を理解するプロセスとなる。ここで「想像力」とは，ある特定の視点を通して，すなわちあるものになりながら，その視点からイメージを通して対象を多様に変形していく働きを意味する［Gelwick，1977＝1982：119f.］。つまり，この場合の想像力とは，視覚的な像を思い浮かべる能力ではなくて，イメージを通じて対象をあらゆる視点から変形していくような動的な（現象学でいう，キネステーゼ的な，または身体運動的な）イメージ操作能力を意味する。そして，この変形された対象を本質的な側面とそうでない側面とに区別し，その本質的な側面を定着させる働きが，「直観（intuition）」［ibid.］である。それは前期フッサールの「本質直観」に通底する（一方，「直観＝本質直観」と捉える立場からすると，ポラニーの想像力は前期フッサールの「想像変更」に対応すると思われる［新田義弘，1968／1978］）。ポラニーの暗黙知理論において「想像力」と「直観」の働きはコインの表裏のように，切り離して捉えることができない。また，両者についてほとんど言及されないにもかかわらず，それは，暗黙知の思考，すなわち問題思考の理論化のなかで初めて主題化されると考えられる。

以上述べたように，暗黙知の思考としての問題思考とは，思考主体が不確定な問題状況に身体を潜入させ，（潜入した）視点を拠点にイメージを通じて対象を多様に変形させ，しかも直観の助けを借りつつ，一挙に対象そのものを理解していく思考様式なのである。

5.1.3　思考の往復運動の成立条件

ところで，子どもたちが「質の低い知識」を受容的に学習する場合，彼らの思考は，問題解決学習の場合のように，ワンウェイ化してしまうのではなくて，ツーウェイ化する［片上宗二，1995a／1995b］と考えられる。ここで思考のツーウェイ化のことを，イメージ化しやすいように，思考の往復運動と呼ぶことにする。

思考の往復運動は，次のように構想される。つまり，思考するということは，問題場面にぶつかり，その問題を解決していくという形において捉えるよりも，むしろ私たちを取り巻く事柄・事象に対して不十分ながらも問いかけ，それに対する何らかの答えを引き出しては，またその対象に問いかけていくという往復運動において営まれる，と。つまり，思考を問題の把握から問題解決へというワンウェイの形においてでなく，「問い－答え」を対象に即して幾度も往復させていく運動として捉えることが必要である。しかも，前述した問題解決学習のように，すべての事柄・事象の探究に共通するものとして思考の型を抽出し，定式化するのではなく，個々の事柄・事象そのものに即して柔軟な思考を展開することが要請される。事柄・事象（問題対象）が多様であれば，思考（の方法）も自ずと，多様にならざるを得ない。一例を挙げると，何らかの統計資料がある場合，そこに表現されているものをどれだけ正確に子どもに読みとらせるかという形で，資料と子どもとの関係を一方通行的に固定させるのではなくて――当の資料を正しい数値や変化を引き出すための情報源と捉えるのではなくて――，むしろ両者の関係を両方向的に往復させることによって，当の資料に問いかけて，元の現実や事象を再現したり描き出したりする対象となり得ることを子どもに読みとらせることが不可欠となる。

さらに，思考の往復運動では，思考に終点を設けない，設けられないという立場をとる。というのも，取り巻く事物・事象の意味は無限であり，こうした事物・事象に即して「問い－答え」を往復させていくことに原理的に終わりがない（終点がない）からである。端的に言うと，思考そのものは，開かれた形，つまりオープンエンドとなる。思考はひとつのまとまり，ないしはひとつのセットとして捉えることはできない，だからこそ，思考そのものに起点と終点と言った明確な区切りを設定することも不可能なのである。事物や事象について思考されたこと（思考結果）は，その後の思考への跳躍台または推進力になっていくのである。

一般的に考えられていることに反して，たとえ，子どもたちが問題的事態・場面に直面しなくても，あるいは思考の起点でのインパクトが強くなくても，彼らが思考の往復運動を展開していくことは十分可能である。彼らにとって思考はいつでも主体的な問いかけから始まるとは限らない。むしろ漠然とした興味・関心から対象に問いかけてみる場合も少なくないと思われる。

ところで，こうした思考の往復運動論について考える上で，問いに関する片上宗二の考え方は注目に値する［片上宗二，1985b：71–77］。その考え方は，思考の往復運動を成り立たせるための条件となるが，それは次の３つに集約することができる。

１つ目は，問いを砕けること，様々な問いを組み合わせて自由に使えることである。

２つ目は，学習対象である社会事象の特質にふさわしい追究の方法や追究の視点を複数個意識できることである。

３つ目は，共同して，問いを深めたり，複数のアプローチ（視点）を考えたりすることができることである。いわゆる，問いの共同性を形成することである。

順次，検討していくと，１つ目は，問題を問いに砕いては次々と問いを派生させていけること，あるいは様々な問いを組み合わせて最初の問題を追究していけること，これが思考の往復運動を深める契機となる。見方を換えると，こうした力が子どもたちに欠如している場合，あるいは問題を問いに砕いていくことが授業で保障されていない場合，彼らは大きな問題を大きな問題のままで漠然としか考えることができない。その場合，教師は彼らの思いつきの予想や追究に授業を任せざるを得なくなるのである。

２つ目について述べると，それは，子どもたちが複数の（２個の異なる）アプローチや視点を意識することさえできれば，社会事象と自己の間に思考の往復運動を二重に展開することができることを意味する。例えば，安井俊夫が社会科授業において方法化した，支配者の側の視点と民衆の側の視点の併存がその典型例である。また，社会科以外の場合であるが，佐伯胖の「なってみる」という「視点論」［佐伯胖，1978］が注目される。その視点論とは，D. ルイスの可能世界論（様相論理学）を授業理論に応用したものである。それは２つのタイプに分けることができる。すなわち，ひとつは「包囲型」視点活動であり，もうひとつは「涌き出し型」視点活動である［同上：213–221］。前者は「一つの認識対象のまわりを，くまなく，すき間なく，連続的に包囲する視点（感覚小体）の動かし方」をとり，後者は「モノになることによって，そのモノ自体の活動として次々と視点を発生させ，涌き出させる」視点の動かし方をとるものである

３つ目について述べると，それは，子ども同士の間で思考を往復させることを意味する。前述したように，幼児にあっては自分自身の抱いた疑問を大人に向けていくために，その「疑問＝問い」を友だちと常に協力し合って考えていくことは困難である。それに対して，小学生にもなると，子どもたちは教材を媒介にして学級のなかで各々，考え方や見方

を出し合い，お互いに吟味し合いながら，一人ひとりの問いをある程度の水準まで共同化し，共有化していくことは可能である。そして，多くの異なる視点を介して共同化された問いは，子どもたちに相互吟味の重要性や，本来，問う行為それ自体が相互主体的なもの（社会的な行為）であることを自覚させるものとなる。

このように，「問いかけ主導型」の授業における思考の往復運動（ツーウェイ化）は，子どもと学習対象の間の往復運動を中心にして，社会事象を追究する方法（視点）間の往復運動と，子ども同士の間の往復運動の三者から成立することになる。思考の往復運動が思考のプロセスを一般化したものではなく，対象そのものに即応して多様な形で展開されるべき類の生きられる思考（具体的思考）であることの重要性は，何度繰り返し強調してもし過ぎることはないと言える。

以上，「問い－答え」を対象に即して往復（ツーウェイ化）させていく問題思考（問題発見型の思考），授業実践のタイプとしては「問いかけ主導型」の授業構成について論述してきた。それでは次に，「答え－問い」を対象に即して往復（ツーウェイ化）させていく，もうひとつの思考様式と授業構成について述べていくことにしたい。

5.2　再思考と「対象受容型」の授業構成――思考の往復運動論(2)――

5.2.1　「対象受容型」の授業構成方法

次に，「対象受容型」の授業構成は，表２のように表される［同上：119－133］。

導　入	学習対象の受けとめ
展　開	「わかること」と「わからないこと」の連続的繰り返し
終　末	開かれた終わり方（オープンエンド）とその保障

表２　「対象受容型」の授業構成方法

表2に示されるように，このタイプの授業の導入では，何よりも個々の子どもたちが学習対象を柔らかく受容でき，何らかの形で知識（点的知識）をもつことができるということが当面の目標となる。ここでは，子どもたちをゆさぶり，わからなくさせる（疑問をもたせる）ところから授業を出発させるのではなく，誰もが少しはわかるところから（知識をもてるところから）出発させることになる。つまり，子どもたちがあくまでも学習対象に即し，それに内在する知識に持続的に取り組めるように，足がかりとなる具体的知識（点的知識）そのものを，授業の最初に受容できるように配慮するということが必要となる。

続く展開では，子どもたちが受容した何かの点的知識の所有，すなわち「わかる」ことから出発しながらも，「わかったこと」と「わからないこと」を繰り返していく活動が考えられる。この2つを繰り返すということは，彼らが最初に得た点的知識（0次元の知識）を，線的知識（1次元の知識）へと成長させていくことにつながるものと言える。それは，個別的な質の低い知識，すなわち点的知識から始まり，それが漸次連結し，連関することによっていくつかの線的知識へと進展し，さらに知識のネットワークとしての面的知識（2次元の知識）へと拡がっていくことが想定される。そして，最終的にはこの面的知識は，ある観点または様々な複数の観点から上方に引っ張り上げられ（あるいは，押し上げられ），立体的な知識（3次元の知識＝ピラミッド型の知識）へと形作られていくことになる。ただし，この場合，立体的知識が知識の成長の終点とはみなされない。むしろ成長し，進展する知識においては，その構造そのものが絶えず変化（変動）するものと考えられる。この場合，面的知識のネットを作る過程で子どものなかに湧出してきた「わからないこと」のなかから，「なぜ型の問い」，すなわち社会事象の本質を解明するために要求される問いへの通路を教師が開くことができるように指導することが必要である。この場合，教師の役割は，「なぜ型問い」（「わからなさ」）への通路を開き，彼らがこうした観点を自覚できるように誘導することに見出される。このタイプの授業実践でもその終末では，閉ざされた終わり方でなく，開かれた終わり方，すなわちオープンエンドに設定されなければならない。

それでは次に，「対象受容型」の授業構成方法に見られる思考について検討していくことにしたい。

5.2.2　問答論理学と歴史教育

「問いかけ主導型」の授業では「問い－答え」を対象に即して往復（ツーウェイ化）させていく思考となるのに対して，「対象受容型」の授業では「答え－問い」を対象に即して往復（ツーウェイ化）させていく思考となる。こうした思考とは，片上自身が例示するように，例えば「縄文時代の人々が木の実を食べていた」という知識（答え）を手がかりにして，そこから逆に「それではどんな種類の木の実なのか」，「いつ頃，木の実がとれたか」，「なぜ木の実なんか食べたのか」……というように，創造的な問いを生成していくことである。つまり，この思考様式では，問題思考とはまったく反対に，「答え－問い」を対象に即して往復させることで，次々とユニークな問いを作りだし，展開していくものとなる。このような思考様式は，R.G. コリングウッドの「再－思考（Re-thinking）」［Collingwood，1939：111ff.／1946：282ff.］または「問答論理学（logic of question and answer）」［Collingwood，1939：35ff.／西谷敬，1990：287-362］に通底する。つまり，前述した縄文時代の人々の食べ物の場合と同じく，コリングウッドにおいても，いわば答えに匹敵する，歴史的な資料，例えば遺跡，文物などは，ある時代，ある文化の様式（生の型）に潜在する思考を理解するための有力な手がかりになる。彼の唱える問答論理学にとっては，それらの資料は答えとなるが，それは思考の終点（終末）ではなくて，思考の始動点にほかならない。すなわち彼は，一般の思考とはまったく反対に，答え（結果）を手がかりにしながら，それを介して問いを遡及的に発掘していくのである。彼の信念を形成しているのは，絶えざる問いかけであって，それのみが思考の本分を成す。

ところで，コリングウッドの「再－思考」または「問答論理学」と対置されるものとして，「命題論理学」［ibid.：33ff.］が挙げられる。それは，真偽を含む命題自体と，その閉じられた体系のなかで答えること，すなわち前件命題から論理的に演繹された結論命題を問題関心とする。これに対して，「問答論理学」は，絶えざる問いかけ活動がすべてである（あるいは，実在する）。「思考が問答のプロセスであり，これら二つの要素のうち優位は問いかけ活動，すなわち我々のうちなるソクラテスにある。」［ibid.：35］言い換えると，事物・事象（答え）が思考主体をして問いを発掘させるのである。思考主体はこの答えの呼びかけに応答して，状況に応じて問いを生成していくのである。繰り返すと，この問いかけの活動は無限の過程となる。見方を換えれば，本当に問うに値しない問答の活動は，すぐに思考を終点へと帰結させることになる。こうした思考は，一種のパズル解きに過ぎない。さらに言うと，コリングウッドその人にあっては，思考は答えを介して問いへと向かう「再－思考」となるが，それは常に歴史的な思考となる。従って，彼にとって思考にはある特定の文脈があり，この文脈において問いが生起してくる。ここでいう文脈とは，伝統または慣習と同等のものを意味する（ただし，それは実体化された悪しき伝統や慣習，ましてや「創られた伝統」ではない）。ここから，問答論理学のプロセスは，生きられる歴史そのもの（あるいは，歴史を内包するもの）となる。

このように，もうひとつの思考の往復運動，すなわち「答え－問い」を対象に即して往復させる思考は，コリングウッドの問答論理学または「再－思考」論そのものであると結論づけることができる。繰り返すと，それは，与えられた対象や命題をひとつの答えとみなし，そこからこの答えをもたらしたところの問いへと遡及し，有意味な多様な問いを発掘することを可能ならしめる思考様式にほかならない。この「発掘する」という言葉からも推察できるように，それは，地層のように堆積され沈殿されてきた歴史的事象を掘り起こすという意味で，主に歴史教育に特有の思考様式であると考えられる。だからこそ，それは自ずと，コリングウッドの歴史的思考と重なることになるのである。

6．問題解決学習から問題思考・学習への転換に向けて

以上のように，「中間項理論」の社会科授業構成方法を，「問いかけ主導型」と「対象受容型」の２つのタイプに分けて論述してきた。繰り返すと，前者では「問い－答え」を学習対象に即して思考を往復させていく問題思考（問題発見的な思考法）が，後者では反対に，「答え－問い」を学習対象に即して思考を往復させていく再思考（問答論理学）が，各々主題化された。両者に共通しているのは，思考が問いと答え（または，答えと問い）を学習対象に即して思考を往復運動させることで，思考主体の知識が徐々に進行する漸進型であるということ，しかもその終末が深化された問いとして開かれた形で終わるオープンエンドの継続型が，その目指すべき姿になるということである。繰り返すと，この授業実践においては，問いに重点が置かれ，問いが答えへと帰結することなく，問いと暫定的な答え（未成熟知）が交互に循環されながら深まっていくことになる。それは「わかること」と「わからないこと」が，子どもたちのなかで反復され，問い続けられていくプロセスとなる。

ただ，「中間項理論」に見られる，問い主導型の問題思考と，答え主導型の再思考は，いずれも，問いが答えへと直結する類の思考ではないため，合理的な基準——モノゴトを「目的－手段」と因果性の連鎖のもとに処理すること——を思考の習慣とする近代人にとって従来軽視されてきたと考えられる。しかし，知識論の立場からみると，知るということが，本質的には，既知と未知の中間状態（＝未成熟知）に置かれたものであるように，思考もまた，様々な対象・事象に即した具体的思考であると同時に，「問い－答え」の連鎖から成る。従って，こうした思考を組織化し得るような授業実践のタイプが求められるのである。結論を言えば，今後求められる，社会認識の形成を目指す授業構成および授業実践

は，図11に示されるように，「質の高い知識」と「能動的（主体的）な学習方法」のクロスから成る「問題解決的思考・学習」から，「質の低い知識」と「受容的（身体的）な学習方法」のクロスから成る，「問題思考・学習」と「再思考・学習」へと転換されていくべきであると考えられる。

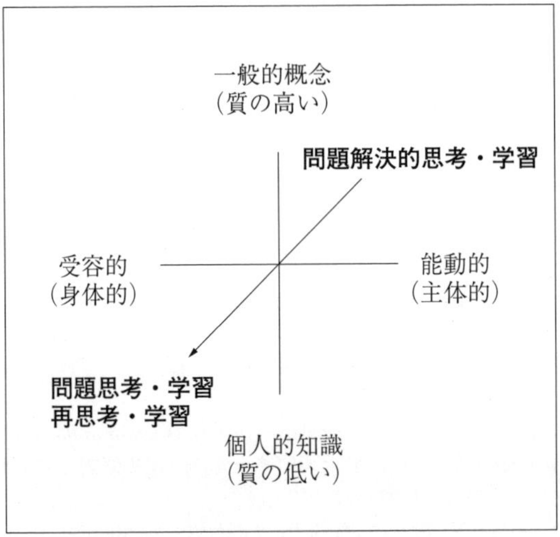

図11　知識のタイプと学習方法

註釈

(1)　個別的知識についての社会哲学的な根拠づけとして考えられるのは，F.A.ハイエクの「個人的知識（personal knowledge）」または「局所的知識（local knowledge）」の理論［Hayek，1960＝1986–87］である（ポラニーの「個人的知識」は，このハイエクの理論に依拠している［Polanyi，1958＝1985／1980＝1988］）。ここでは，ハイエクの「個人的知識（局所的知識）」をその人なりの固有の世界において捉えた，数理経済学者，塩沢由典の言説［塩沢由典，1990：65–77］が参考になる。

文献

安彦　忠彦　1987　『自己評価――「自己教育論」を超えて――』図書文化.

有田　和正　1989　『有田和正著作集』第16巻，明治図書.

Collingwood, R.G.　1939　*An Autobiography,* Oxford U.P.（R.G.コリングウッド，玉井治訳『思索への旅――自伝――』未来社.）

――――　1946　*The Idea of History,* (ed.) Knox,T.M., Clarendon Press.

de Charms, R.　1976　*Enhancing Motivation: Change in the Classroom.*（R.ド・シャーム，佐伯胖訳『やる気を育てる教室――内発的動機づけ理論の実践――』金子書房，1980年.）

Dewey, J.　1933　*How We Think,* D.C.Heath and Company.

――――　1951　*Logic: The Theory of Inquiry,* Henry Holt and Co.（J.デューイ，魚津郁夫抄訳「論理学――探究の論理――」『世界の名著48 パース・ジェイムス・デューイ』中央公論社，1968年，391–546頁.）

Gadamer, H-G.　1976　*Wahrheit und Methode,* Tübingen.

Gardner, H.　1985　*The Mind's New Science: A History of the Cognitive Revolution,* Basic Books Inc.（H.ガードナー，佐伯胖・海保博之訳『認知革命――知の科学の誕生と展開――』産業図書，1987年.）

Gelwick, R.　1977　*The Way of Discovery: An Introduction to the Thought of Michael Polanyi,* Oxford Univ. Pr.（R.ゲルヴィック，長尾史郎訳『マイケル・ポラニーの世界』多賀出版，1982年.）

Hayek, F. A.　1960　*The Constitution of Liberty,* Routledge.（F.A.ハイエク，気賀健三，古賀勝次郎訳『自由論Ⅰ～Ⅲ』春秋社，1986–87年.）

片上　宗二　1985a　「『中間項の理論』による授業の改善――思考の往復運動と知識の成長を――」社会認識教育学会（伊東亮三・編集代表）『社会科教育の21世紀』明治図書，135–144頁.

――――　1985b『社会科授業の改革と展望――「中間項の理論」を提唱する――』明治図書.

――――　1995　『オープンエンド化による社会科授業の創造』授業のオープンエンド化①，明治図書.

片岡　徳雄　1990　『子どもの感性を育む』日本放送出版協会.

小西　正雄　1997　『消える授業 残る授業――学校神話の崩壊のなかで――』明治図書.

Lewis, D.　1986　*On the Plurality of Worlds,* Blackwell.

間宮　陽介　1986　『モラルサイエンスとしての経済学』ミネルヴァ書房.

水越　敏行　1971　『発見学習』明治図書.

無藤　隆　1980　「自学者を育てる教育」波多野誼余夫編『自己学習能力を育てる――学校の新しい役割――』東京大学出版会，182–206頁.

森分　孝治　1978　『社会科授業構成の理論と方法』明治図書.

―――――　1984　『現代社会科授業理論』明治図書.
長岡　文雄　1972　『考えあう授業』わかる授業9，黎明書房.
西谷　　敬　1990　『社会科学における探究と認識』未來社.
新田　義弘　1968　『現象学とは何か』紀伊國屋書店.
―――――　1978　『現象学』岩波書店.
Plato　1977　「メノン」藤沢令夫訳『プラトン全集 第9巻』岩波書店.
Polanyi, M.　1958　*Personal Knowledge,* The University of Chicago Press.（M.ポラニー，長尾史郎訳『個人的知識――脱批判哲学をめざして――』ハーベスト社，1985年.）
――――　1966　*Tacit Dimension,* Routledge & Kegan Paul Ltd.（M.ポラニー，佐藤敬三訳『暗黙知の次元――言語から非言語へ――』紀伊国屋書店，1980年.）
――――　1980　*The Logic of Liberty: Reflections and Rejoinders,* Chicago University Press.（M.ポラニー，長尾史郎訳『自由の論理』ハーベスト社，1988年.）
佐伯　　胖　1978　『イメージ化による知識と学習』東洋館出版社.
―――――　1983　『「わかる」ということの意味――学ぶ意欲の発見――』岩波書店.
佐々木俊介　1974　『探究のモデルと授業』明治図書.
社会科の初志をつらぬく会　1970　『問題解決学習の展開――社会科20年の歩み――』明治図書.
―――――　1987　『問題解決学習の社会科授業――初志の会30年の理論と実践――』明治図書.
塩沢　由典　1990　『市場の秩序学――反均衡から複雑系へ――』筑摩書房.
谷川　彰英　1979　『社会科理論の批判と創造』明治図書.
土屋　　俊　1986　『心の科学は可能か』認知科学選書7，東京大学出版会.
植松　秀雄　1990　「法思考の特徴」大橋・三島・田中編『法哲学綱要』青林書院，202−223頁.
宇佐美　寛　1973　『思考指導の論理――教育方法における言語主義の批判――』明治図書.

Ⅳ．「文学教育」変革への視座としての「虚構としての文学」

——新しい解釈学とマニエリスム文学論に学ぶ——

1．「虚構としての文学」と文学言語の自律

俳諧文学研究で著名な尾形仂は，文学作品の本質を，日常の秩序の束縛を離れた詩の言葉をもって（現実とは）異次元の詩的幻想の形において表現したものであると捉えた上で，具体的な文学作品を取り上げながら，現在の国語教育の問題点について次のような重大な提言を行っている。「芥川龍之介の『トロッコ』の場合だって，今やブルドーザーによる大規模な機械土木の行なわれている現状の中で，トロッコの実態を知っている生徒，ましてトロッコに乗って遊んだ経験のある生徒は，いなかにもいない。そうした意味では，現在の教科書には，生徒にとって実態のわからないことば，実感の伴わないことばばかりが氾濫していて，適切といえる教材はほとんどないといってもいい，教科書編集者や教授者はそうした点にもっと留意すべきである，といった極端な意見さえ出た。……だが，ここにも，文学の世界のことばと，現実の世界のことばとの悲しむべき混同がある。作品の中に出てくるトロッコが，自分が実態を知っているトロッコと同じものだと思うのは，教授者のひとり合点だといわなければならない。作品の中のトロッコは，あくまで作者にとって一回限りの出逢いの中で見出され幻想の世界の中に置きかえられたトロッコにほかならないのだ。」［尾形仂，1997：358］，と。

尾形がいみじくも述べるように，現在の国語教育は，文学作品の世界とその作品を生み出した現実（事実）の世界とがまったく次元を異にす

るものであるということを忘却してしまっている。つまり，現行の教科書に登場するトロッコ[1]は，教師や生徒（子ども）が経験的に知っているあるいは辞典などを通して知ることのできる実物のトロッコと同一のものでなければならないのである。この場合，文学作品の言葉は，日常的現実のありふれた世界に還元・回収されるものでしかない。

そうした意味では，「生活様式の変化と時代的隔差とによって国語教育が当面している現在の困難な状況は，そうした文学読解の上における基礎的な錯誤を是正するよい機会ともいえる。体験を通して半ば知っているという状況が解体し，事実や実感にもたれてはもうどうにもならないことが自覚されたところから，ほんとうの意味の文学教育・古典教育が始まるのである。」［同上］つまり，いまの子どもたちが現実（実物）のトロッコを体験的に知ることができないということが，皮肉にもかえって文学作品に登場するトロッコを彼らが安直に理解することから遠ざけていると言える。ただ，文学読解が「体験＝実感」主義にもたれかからない（正確には，もたれかかれない）ということは，新たな文学教育を構築していくための必要条件にとどまる。現在の状況は，その必要条件を準備したに過ぎない。むしろ重要なのは，文学作品の独自性の理解に立つ，文学教育の構築（再構築）である。それは十分条件となり得る。ここで，文学作品の独自性とは，作者が現実の世界とのかかわりのなかでその都度生み出された感動を，日常の秩序の束縛から解き放たれた詩の言葉をもって，自らの内なる幻想の世界のなかに置換していく上での優れた技法のことである[2]。従って，こうした立場に立つ文学教育は，外なる現実の世界とのかかわりのなかで生まれた感動を，内なる幻想の世界へと作者が置換した作品を素材（教材）とすることがまず必要不可欠になる。読者である子どもが内界にその子なりの幻想の世界を創出するために，そして他者の内界との交響・交流を開いていくために，文学の言葉（詩の言葉）に対する理解力・鑑賞力を彼らに学習させることが必要になる。

ここで文学作品から創出される，作者および読者の「内なる幻想の世界」を的確に理解するために，『トロッコ』以外にもう一例挙げたい。文学者，原民喜は原爆を受けた瞬間に体験した「花」の幻視を元に，「遠き日の石に刻み／砂におち／崩れ墜つ　天地のまなか／一輪の花の幻」という詩作を行った。この詩は，日本人固有の感性を喚起させながら，あらゆるものが一瞬にして死の灰と化し，地球の終末の風景を漂わせるなかで生きていることを刻印するところの「花」がただひとつだけ存在し，そうした無力な存在が巨大な原子エネルギーに屹立するということを実《リア》在感《リティー》をもって描いたものである。原自身は不条理な受苦を被ることを通じて科学技術のデーモニッシュな力をもってしても，侵犯することの不可能な生のしるしを「一輪の花」のなかに幻視したのである。その「幻の花」は，原にとって恐らく，絶望《ニヒリズム》の淵で新たな生の甦りを予感させる唯一の存在であったと思われる。従って，この詩のなかで描かれた「花」が何（何の花）であるのか――例えば，サクラなのか，ユリなのか，それともスミレなのか等々――を詮索し，特定化（実体化）していくことはまったく無意味なことだと考えられる。ここでは，それが何の花であるのかは，副次的な事柄に過ぎない。重要なのは，作者自身の眼前にリアリティーをもって立ち現れた幻の花そのものなのである。この幻の花は，前述したトロッコ以上に，現実とのつながりとは関係のないところで――正確には，現実／非現実を超えて――主題化されるものなのである。

以上，国語教育（文学教育）に対する尾形の提言に沿って，従来より学校で実践されてきた文学教育の問題点とそれを変革する視座をみてきた。つまり，その視座とは，作者が現実の世界とのかかわりのなかでその都度生み出された感動を自らの内なる幻想の世界のなかへと置換した作品――日常の秩序の束縛から解き放たれた文学（詩）の言葉――に読者である子どもたち一人ひとりが触れ，内界にその子なりの幻想の世界を創出し得るように，そして他者の内界との交響・交流を行えるように，文学の言葉（詩の言葉）に対する理解力・鑑賞力を彼らに学習させるということである。具体的には，それは，例えば，『トロッコ』という文学作品に登場する《トロッコ》が，現実（実物）の〈トロッコ〉である必要はまったくないということを意味する。むしろ，この，《トロッコ》≠〈トロッコ〉を十分活用することで，従来とはまったく異なる新たな文学教育を構築していくことが可能なのである。というのも，この場合の《トロッコ》とは，作者および読者の内なる幻想の何ものかだからである。もっと言えば，この場合の《トロッコ》は，乗り物というミニマムな知識さえ共有しあえれば，アニメや映画などのサブカルチャーのなかでどのようにデフォルメされようと一向に構わないのである（後述するように，例えば，映画“アンツ”のなかに登場する主人公のアリは，実物の蟻とは異なり，直立歩行したりしゃべったりしても，何ら問題はないと言える)。《トロッコ》,《一輪の花》,《アリ》は，著者および読者の内的な幻想（虚構）の世界を表す，自律した文学言語なのである（幻想もしくは虚構としての文学言語)。このように，新たな文学教育は，自律した文学言語をもって実践されなければならないのである。

それでは,「虚構としての文学言語」という視座をもって実践されるべき新たな文学教育は，どのような授業実践として具体化し得るのであろうか。次に，その具体的なあり方について述べていくことにしたい。

2． 文学教育における解釈と分析

例えば，現行の国語教科書（小学校）に掲載されている有名な文学作品として次のものがある（ここでは，短い上に論点が明確化しやすい詩の教材を選択した)。

一般に，教師がこうした作品を文学教育の教材とする場合，まず行うことは,“作品の主題とは何か”を中心に教材を読解し理解することである。作品の主題を理解するためには，そこに登場する主人公の性格やその行動に焦点化することになる。ただ，あらかじめ述べると，こうした教材研究，さらには授業実践を行うにあたって，教師は２つの異なる文

蟻

工藤直子

ある日　蟻は
空をみて　びっくりする
ほう！　向日葵！

蟻は仕事をやめて
向日葵をみにいくことにする
　　風がふいているよ
　　太陽よりも高く向日葵がゆれるよ
蟻は　きょうは仕事をやめて
向日葵をみにいく

ひらいたばかりの
向日葵のなかで
蟻は一日中ひかって　坐っている

詩『蟻』という教材

学理解の方法のいずれかを選択することになる。文学理解の方法は，より広く人間科学における理解の方法に通底する。

ところで，人間科学の方法からみると，「理解」とは，人間がある現象を経験することによってその主体にとっての意味を明らかにすることである。その方法には，「解釈」（または「了解」）と「分析」の2つがある［丸山高司，1985］。それらはまた，文学理解の方法にも対応しており，実際，文学教育の分野でも活用されている［鶴田清司，1988］。ここでは，文学教育における解釈の立場を「解釈的アプローチ」，分析の立場を「分析的アプローチ」と各々呼ぶことにしたい。

両者について簡潔に述べると，「解釈的アプローチ」は，解釈学（Hermeneutik）の系譜に位置づけられるものであり，授業実践のタイプとしてはいわゆる“授業の名人”と呼ばれる授業者（教師）と視座を共有するものである。それに対して，「分析的アプローチ」(3) は，ニュー・クリティシズム（New Criticism）や分析批評の系譜に位置づけられるものであり，教育技術法則化運動の分析批評による授業理論に立つ授業者と視座を共有するものである。

確かに，文学理解の方法としては解釈的アプローチと分析的アプローチの２つがあるが，実際には文学の授業実践を行うすべての授業者（教師）にとってより基本的なのは，解釈的アプローチの方である。たとえ，意識的に分析的アプローチをもって授業実践を行う教師であっても，解釈の基礎となる「前理解」を作品に投入せざるを得ず，無意識的に解釈的アプローチをとってしまうことになる。ここで「前理解」とは，読者が自らの生活経験を通して培ってきた，意識的かつ無意識的なセンス，感情，知識，価値観などのことである。従って，「前理解」は子どもや教師（大人）に関係なく，すべての読者があらかじめもっているものなのである。「前理解」は解釈的アプローチのキーワードとして位置づけられるにもかかわらず，正確にはその概念は，両者のアプローチに共通する，ミニマムな文学理解の枠組み——誰もが自然に身につけているために，意識化することが困難な，みえないフレーム（先入見）——と考えられる。

見方を換えると，読者は（教師も子どもたちも），その「前理解」によって教材（作品）の読みをかなり制限されてしまうのである。ここではそうした制限もしくは限定づけ（方向づけ）のことを心理療法家，U.ジェンドリンの概念を借用して「フォーカシング（focusing）」または「オリエンテーション（orientation）」［鹿内信善，1989］と規定しておきたい。

すべての読者（教師や子どもたち）にとって共通の枠組みとなる，文学教育における「解釈」についてあらためて定義すると，それは，読者が文学作品の内側に「前理解」を通して自己を投入させることによって，作品が語りかけてくることを理解し，感動を深めていくことである。そのため，「前理解」を基礎とする，文学作品の「解釈」は，読者一人ひとりによって多様でなおかつ一回的なものとならざるを得ない。

前に，文学教育の方法は，人間科学の方法に通底すると述べたが，「前理解」を介した「解釈」を理論的に基礎づける人間科学の方法として，M. ハイデッガー［Heidegger，1976］に始まり，H-G.ガダマー［Gadamer，1972／1976］，O.F. ボルノー［Bollnow，1949／1975］，F.キュンメル［Kummel，1965＝1985］，P. リクール［Ricœur，1969＝1975］に至る「解釈学(Hermeneutik)」が挙げられる［麻生建，1985］。それは聖書解釈学に端を発し，Fr.D.E.シュライエルマッシャー，W.デイルタィ［Dilthey，1957］に至る，心理主義的な「ロマン主義的解釈学（伝統的な解釈学)」を克服した「新しい解釈学」である。伝統的な解釈学が，読者がそこに表出された作者の精神や意図を忠実に再現するものであり，「理解」・「解釈」が基本的に追体験的，再生産的な過程となるのに対して，「新しい解釈学」は，作品を著者自身から切り離し，自律したものと捉え，作品そのものが自ら繰り広げる世界を生産する（＝創造する）ものとなる。

前述した『蟻』という教材に即して述べると，ある教師はこの教材の主題を「向日葵の美しさに酔う蟻の愉楽，ダンディズム」と捉えた［野口芳宏，1989／1990］。彼は，「おす蟻」対「めす蟻」，「怠け者」対「働き者」，「この蟻」対「普通の蟻」というように，この教材に登場する「蟻」の様々な属性を，発問を通じてあらかじめ限定づけもしくは方向づけを行った。教師が行うこうした限定づけ（focusing＝orientation）は，生活経験などを通して「前理解」として蓄積されていた，蟻についての知識，イメージ，センスを子どもたちに誘発し喚起させることになったのである。つまり，彼らは発問によるこうした限定づけによって，彼らなりの「前理解」をもって教材を解釈し，理解するに至ったわけである。

3. 文学教育における「前理解」とそのタイプ

繰り返すと，「前理解」とは，読者が自らの生活経験を通して培ってきた，意識的かつ無意識的なセンス，感情，知識，価値観などのことであった。それでは，私たちが「前理解」として蓄積している，蟻についてのセンス，感情，知識，価値観とは，一般的にどのようなものであろうか。鶴田によると，「前理解」にはおよそ次の３つが見出される［鶴田清司，1991：68–70］。

１つ目は，「題材（蟻）についての〈先入見〉」としての「前理解a」であり，「これは，作品との〈出会い〉によって喚起される（意識化される）〈前理解〉としては最も直接的で個別的なものである。」［同上：68］

２つ目は，「作品以前の読者自身の基本的な価値観・道徳・行動様式にかかわる」〈先入見〉としての「前理解b」であり，これは「より普遍的で，より潜在的・根源的なレベルのもの」［同上：69］である。読者である教師や子どもたちが作品を読む場合，例えば「学校や家庭などにおいて形成されてきた価値規範が〈前理解〉となって，『蟻』の〈解釈〉に強く影響」［同上：68f.］すると考えられる。

３つ目は，「前理解b」と同じく，作品以前に読者（子ども）自身が親や教師たちによって期待・要求されることで内面化している〈先入見〉としての「前理解c」［同上：69］であり，これは前二者と比べて「より普遍的で，より潜在的・根源的なレベルのもので作品以前の読者自身の基本的な価値観・道徳・行動様式にかかわる」〈先入見〉である。特に，読者である子どもたちが作品を読む場合，親や教師たちを介して今の社会が彼らに期待・要求してくる，「勉強すること」「働くこと」という美徳や価値観が前理解となって，「蟻」の解釈にのっぴきならない影響をもたらすと考えられる。

ただ，授業実践の観点からみた場合，「前理解」は，２つに分類することが適切であると思われる。つまり，その観点からすると，「前理解」の分類基準は，読者（特に，子どもたち）が作品との出会いによって初めて喚起される（意識化される）ものなのか，それとも，読者が作品以前に自らもっている基本的な価値観・道徳・行動様式であるのかに求められる。その意味からすると，ここで「前理解」の分類は，「前理解a」対

「前理解b」と「前理解c」の２つに帰結する。また，「前理解b」と「前理解c」を比べた場合，授業実践の観点からみて，読者により影響を及ぼすのは，「前理解c」の方であろう。「前理解c」が社会性や時代性に由来する普遍的な価値規範であるのに対して，「前理解b」はそれを具体化したものに過ぎない。むしろ「前理解b」の出自は，「前理解c」にあると考えた方が妥当である。以上のことから，ここでは「前理解a」を「前理解α」，「前理解c」を基準にした上で，そのなかに「前理解b」を統合したものを「前理解β」と呼ぶことにしたい。次に，「前理解α」と「前理解β」についてあらためて詳述していきたい。

まず一般的に考えられる「前理解β」とは，子どもも含めて私たちが家庭や学校を通して形成されてきた価値規範，すなわち何事も一生懸命行う（勉強する，スポーツする，働く）ことが大切だということである。子どもたちは，こうした価値規範を「前理解」とする場合，普段，「働き者」であるはずの蟻が仕事を休むということに対して，彼らはこの蟻は「怠け者」であるといった否定的な「解釈」を行うことになる。言い換えると，彼らは，この蟻の性格を解釈することによって，彼らが非主題的，無意識的に形成してきた，漠然とした価値観を明確化したと考えられる。ただ，この類の「前理解」は，彼ら（読み手）がこの作品と出会う以前にすでにもっていた価値規範であり，従って彼らはその価値規範を作品のなかにそのまま投影したに過ぎないことになる。

いま，「働き者」であるはずの蟻が仕事を休むということに対して，子どもたちが否定的な解釈を行ったと述べたが，そのことを突き詰めて考えると，その理由は，幼児でも知っている「アリとキリギリス」の寓話にあるように，「蟻」とは，“働くことが社会的美徳である”ということを表す象徴的存在だからである。この場合の「前理解」とは，「働くことは最大の美徳である」とされる生産主義社会の価値規範（というよりも，イデオロギー）そのものである。つまり，生産効率を優先する社会では，働くことは善であり，休む（さぼる）ことは悪もしくは良くないことである。子どもも含め，私たちはどんなに否定しようとも，社会性や時代性においてこうした「前理解 β 」を潜在的，普遍的な価値規範として少なからずもっているのであり，そのことを否定することはできないのである。

一方，「前理解 α 」は，「前理解 β 」とまったく性質を異にする，否むしろそれと対立する。前述したように，それは，『トロッコ』のなかに登場する，文学言語（虚構）としての《トロッコ》（≠実物の〈トロッコ〉）がそうであるように，一回限りの出会いの中で見出される幻想（虚構）の世界としての「前理解」である。それは，読者が教材（作品）との出会いによって初めて喚起され得る「前理解」である。言い換えると，そうした出会いなしには，この「前理解」は喚起されることもないのである。しかも，その出会いが読者（子ども）一人ひとりによって多種多様なものとなるため，その「前理解」は直接的，個別的なもの，すなわち差異的なものとなる。

以上，２つのタイプの「前理解」について述べたが，従来，学校の文学教育のなかで無視されてきたのは，言うまでもなく，「直接的，個別的前理解」と特徴づけられる「前理解 α 」の方である。正確に言うと，「前理解 α 」は単に無視されてきたのではなくて，それは「前理解 β 」によって喚起することを阻害されてきたと考えられる。ごく一般の授業では，教師が「前理解 β 」を通して読解した作品の主題を子どもたちに読みとらせることに囚われ過ぎるあまり，彼らが作品と「出会い」，「対話」することを十分に保障せず，逆に，彼らに一方的かつ性急に作品の意味（主題）を理解させてきたのではなかろうか。そのため，教師の繰り出す発問はすべて，作品と子どもとの多様な「出会い」と「対話」を著しく制限することになってしまう。繰り返すと，作品に登場する主人公（「蟻」）の性別，性格，属性を確定しようとする発問は，多様な出会いを閉ざすものでしかない。こうしたタイプの授業実践の問題点は，教師が子どもたちが内界にその子なりの幻想の世界を創出するための詩の言葉を，彼らに切り結ばせることができなかったことにあると考えられる。

4．「持参された前理解」と「先取り的前理解」

さらにボルノーの弟子，キュンメルは，ボルノーの解釈学を進展させていくなかで「前理解」をさらに次の２つに分類している。すなわちその２つの前理解とは，「持参された前理解（mitgebrachte Vorverständnis）」と「先取り的前理解（antizipierendes Vorverständnis）」である［Kümmel, 1965＝1985］。

さて，何かを経験したり反省したりするとき，そこには私たちの主観的な意図や主題化的意識を超えた理解が潜入し，事象理解を先導する。それが解釈学のいう「前理解（先行理解）」の基本的な考え方である。キュンメルは，制度的常数として事象理解に持ち込まれてしまうこうした先行理解のことを，「持参された前理解」と呼ぶ。「持参された前理解」は，生活遂行上重要な役割を果たす反面，それに現実経験が一方的に規制されることによって閉塞されてしまうことになる。

しかし，「前理解」は，「持参された前理解」だけに尽きるものではない。どのような現実経験のなかにも，現実からの触発に全面的に依存する「前理解」が，程度の差こそあれ，ともに含まれている。このように，事象との出会いそのものにおいて初めて形成される「前理解」のことを，キュンメルは「先取り的前理解」もしくは「予覚的前理解」と呼ぶ。

「持参された前理解」が，出会われてくる現実から既定の知識だけをくみとる再認的解釈作用であるのに対して，「先取り的前理解」は，「持参された前理解」からはみ出す現実の非類型的，未知的次元に開かれた，発見的解釈機能である。「先取り的前理解」によって現実経験は，既在の言語的文脈にありながらも同時に，そこには尽きない唯一，一回的で豊かな意味を合わせもち，私たちも自ずから現実生起（Ereignis）の生きられる相貌に接触し続けることができるのである。既知的相貌（言語的意味の浸透）の周暈には必然的に未知的相貌（既在の言語的意味に通約不可能な余剰）が存在するのである。

ただ，「先取り的前理解」が捉えているのは，経験の単なる未知的余剰や語り残された残部ではなく，事柄の生き生きとした胚種を先行的に把捉することである。つまりそれは，いわば剥き出しのまま現実に棹差し，それを丸ごと差し押えているような，経験の直接性，すなわち私たちが現実生起によって直接触れられているところである。

こうして，「先取り的前理解」は，日常の生活においては非主題的，隠匿的に作動するだけにとどまる。たとえ「先取り的前理解」の内実を私たちが主題化し，その表現し難い相貌を捉えようとしても，その主題化の媒体が言語である以上，「持参された前理解」が準備する既在の意味の枠組みでしかないのである。ともあれ，型通りの言語的弁別性を一掃し，いつもすでに生きられておりながら，非主題化的なままにとどまる経験の「先取り的前理解」を感取することがキュンメルの提起する「新しい解釈学」にほかならない。

文学教育の文脈に戻すと，「持参された前理解」が非主題的，無意識的で不明確な性格をもつ既在の言語的意味であるのに対して，「先取り的前理解」は，こうした「前理解」を意識化させ，さらにその閉域を打破し，変化させていくような現実生起《エルアイクニス》との「出会い」――予測不可能な，未来性や異他性――を可能ならしめるものである。つまり，それは，開示すべき現実生起（作品）そのものに即して初めて得られるような「前理解」である。

従って，「先取り的前理解」が「持参された前理解」に向けて働きかけるとき，読者と作品との間に真の「出会い」が開かれてくるのである。まさにそのとき，読者にとって予測のつかない，新たな視界が開示され得るのである。こうして，「持参された前理解」に基づく「解釈」は，教材の文章そのものに即して得られる「先取り的前理解」によって，読者はまったく新たな地平が開かれてくるのである。

ところが，「持参された前理解」の閉鎖性が打破されずに，固定化してしまう場合も少なくない。従来の文学教育では，こうした認識すらなかったと言える。この場合，新しい理解は，常に持参された理解全体の地平にあり続け，それを変革する可能性はないと考えられる。

5．文学教育におけるマニエリスムの技法――教材化の技法――

ところで，従来の文学教育において最大の問題は，読者（特に，子ども）が作品（そこに登場する「蟻」）に，「潜勢的，一般的前理解」である「前理解 β」を投入させることによって一義的，固定的に「解釈」してしまうことである。こうした解釈とは，私たちが日常漠然と抱いている常識的な価値観，すなわち「働くこと（勉強すること）は良くて，休むこと（遊ぶこと）は良くない」という一般的理解を，その作品のなかに対自的な仕方で再確認することに過ぎない。

言い換えると，前述したように，子どもも含めて私たちが作品そのもの（何よりも，「固有名＝単独者」としてのこの蟻）に出会うためには，そうした「潜勢的，一般的前理解」を持ち込まず，あるいはそれを保留して，「前理解 α」，すなわち「直接的，個別的前理解」を作品のなかに投入させていくことが不可欠となる。文学教育における現実と虚構（幻想）の混同を避ける，もっと言えば，前者に対する後者の優位を唱える立場からすると，読者が個々の作品と出会うことによって初めて喚起され得る「前理解 α」を「分節化」し，「仕上げること」――すなわち，「解釈すること」――こそ，最も重要なのである。

それでは，教師からみて，子どもたちに「潜勢的，一般的前理解」を喚起させることなく，それでいて「直接的，個別的前理解」を喚起させ得る，といった文学教育実践は，果たして可能なのであろうか。そのことについて，次に，マニエリスム芸術論の立場から考えることにしたい。

さて，マニエリスムとは何かについてその要点だけを述べると，それは「『感情の饒舌』を，徹底した言葉の形式への関心でもって抑制する」［高山宏，1992：162］精神の範型であると言える。そして，そうした抑制することのできる特別な才能をもった言葉（記号）の技術者は，「マニエリスト」と呼ばれる（それは文学者のみならず，美術家や音楽家など芸術のあらゆるジャンルの人たちが含まれる）。ここでは，創造的な作品を制作し続けている文学分野のマニエリストの代表として，長野まゆみおよびその文学作品を取り上げることにする。次に，『少年アリス』の冒頭の部分［長野まゆみ，1992：7–8］を示すことにしたい（資料参照）。

睡蓮の開《ひら》く音がする月夜だった。アリスは部屋の燈《あかり》を消して月光の射す，織り模様のついた敷布の上に創り上げたばかりの石膏の卵を置いて眺めていた。磨き上げた表面は光を浴びて鍾乳石《しょうにゅうせき》のように瑞々《みずみず》しく光っている。
その時，楊柳《ようりゅう》の窓掛を吊るした硝子扉の外で耳丸《みみまる》の吠える聲《こえ》がした。耳丸の姿は聞き違えた事がない。友人の蜜蜂《みつばち》が飼っている犬だ。
「アリス，ちょっと出て来てくれないか。」
蜜蜂の声だ。アリスは部屋の外にある露《ろ》台《だい》から乗り出したが蜜蜂の姿は見えなかった。古い石造りの露台の柱には凌霄花《のうぜんかずら》の蔓《つる》が絡みついている。昼間の咲き残りの花は水盤のごとく零《こぼ》れ落ちる月明かりを集めていた。蜜蜂は多分この木の下にいるのだろう。耳丸が草を噛む音がする。
「何だい。もう八時過ぎだよ。」
アリスは見当を付けて露台の下に向かって声を掛けた。
「うん。」蜜蜂は口ごもる。
「どうしたんだ。」
「これから学校へ行くところなんだ。」
蜜蜂の返答はアリスを混乱させた。

『少年アリス』の冒頭（長野まゆみ作）

この作品を一瞥するとわかるように，日常ほとんど目にすることのない難解な漢字が多く文中に散りばめられている。そこにはルビが付けられることで初めて読むことのできる漢字も少なくない。長野は，日常見慣れない漢字を敢えて多用することで，文章表現上のある効果（というよりも，変革）をもたらしていると考えられる。その効果とは，例えば「あかり」を「燈」，「みずみずしく」を「端々しく」，「のうぜんかずら」

を「凌霄花」というように，漢字に記すことで私たちの関心を，言葉のもつ「意味」から言葉の表面（字面）そのものへとずらしていくことにある。つまり，字面や音（意味するもの［signifiant］）という器に，意味（意味されるもの［signifié］）が充填されて初めて一つの単語（例えば「凌霄花」）になるが，この場合，私たちは発音される当のもの（＝意味）ばかりに固執し，「ノ・ウ・ゼ・ン・カ・ズ・ラ」と発音するその字面や音の響きにみられる存在価値や面白さを忘却してきたのである。このとき，私たちは言葉そのものがあたかも透明であるかのように，字面や響きに何ら関心をもたなかったわけである（逆に，字面をじっと眺めていたり，同じ言葉の読みを何度も繰り返したりするとき，意味消失現象が生じる）。

言い換えると，こうした「意味（signifié）」への固執は，「潜勢的，一般的前理解」である「前理解 β 」に引きずられることになり，作品（詩）との出会いを阻み，ありきたりの解釈に終始してしまうことになる。

従って，長野の作品がそうであるように，日常の言葉を敢えて意味（signifié）の欠落した漢字へと意訳した上で――例えば「あかり」を「明かり（灯り）」ではなくて，「燈（ともしび）」へと意訳することで意味の地滑りを起こさせる――，そうした漢字群を自由自在に組み合わせつつ――意味の重圧から言葉を解き放って――，作品そのものを愉しんでみることが必要である。そしてそのとき，言葉は，変わった漢字や響きと結びつけられることによって，日常的な存在から一時的に「異化」されることで見慣れない新鮮なものとみえてくるはずである。ここで「異化」とは，ロシア・フォルマリズムの概念であり，生の感覚を回復し，事物を意識するために日常的に見慣れた事物を奇異なものとして表現すること，すなわち日常とは異なった視点で事物を照射することを指す。これこそ，活字の縦・横並びの線に馴らされた私たち近代的読者の視覚的感受性（視覚主義的感性）を原初の混沌（カオス）へと突き返す，言葉の魔術（マニエリスム）にほかならない。

以上，見慣れない漢字の活用による，言葉のマニエリスム効果について述べてきたが，それはまた，私たちが『蟻』という教材にも適用することができると思われる。しかもその適用は，教材研究（教材解釈）の段階で行われるべきである。ここで教材研究というのは，教師が文学作品の解釈（または分析）を通じてその作品に何らかの加工を行うことを指している。その試みを表したのが，次のテクストである。

蟻

工藤直子

或《あ》る日　蟻は
空をみて　吃驚《びっくり》する
ほう！　向日葵《ひまわり》！

蟻は仕事を止《や》めて
向日葵《ひまわり》をみにいくことにする
　風がふいているよ
　太陽よりも高く向日葵《ひまわり》がゆれるよ
蟻は　きょうは仕事を止《や》めて
向日葵《ひまわり》をみにいく

咲《ひら》いたばかりの
向日葵のなかで
蟻は一日中輝《ひか》って　坐《すわ》っている

マニエリスムの技法による教材の加工

このテクストにあるように，長野の作品と同様に，作品中の日常の言葉がほとんど機械的に漢字へと置き換えられている。ただ，この作品には教材化（作品の加工）以前から，「蟻」とか「向日葵」というような難しい漢字が使われていた。マニエリスムの技法を用いたこの試みでは，その傾向をより強調することで――「漢字の過剰化＝徹底した言葉の形式化＝感情の抑制化」によって――，前述したマニエリスム効果を高めようとしている。また，ここでは，「びっくり」に「吃驚」を，「さいた」に「咲いた」を，「ひかって」に「輝って」を，というように，意訳となる漢字を当てている。こうした，作品に対する過度の加工は，子どもたちに日常（現実）とは異なる，ある種の異様なセンスやイメージや取っつきにくさを与えることで，彼らはそれに「一般的，常識的な前理解」を投入させることを阻止するであろうと思われる。そのことが即，この作品との豊かな出会いを可能にするという保障はないとはいえ，「蟻」が主人公であることからどうしてもありきたりの「前理解」を投入（投影）させてしまいがちな作品に対しては，とりあえず，作品解釈の多様性を開く，マニエリスムの技法が有効ではないかと考えられる。繰り返すと，子どもも含め，私たち読者（何よりも，教師）にとって重要なことは，教材（テクスト）のなかの「この蟻」に「出会う」ことであり，それが本当の意味で文学作品を愉しむことなのである(3)。

以上述べてきたように，教師や子どもたちも含めて読者は，自らがすでにもっている「前理解」と無関係に文学作品（文学教材）とかかわることができないことから，多かれ少なかれ，解釈的アプローチをとることになる。従って，文学教育実践に関する検討は，教師が解釈的アプローチ，分析的アプローチのいずれの方法をとるのかのいかんにかかわらず，教材解釈・分析の段階で読者として文学教材とかかわる際に，どのような「前理解」をもち込むのかという一点に収斂するのである。この段階において，大半の教師がもち込むのが，社会的通念・常識レベルの「前理解β」である。ここでは『蟻』という教材を題材としたが，この場合で言うと，その前理解とは，「蟻は働き者・勤勉である」とか，「蟻のように一生懸命働かなければいけない（勉強しないといけない）」とか，さらには『蟻とキリギリス』という寓話をもち込んで，蟻を「真面目」の象徴だと捉えるものとなる。しかし，こうした前理解（＝先入見）は，読者（子ども）が『蟻』のなかに登場する，主人公としての「この蟻」

と出会うことによって初めて喚起し得る，一回的，生成的な前理解に基づく読み，例えば「向日葵大好きな蟻」という解釈を妨げる恐れがある。

従来，学校の「文学教育」(「学校知」) は，文学作品をそれ自体，ひとつの自律したものとは見なさず，必ずそれを現実と対応づけるという方法によって子どもたちに体験的に理解させてきた。『トロッコ』の場合で言うと，子どもたちが作品に登場する《トロッコ》を現実の〈トロッコ〉と一義的に対応づけることができるようにと，その属性を教師は絵や写真で詳しく説明してきた。こうした，教師の教育的配慮（教材研究）はかえって，前述した社会的通念・常識レベルの前理解を子どもたちに抱かせることにつながり，子ども一人ひとりがその子なりの前理解をもって文学作品を味わう瞬間を奪ってきたのである。

こうした学校の「文学教育」のあり方を変革するべく，ここでは子どもたちが通俗的な「前理解β」を自ずと文学作品のなかに持ち込むことを抑制するものとして，マニエリスムの技法を挙げた。その技法とは，文学「作品＝言語」の自律性を高める――すなわち，現実との対応を最小限にするもしくは断つ――ために，作品そのものに過剰な装飾・加工を施すものである。そうした装飾・加工の有り様は，私たちのセンス，特に視覚を激しくゆさぶり，異化させるものとなる。こうして，学校の「文学教育」の変革にあたっては，マニエリスムの技法に基づく教材解釈・分析（正確には，教材化の方法）の有効性が示されたと言える。

註釈

(1) 周知のように，『トロッコ』は芥川龍之介の作品である。それは，鉄道工事でトロッコ押しの手伝いをする少年が，思いの外遠くまで来てしまい，夕暮れに見知らぬ道を一人で引き返すときの不安と恐怖を描いた名作である。多くの名作が教科書から消えつつある現在でも，この作品は中学校の国語教科書に掲載されている。太宰治の『走れメロス』などとともに，主人公の，刻々と変化する微妙な心理描写がなされた作品であるがゆえに，中学生にとっては自らを主人公に重ね合わせやすく，親しみやすいということが現在まで教科書に残ってきた要因ではないかと考えられる。

(2) ただ，自律した《文学言語》をもって新たな文学教育を構築するのではなく，敢えて子どもたちの発達状況や生活状況に合わせて「文学教育以前の文学教育」，すなわち現実認識としての文学教育を構築するという道を選択することも可能であるし，ときには必要ですらあると考えられる。その典型として，農業高校教師，関直彦が試みた文学教育実践が挙げられる［関直彦，1975］。関の文学教育実践については，すでに別の著書で分析したので［中井，1989：265−269］，ここでは要点だけを述べたい。つまるところ，関は自らの文学教育の目的を子ども（生徒）たちを文学享受主体へと向かわせるのではなく，彼らの自己意識の確立（自立）に置いている。彼らにとって自己意識の確立は，外なる現実との格闘・対峙のなかで生まれた作者自身の感動や感情（思い）に彼らを直面させることで，「生活語」によって支えられる自己の日常意識を対自化し，相対化し得る「知の言語」（「構造的言語」）を彼らが獲得することによって可能になる。自己の生き方に対する問いをも含めた，こうした，自己変革としての文学教育論は，関直彦以外にも，例えば日本文学協会国語教育部会（その学会誌，『日本文学』）によって展開されている（その代表は，［下橋邦彦，1993／1996／1998］や［須貝千里，1989／1996］である）。

さらに，こうした文学教育実践は，P.フレイレの「意識化」のカリキュラムと「対話」の教育方法［Freire，1970＝1979／1967−68＝1982／1970＝1984／1987］やA.ボアールの「社会教育の方法としての民衆演劇」［Boal，1975＝1984］と同じ認識論的レベルにある。

フレイレの教育理論を言語哲学的次元からみると，「意識化」の方法では，まず，客観的事実のコード化，すなわち対象化が行われ，次に，諸事実が，理論的脈絡のなかに組み込まれ，深みにおいて分析される。さらに続いて，解読の過程となる。この過程で意識は具体的現実に回帰する。具体的現実を対象とする新しい形態の実践（practise）は，たとえそれが，私たちの表層や体験に直接的に与えられるものであるにしても，その構造の認識にあっては，常にある迂回が必要である。具体的なものは抽象的なものの媒介によって，そして表象は概念の媒介によって初めて，「具体的総体性」［Kosík，1967＝1977：38ff.］において把握可能なものとなる。直接的な現実，すなわち「にせの具体性」［ibid.：9ff.］への習慣的な没入は，学習者を日常的，功利的な実践の水準に押しとどめるが，これに対して，事態そのものの構造的な把握は，直接的・日常的な世界のみかけの自明性を止揚しながら，そのことを通して学習者の志向的意識それ自体を絶えず能動化するのである。フレイレにおいて識字とは，本質的に認識過程であり，それは学習者の実存状況の絶えざる問題化を，学習者と世界との関係変革を含意しているのである。

以上述べた，学習者の「意識化」過程は，図12［A］［B］のように，コード化（encode）と解読化（decode）の2つの段階から成る。

図12に沿って，まず具体的現実が理論的コンテクストへと転位され，構造化されるコード化過程から論述することにしたい。この過程は，前述したように，調整者としての教師が学習者の現実状況に身を置いて，「地域社会の現実の研

究」→「生成テーマの選択」→「生成テーマの構造化」→「生成語の抽出」→「コード表示化または問題提起化」といった一連の教材研究を行う場合の「生成語の抽出」が中心となる。「生成語」は，K.マルクスの『資本論』の「下向＝上向」法によって抽出される。すなわち，「生成語」とは，図12［B］に表されるように，コード分析によって，具体的現実（具体的個別）から抽出される「細胞核」に相当する。この「細胞核」は，マルクスでは，資本主義社会の富の原基形態である「商品」となる（「商品」は，典型的複合となる）。「細胞核」としての「生成語」は，フレイレにおいては，「スラム」(fabela)，「土地」(terreno)，「労働」(trabalho) などの「概念」として示され，それらの複合によって，以前とは次元の異なる，抽象化された現実（抽象的普遍），すなわち「テクスト」という理論的コンテクストに転位されることになる。

つまり，日常言語による多様なコンテクストが，科学言語（メタ言語）による明示的なコンテクストという高次元に一旦移し換えられ，それを媒介にして具体的現実の総体的な構造の理解が成されるのである。具体的現実（具体的個別）では透視し得ないことが，抽象化された現実（抽象的普遍）の媒介によって「異化」される。従って，学習者が具体的現実（〈社会〉）をよりよく読みとる（解読する）ためには，あらかじめ，「生活の論理」（日常言語）と「科学の論理」（科学言語）をともに理解し得る“双頭の”調整者による，〈社会〉の読解のためのテクスト研究が必要なのである。

ただ，この理論的コンテクストでは，文芸のテクストにおける「書き手－読み手」の両義的関係は成立し得ない。文学のテクストにおいては，R.ヤコブソンの「６因子－６言語機能モデル」の内，「詩的機能」の十全な発動によって日常世界とは次元を異にする非日常的な虚構の場で，からだとこころが出会う境界において，そして，自己と他者が出会うはざまにおいて開かれる過程からイメージの共有が行われ，どこまでも日常言語の含意化が徹底される。それに対して，科学においては，メッセージはコードに限定され，その点では送り手（調整者）と受け手（学習者）の関係は，そのコードという媒介者に規定されやすい。そこでは，コードによって記号化された概念（体系）の共有が問題になる。

次に，図12に沿いつつ，抽象化された現実が具体的現実へと解読化 (decode) される過程を言語哲学的次元から論究すると，この過程は，前述したように，調整者と学習者の対話関係によって行われる文化的行動となる。重要なのは，調整者が学習者に「問題提起」として行う「コード表示化」である。つまり，解読化の過程で析出された「生成語」が直接，学習者に提示されるのではなくて，間接的なコード表示化という方法で学習者に提示される。こうしたコード表示は，具体的な場と理論的な場とを媒介する機能と調整者（教師）と学習者を媒介する機能をもっている。前者は，「言語の法」(code)，後者は，「社会的な規範・約定」(code) に各々，対応する。後者については前述したので，ここでは前者をとりあげたい。

例えば，文化サークルで使用された教材のひとつとして，「自然的世界ならびに文化的世界のなかに存在し，それらとともに生きる人間」という説明が付

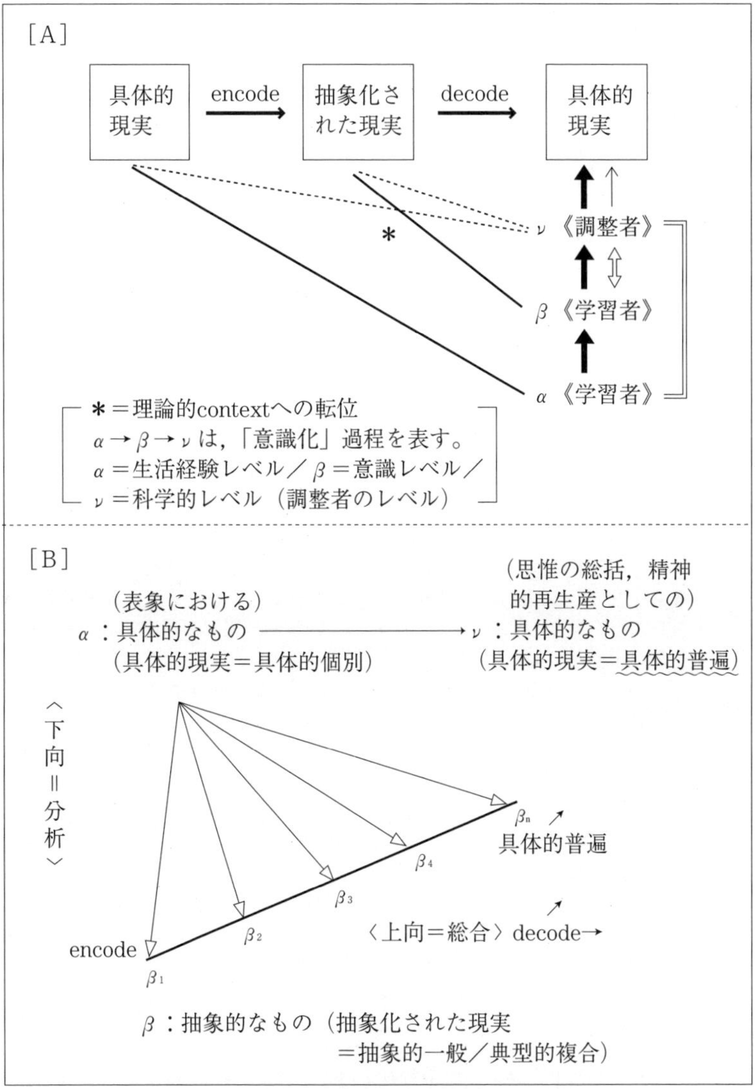

図12　学習者の意識化過程の記号学的構造

された「場面１」というテクスト［Freire，1967−68＝1982：273］がある。調整者はこのテクストを通じて学習者（労働者）に「だれが井戸を掘ったか」，「なぜ，そうしたのか」，「どのようにして掘ったか」，「いつ掘ったのか」などと質問し，このテクスト（絵）から読みとれる事柄を学習者一人ひとりに考えさせていくのである。その過程から，テクストに潜在している関係態を探究し得るようにし，やがて「自然と文化」や「労働」といった社会科学的な問題にまで彼らの問題意識を高めていくのである。こうした方法は，単なる啓蒙主義ではなく，彼らの生活経験を彼ら自身の力で掘り起こすという方向で慎重に進められる。いわゆる，ゆさぶりをかけながら，彼らの問題意識を社会科学的な問題にまで導いていくのである。例えば，このテクストでは，「自然（水）と社会（労働）」の関係およびそこでの関係変革主体としての「人間」の問題が中心的な学習課題として選択されよう（勿論，それ以外の学習課題も想定される）。学習課題に対して思考をめぐらせた上で調整者は，次に学習者に「生成語」を提示する。いわゆる，概念の形成・獲得である。こうした学習過程からもわかるように，コード表示の質が何よりも重要になる。というのも，調整者からみて，教材選択と授業過程のあいだを橋渡しする役割を果たすとともに，学習者からみて，彼ら自身の問題意識と学習過程のあいだを橋渡しする役割を果たすからである（図12［A］参照）。

(3) 文学教育の方法としての「分析」とは，読者が科学的，客観的に確立された公共的，明示的なコードを文学作品に適用することによって，その意味を解読する非歴史的，反復的な「読み」のことである。それはまた，作品の表現を，外挿的な「分析視点」，すなわち一般的，科学的な文学の構成要素に基づいて，客観的に解明していくことである。

こうした「分析」的立場を理論的に基礎づける人間科学の方法（というよりもこの場合は，文学批評学の方法）として，ニュー・クリティシズムに端を発して，小西甚一と井関義一によって体系化された「分析批評」が挙げられる（これを井関型と呼ぶ［井関義久，1984／1986／1990／1995／川崎寿彦，1989］）。ニュー・クリティシズムとは，1930年代から1950年代まで，大学の文学教育の場において支配的であったアメリカの文学批評運動である。それは，歴史的，社会的背景や作者の伝記的事実などから作品を切り離し，作品を自律的で統一性を持った有機的全体として捉え，形式と内容の二分法を退け，作品の持つ形式の分析を通してその文学性にアプローチするものである。ただそれは，1960年代に入ってからは，構造主義や読者反応批評の台頭によって発展的に解消した。従って，ここでは構造主義や読者反応批評も含めて，ニュー・クリティシズムと呼ぶことにしたい。ただ，「分析批評」が文学者から作り出された理論であったことから，それが実際の文学教育の現場で使用される場合，それは主に，「教材分析」の範囲に限定されている。これに対して，その利点を生かしつつ，明確な授業スタイルを確立したものとして，向山洋一を代表とする教育技術法則化運動の「分析批評による授業理論」が挙げられる（これは，向山型と呼ばれる［向山洋一，1988／1989／杉田知之，1988／浜上薫，1990］）。

こうした分析的アプローチは，「解釈」的立場が授業者個人の名人技に終始するのに対して，特定の分析コードをもつので，他者への伝達や「追試」が可能であり，そのことが分析的研究の著しい発展をもたらしている。それについては，前述したように，「分析批評」としての井関型と「分析批評による授業」としての向山型の２つがあるが，現在では，教材分析をはじめとする教材研究には，前者を，授業実践には，後者を，折衷させていくことが趨勢となっている。また，それ以外の「分析」的立場の実践者の代表としては，「読み研方式（大西忠治の文学教育論）」［大西忠治，1990etc.］や文芸教育研究協議会方式（西郷竹彦の文学教育論）［西郷竹彦，1975etc.］などが著名である。

文献

麻生　建　1985　『解釈学』世界書院.

Boal, A.　1975　*Théâtre de L'opprimé.*（A.ボワール，里見実・佐伯隆幸・三橋修訳『被抑圧者の演劇』晶文社，1984年.）

Bollnow, O. F. 1949 *Das Verstehen.Drei Aufsatze zur Theorie der Geisteswissenschaften,* Meinz.（O.F.ボルノー，小笠原道雄，他訳『理解するということ』以文社，1975年.）

――――　1975 *Das Doppelgesicht der Wahrheit,* Stuttgart.（O.F.ボルノー，森田孝，他訳『真理の二重の顔』理想社，1978年.）

Dilthey, W.　1957　*Gesammelte Schriften* V, Sttutgart.

Freire, P.　1970　*Pedagogia do Oprimido.*（P.フレイレ，小沢有作・楠原彰，他訳『被抑圧者の教育学』A.A.LA教育・文化叢書Ⅳ，亜紀書房，1979年.）

――――　1967-68　*Educaçã como Pratica da Liberdade and Extensión o Communicatión.*（P.フレイレ，里見実・楠原彰，他訳『伝達か対話か――関係変革の教育学――』A.A.LA教育・文化叢書Ⅵ・亜紀書房，1982年.）

――――　1970　*Cultural Action for Freedom.*（P.フレイレ，柿沼秀雄・大沢敏郎補論『自由のための文化行動』A.A.LA教育・文化叢書Ⅶ，亜紀書房，1984年.）

――――　1987　*Literacy: Reading the World and the World, South Hadley,* Mass., Bergin & Garvey.

Gadamer, H-G.　1972　*Idee und Sprache（Klein Schriften Bd.3）*, Tübingen.

――――　1976　*Wahrheit und Methode,* Tübingen.

浜上　薫　1990　『「分析批評」の授業づくり１ 理論編』明治図書.

Heidegger, M.　1976　*Sein und Zeit（Gesamtausgabe Bd.2）*, Frankfurt.

井関　義久　1984　『国語教育の記号論』明治図書.

――――　1986　『批評の文法』改訂版，明治図書.

――――　1990　『「分析批評」と表現教育』明治図書.

――――　1995　『「分析批評」の読書技術』明治図書.

川崎　寿彦　1989　『分析批評入門』新版，明治図書.

Kosík, K.　1967　*Die Dialektik des konkrefen:Eine Studie zur Problematik des Menschen und der Welt,* Suhrkamp.（K. コシーク，花崎皋平訳『具体的なものの弁証法』せりか書房，1977年.）
Kümmel, F.　1965　*Verständnis und Vorverständnis,* Essen.（F.キュンメル，松田高志訳『現代解釈学入門——理解と前理解・文化人間学——』玉川大学出版部，1985年.）
丸山　高司　1985　『人間科学の方法論争』勁草書房.
向山　洋一　1988　「分析批評による文学の授業の見直し」西郷竹彦，他編『文学教育基本論文集(4)』明治図書，89−101頁.
————　1989　『「分析批評」で授業を変える』明治図書.
長野まゆみ　1992　『少年アリス』河出書房新社.
中井　孝章　1989　『生活世界の教育理論のために——実践知の探究——』フレーベル館.
野口　芳宏　1989　「『読みの理想』の具体的把握から」『授業づくりネットワーク』15号，16-20頁.
————　1990　「『蟻』の授業」『授業づくりネットワーク』21号（増刊号），7−25 頁.
尾形　仂　1997　『座の文学——連衆心と俳諧の成立——』講談社.
大西　忠治　1990　「国語教育方法・授業定式としての『読み研』方式とは何か」『「読み研」方式による授業入門』国語教育評論（明治図書）10，5−18頁.
Ricœur, P.　1969　*Le conflit des interprétations,* Éditions du Seuil.（P.リクール，久米博，他訳『解釈の革新』白水社，1975年.）
西郷　竹彦　1975　『西郷竹彦文芸教育著作集第17巻（文芸学講座Ⅰ）』明治図書.
関　直彦　1975　『沈黙への照準』鳥書房.
鹿内　信善　1989　『[創造的読み]への手引き——詩の授業理論へ——』勁草書房.
下橋　邦彦　1993　「学校・教育の呪縛からの解放をめざして——〈表現〉の取り組みを通して——」日本文学協会編『日本文学』42，13−22頁.
————　（編）　1996　『高校生は表現する——体験・聞き書きのルポ——』東方出版.
————　1998　『挑発する教育・格闘する若者』勉誠出版.
須貝　千里　1989　『〈対話〉をひらく文学教育——境界認識の成立——』有精堂.
————　1996　「〈ことば〉の植民地化からの解放——文字ことば晩期のひとびとへ，闘争の始まりについての覚書——」あけもどろの会編『ことば 生活 教育』ルック，108−130頁.
杉田　知之　1988　『分析批評の方法論——文学教材の読みを問う——』明治図書.
高山　宏　1992　「マニエリストの出発点」『少年アリス』（前掲書）所収，161

−169 頁.
鶴田　清司　1988　『文学教育における〈解釈〉と〈分析〉』明治図書.
――――――　1991　『国語教材研究の革新』明治図書.

［間奏２］　「電脳文学」教育の可能性

本章では，詩（文学作品）を教材として取り上げたが，その理由は，文学が他のサブ・カルチャーと比べて高尚であり，芸術の名に値するからではない。私見によると，マンガ，アニメ，写真，映画，テレビゲーム等といったサブ・カルチャーもまた，文学と比べて優るとも劣らないメディアである。それどころか，これらサブ・カルチャーでは，映画〈アンツ〉でも例示したように，最初から現実と虚構（幻想）の区別を問題にする必要がなく，かえって虚構および虚構としての文学教育を主題化する上では有益でさえあると考えられる。ただし，文学教育が主題化する虚構と，サブ・カルチャーが主題化する虚構もしくは仮想空間（ヴァーチャル・リアリティー）とは，まったく異質のものであるという可能性がある。しかし，ここではこうした相違よりも，両者が現実（実物）を基準にしないという共通性の方を優先させることにしたい。

それでは次に，一見，文学作品である詩とはほど遠いようにみえる電脳文学のひとつであるテレビゲームを通して，新たな文学教育の可能性の一端を示すことにしたい。テレビゲームを教材とする文学教育は，一部の教師によってすでに実践されているが［町田守弘，1995：78–107］，ここではその授業内容よりも，電子文学がもたらす教育的機能について言及することにしたい。

まず，電子文学としてのテレビゲームについて言及しておきたい。テレビゲームとは，家庭やゲームセンターなどで子どもがモニターのなかに映し出される電子画像を眼と手の連携によって自由にかつ巧みに操作する遊びの総称である。コンピュータゲームに関しては，子どもたちへの弊害が様々な角度から指摘されている。例えばそれは，勉強しなくなる，集中力や落ち着きがなくなる，現実感覚が乏しくなる，社会性が低下する等々というものである。それにもかかわらず，子どもたちの多くはコンピュータゲームにより一層魅了される一方であり，その流行は一向に下火になる気配がまったくない。コンピュータゲームは，その幕開けとなった1985年の『スーパーマリオブラザーズ』以降，現在に至るまでの長期間，子ども文化を先導してきたのである。それではなぜ，子どもたちはこれ程までにコンピュータゲームに熱中し続けるのであろうか。

従来，“子どもの遊び”と言えば，原っぱや空き地・路地などでの“外遊び”であり，しかも，“大勢で群れになって，全身を使って遊ぶ”というものであった（その典型は，隠れん坊遊びや缶蹴り遊びである）。こうした，“本来の”子どもの遊びからすると，コンピュータゲームは，“室内での遊び”であり，しかも“一人でもしくは少人数で，眼と手といった体の一部だけを使う”遊ぶに過ぎない。そのため，コンピュータゲームは，子どもの遊びの貧困化だとみなされる。しかしながら，遊びの貧困化は，すでに高度経済成長時代が終焉した1970年代中期から生じており［中井，1995／野上暁，1998］，その原因をコンピュータゲームに求めること自体，誤った事実認識だと言える。それどころか，コンピュータゲームだけが唯一，自由に遊ぶ時間・空間と一緒に遊ぶ仲間が著しく少なくなった，現在の子どもたちの生活状況や生活スタイルに適合し得る遊びであると考えられる。一時期大流行した，電子ペットと言える『たまごっち』や『ポケットモンスター』が，彼らがいつでもどこでも遊ぶことのできるように，ポータブルな小型モニターに対応したゲームソフトであったことは印象的である。ただ，以上述べたことは，子どもたちがコンピュータゲームに熱中することの外的条件に過ぎない。

コンピュータゲームとは，現在の子どもたちの生活状況や生活スタイルに適合した遊びであると述べたが，それではそれがどのような「遊び」であるのかについて，R.カイヨワの遊び論から考えてみたい。カイヨワは遊びを，「意志－脱意志」と「ルール－脱ルール」のクロスから４つに分類している。すなわちそれは，意志によってルールの世界に向かう遊びとしての競争（アゴン），意志によって脱ルールの世界に向かう遊びとしての模擬（ミミクリ），意志から脱却してルールの世界に向かう遊びとしての運（アレア），意志から脱却することで脱ルールの世界に向かう遊びとしての眩暈（イリンクス），である。

こうした遊びの定義からみると，コンピュータゲームにはカイヨワの定義する遊びの種類が複数，しかも凝縮された形でビルトインされていることがわかる［平林久和，1996］。例えば，RPG(ロールプレイングゲーム)の傑作に『ドラゴンクエスト』シリーズがある。このゲームは，プレーヤーが主人公となって冒険物語を展開するというものである。主人公は，悪に支配され，魔法にかけられた祖国を救うために，悪の魔王を倒す旅に出る。しかし，行く手には数々の怖い敵モンスターが待ち構えており，主人公はそれらを仲間とともに，武器や魔法で倒しながら，自らの経験値（諸能力）を高めていく。また，主人公は迷路や洞窟や砂漠などをくぐり抜け，困難な謎を人々の情報を頼りに解決しながら，最後は魔王と死力を尽くして戦い，倒して，祖国に平和を取り戻すというものである。

このRPGソフトには，前述した遊びのすべてが内蔵されている。まず，敵モンスターとの戦闘とその勝利による経験値の獲得は，「競争」に対応する。強敵との戦闘は，主人公にとって生死を賭けた熾烈な競争となる。きめ細かな世界の設定，すなわち架空の森，海，洞窟，祠等と昼夜の交替と，主人公が人と会話したり，道具を買ったり，武器で敵と戦ったりすることは，「模擬」に対応する。戦闘場面で偶然に起こる“会心の一撃”やカジノで一儲けすることは，「運」に対応する。主人公が見知らぬ土地を探訪したり，突然，異空間へと瞬間移動したりすることは，「眩暈」に対応する。ただこうした特徴は，RPGだけでなく，それ以外のジャンルすべてに該当する。一例を挙げると，一見，意志とルールだけによって支配されるようにみえる，パズルゲームの傑作，『テトリス』シリーズでも，次にどのような形のブロックが出てくるのかは，プレーヤーにとって運（偶然）に任せるしかない。

このように，（一般に傑作と呼ばれる）コンピュータゲームには，ほとんどの種類の遊びが凝縮された形でビルトインされているのであり，そのことが子どもたちを夢中にさせる原因になると考えられる。その意味で一部の識者によって間違って認識されているように［香山リカ，1996］，心の癒しや精神の安定など主観的な理由で子どもたちがコンピュータゲームに夢中になるわけでは決してない。それは前述したように，遊びの全要素をビルトインしているがゆえに彼らを夢中（虜）にさせるのである（従って，厳密にはそういう要素を含む秀逸なソフトだけが彼らを夢中にさせることができるのである）。しかもそれは，ゲーム制作者が生ずる変化の無限性を追求する方向で遊びの刺激の量を増やし，その質を高めることによって，ゲームの内容（ハードウエアの開発も含めて）をより一層面白いものへと進化させてきたのであり，そのことが子どもたちをこれ程の長い間魅了させてきた原因だと言える。ただし，以上述べたことは，RPG に対する十分な説明とは言えない。

ところで，文芸評論家，榎本正樹は，近代を貫いた文学至上主義的な価値観の失効のなかで，文学をひとつのメディア・ジャンル（＝小説）として捉え直し，その脱領域的な芸術形式としての小説を，成熟したコンピュータ・テクノロジーの創出する新たなメディア環境へと移植したものがコンピュータゲームであると捉えている［榎本正樹，1993／1998］。とりわけ，RPG は，『聖書』やギリシャ神話をはじめ，世界に散在する既存の神話・伝承の話型や定型や物語素を抽出し，それらを再編しながら，空想（ファンタジー）の力で純粋な架空世界（神話世界）を人工的に準創造した，トールキンの方法とその結晶である『指輪物語』を嚆矢とする。つまり，RPG は，神話・伝承のシミュレーションである『指輪物語』から，その物語的要素をリサイクルしながら，独自の文化を開花させてきたと言える。

このように，RPG は，子どもたちにひとつの架空世界（物語世界）を共通のものとして与えることになる。世界像なき混迷の時代のなかで，彼らが RPG を通して世界像（物語）を獲得することの意義は大きい。しかも，彼らは RPG における物語を通じてゲーム制作者が設定した高次の物語（世界像）をイメージ消費しながら，同時に下位の物語をパーソナルなもの（その子なりの物語)として無限に生産（創造）していくことになる。RPG を体験する人の数だけ，独自の物語は生成されることになる。読書体験で譬えると，それは，作品の読み手（消費者)が同時に，その書き手（生産者）になるということである。実際に RPG を体験した子どもの一部は，RPG の物語的要素を媒体にして彼らなりの表現・創作活動（物語創作）を行うとともに，インターネット上に同人のネットワークを形成している。あるいは，書き手の形成にまで至らなくても，RPG は再び，小説化されることでファンタジー文学（児童文学）のルネッサンスをもたらしている。こうして，コンピュータ RPG は，子どもたちに「読み手↔書き手」の相互変換，または「(電子的な声の文化の)読み手↔(文字の文化の)読み手」のメディア的相互変換をもたらすことで，新たな子ども文化の創造に貢献しているのである。

以上のことから，元々，現実と幻想（虚構）の境界を消去させる電脳文学は，文字の文化と電子的な声の文化とのメディア的相互変換を伴いながら，現実と経験にもたれかかってきた従来の文学教育をリセットし，「虚構としての文学」教育を推進していく原動力となり得るのである。

文献

榎本　正樹　1993　『電子文学論』彩流社.

――――　1998　『文学するコンピュータ』彩流社.

平林　久和　1996　「人はなぜゲームに熱中するのか？」平林久和・赤尾晃一『ゲームの大學』メディアファクトリー，144–149頁.

香山　リカ　1986　『テレビゲームと癒し』岩波書店.

町田　守弘　1995　『授業を創る――【挑発】する国語教育――』三省堂.

中井　孝章　1995　「高度成長期の子ども　60年代」『子どもの〈暮らし〉の社会史』川島書店，81–108頁.

野上　暁　1998　『“子ども”というリアル――消費社会のメディアと“もの”がたり――』パロル舎

Ⅴ．「学校英語」変革への視座としての歴史精神分析

――「多元的散開的外国語」の理念に学ぶ――

1．英語教育改革の動向と「生活英語」の視点

文部省（現・文部科学省）は，1989年に学習指導要領を改訂し，そのなかで中学校・高校における外国語教育を，国際社会のなかで生きるために必要な資質を養うという観点から，「コミュニケーション能力の育成」と「国際理解の基礎を培う」ことを最重視している。こうした方針に準拠しつつ，1994年度から中学校・高校の英語教育は，国際人の育成を目指す英語教育へと再編されつつある。高校では1994年度から従来の「英語Ⅰ」「英語Ⅱ」という科目に加えて，「オーラル・コミュニケーションA・B・C」の３つの科目と，さらに「リーディング」「ライティング」という科目が新設された。

ところで，中学校・高校におけるこうした英語教育の改革以上に見逃してならないことは，文部省が小学校への英語教育の導入を計画・準備しているということである。具体的には，文部省は1992年から公立の小学校で実験的に英語教育を行う「研究開発学校」を大阪に２つ指定したことを皮切りに，1994年には全国で16校，1996年度には各都道府県に１校ずつと，漸次拡大しつつある。しかも，第15期中央教育審議会が「国際化時代」または「グローバリズム」の到来を理由に小学校から英語教育を開始することについて議論しており，そのことが追風となって小学校への英語教育の導入は近年，より一層促進されつつある。

このように，時代・社会の国際化に伴い，必要に応じて外国人に対面

して臆することなく，堂々とコミュニケーションすることができる「国際人」の養成に向けて，初等・中等教育では英語教育の抜本的な改革が志向されている。それではこうした一連の改革の視点をどのように総括していけばよいのであろうか。その鍵は小学校で行われる英語教育のあり方について考えていくことにある。

ところで，大阪市真田山小学校は，1992年度より文部省の「研究開発学校」の指定を受けて以来，英語教育に精力的に取り組み，その実証的研究の成果を研究書としてまとめている（同校は文部省の構想する英語教育の雛型である）。同校によると，英語教育の目的は，「英語学習を通して外国の生活や文化に触れる中で，コミュニケーション能力を高めるとともに，国際社会をともに生きる人権感覚と，豊かな感性を身につけた国際人としての基礎的資質を養うこと」[西中隆，他，1996：2／椎名仁，1995] にあるとされている。しかもそこでは，英語を「国際語」または「世界共通語」とみなした上で，「国際理解教育」を英語という言葉の学習を通じて行っている。それは「国際理解・英語学習」と集約される。しかも，その目的を実現するために，「授業の中で，[英語のネイティブ・スピーカーである，] 外国語指導助手 ALT（Assistant Language Teacher）の自然な“生きた英語”を頻繁に『聞く』活動を取り入れることにより，英語の音声に対する抵抗をできるだけ少なくし，少しでも『話したい』という気持ちを醸成させたい」[同上：40] としている。ここでは，同校が実践するこうした「国際理解・英語学習」を「生活英語」と呼ぶことにする。

「生活英語」の特徴とは，まず何よりも，英語を「聞く」こと，「話す」ことを重視した「コミュニケーション・音声中心主義」だということである。そのこととの関連で使用される教材は，児童の興味や関心を重視する身近な題材中心のものとなり，総じて「学習者主導型」の英語学習となる。

こうした特徴からみる限り，「生活英語」は従来，中学校・高校で行われてきた英語教育とはまったく対照的である。ここで，従来の英語教育を「学校英語」［田辺洋二，1990］と呼び，「生活英語」と対比させていくことにする。「学校英語」の特徴とは，まず何よりも，難しい英単語や英文法などを勉強（暗記）した上で，教科書に書かれた英語の文章を英文法に即して，ひたすら読解し直訳していくといった「訳読・文法中心主義」だということである。そのこととの関連で教材として使用される英語の教科書は，現実の生活文脈と乖離した「言語材料中心」のものとなり，総じて「教師主導型」の英語学習となる。

このように，「学習者主導型」の「生活英語」の視点からすると，英語学習を初めて行う中学生時代に，必要以上に難しくかつ楽しくない，読解力重視の「学校英語」を子どもたちに強制することは，彼らを最初から「英語嫌い」にさせてしまうことでしかない。彼らの興味・関心を無視して強制的に行われる「学校英語」は，彼らにとって難解な「暗号解読」の作業の連続に過ぎないのである。それゆえ「学校英語」は，「生活英語」の視点から実践的な言葉としての英語を使いこなすものへと土台から再編されなければならない。

さらに，「学校英語」と対極にある「生活英語」は，戦後以降，学校以外の場所で営まれてきた，英会話学校やマス・メディアにおける「実用英語」に通底する。両者は，教育対象や制度・経営面でまったく異なるとはいえ，コミュニケーション能力の形成という点において同じ目的を共有している。一方，「学校英語」と「実用英語」との関係は微妙である。両者は表面的には対立しているようにみえながら，実際には社会人の要請（ビジネスや留学など）に応じて，「学校英語」では身につけることのできなかった「実用英語」，すなわち英語によるコミュニケーション能力を，英会話学校が補ってきたという経緯がある。このことだけを捉えると，「生活英語」は，「学校英語」では無視されてきた「実用英語」，すなわち従来，英会話学校が行ってきた英語学習の方法――言語の機能的側面――を取り入れたものだと言える。以上のことをまとめたものが図13である。

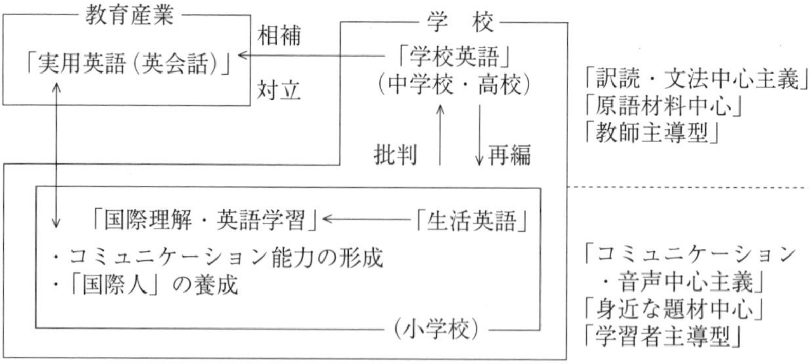

図13　英語教育改革の構図

図13に示されるように，1990年代の英語教育改革の主眼とは，「実用英語（英会話）」に通底する「生活英語」の視点から，「訳読・文法中心主義」といった従来の「学校英語」そのものを根本的に再編することであると同時に，コミュニケーション中心の「国際理解・英語学習」を通じて「国際人」の養成を目指すことだと総括することができる。

およそ以上のような英語教育改革の動向を踏まえながら，この章では，その改革の視点となる，「国際理解・英語学習」としての「生活英語」について批判的に検討するとともに，（英語を含めた）外国語学習のあり方を探究していくことにする。なお，こうした課題の究明にあたっては，「学校英語」と「英会話」に見られる，近代の日本人と英語および外国人とのかかわりを，日本人の歴史心理の構造といった，最も根本的な――しかし無視され続けてきた――問題にまで遡って考察していきたい。そのことと同時に，英語が国際語になりつつあるという世界情勢のなかで，英語によるコミュニケーション能力を基礎とする「国際理解教育」を行うことの意味を，異文化理解の立場から検討していきたい。

2． 英語に対する日本人の歴史心理の構造
――近代日本の精神分析を介して――

2.1 「人工言語」としての「学校英語」――その歴史的意味の検討――

最近の英語教育改革の意図とは，前述したように，「生活英語」の視点から，「学校英語」を再編していくことにあった。ただ十分考えておかなければならないことは，「学校英語」が，「英語教育論争」［平泉渉・渡部昇一，1995］をはじめ，再三その非実用性を批判されながらも，戦後50年以上にもわたって中学校・高校で温存されてきたという歴史的な事実と意味である（正確にはそれは，旧制中学以来の教育の伝統とも言える）。そのことを問い直さない限り，実質的な意味での英語教育改革は進展していかないものと思われる。というのも，「学校英語」およびその歴史は，英語に対する近代の日本人のかかわり方を表していると考えられるからである。端的に言えば，それは日本人にとって英語とは何かということを表している。そのことを解明する上で，「生活英語」の視点から「学校英語」の虚構性と不必要性を理論的に示した酒井邦秀の知見は，有力な手がかりになる。

ところで，酒井は，「日本の英語教育では英語のあらゆる面に日本語が首をつっこみ，英語を日本風にねじまげている」［酒井邦秀，1993：52］と指摘した上で，「学校英語」とは，「母語干渉」によって歪められた「人工言語」であると規定している。この「母語干渉」とは，「外国語の学習に母語がいろいろな形で割りこんできて邪魔すること」［同上：52］を指す。具体的には，日本人が学習する英語そのものが，母語としての日本語の介在（干渉）によって歪められた英語に過ぎないことをいう。しかも，この「母語干渉」は，英語学習のありとあらゆる局面で生じている。

「母語干渉」について言うと，まず1つ目は，英語のなかに日本語の意味を見つけ，例えば「water」を「水」に，「a few 」を「2，3の」に，

というように，「一対一対応」を付けるといった，「意味レベルでの母語干渉」［同上：5–29］である。その最たるものが，「『意味の定義』を怠って」［同上：30］，訳語を並べただけの英和辞典にほかならない。2つ目は，20以上の母音から成る英語の音（音声）を強引に，「ア，イ，ウ，エ，オ」という5つの日本語の音（音声）だけに引き寄せ，歪めて捉えてしまう，「音声レベルで母語干渉」［同上：56–76］である。3つ目は，「拍［リズム］のレベルでの母語干渉」［同上：77–88］である。すなわちそれは，「弱肉強食の法則」，すなわち「強い音節の前後にある音は弱くなったり，消えたりする」［同上：79］といった，英語の読みのリズムに発現する規則を無視して，英語を日本語的に読んでしまうことである。「McDonald's」で例示すると，日本人はそれを「マクドナルド」と6拍子で発音するのに対して，英語では「弱肉強食の法則」に従って，単語レベルならば3拍子，会話のなかでなら1拍子で発音されることが普通である。

このように，酒井によると，英語の授業を通じて子どもたちは，英語を英語として学習するのではなく，音声，意味，拍子（リズム）などあらゆるレベルにおいて英語と日本語（母語）との間に「一対一対応」を付けているに過ぎないことになる。つまり彼らは，知らず知らずのうちに，こうした「母語干渉」によって現実の英語とはまったく異なる「人工言語」としての「学校英語」を学習してしまっているのである。見方を換えると――まったく皮肉なことにも――，「学校英語」が，複雑な，現実の英語を「一対一対応」という操作によって精製し，単純化し得たからこそ，本来，一選択科目に過ぎない英語が，わが国において入試や受験のための主要教科として自立することができたのである。

以上のことから，中学校・高校を通して教えられてきた「学校英語」が，実は現実の英語とはほとんど関係のない，日本語的に加工された「人工言語」に過ぎないということがわかる。ただ本当に解明されるべきことは，その先にある。つまり，このような致命的な欠陥を持つ，「学校英語」がどうしてこれほどの長い間，存続されてきたのであろうか，ということである。その理由とは，最初から英語を英語と捉えずに，日本語化して捉えていると指摘する酒井の言明からもわかるように，わが国では英語を言葉として本気で子どもたちに教えるつもりがなかったからだということができる。正確に言うと，「学校英語」とは，「英語を学ばなければならない，英語を話す外国人と付き合わなければならない，しかし，そうはしたくないという葛藤を，外国人との関係を書物（＝英語の文章，教科書）を介するもののみに限定し，それ以外の関係はできるかぎり避けるという形で妥協してごまかす」［岸田秀，1997：160］ために作り出された苦肉の策だと考えられる。つまりそれは，「英語を尊重しているようでありながら実は拒否している」［同上］という近代および現代の日本人の英語に対する心理的な葛藤を表しているのである。そのことはまた，彼女（＝日本人）はラブレター（＝英語の文章）のなかで愛を語りたかっただけであり，現実の男性（＝外国人）と関係をもつ気はなかった，と譬えられる［同上，160f.］。

同じく，日本人のそうした矛盾する心理を表す文化事象としてカタカナ英語（和製英語）――例えば，「ナイター」，「ＯＬ」，「スタンド」など――の氾濫が挙げられる。この現象もまた，一見英語を盛んに取り入れているようにみえながら，実は英語を拒否するものでしかない。むしろ日本人はそれを使うことで外国人とのコミュニケーションを拒否し，自分たちだけの擬似的世界に安住しているように見える。そしてそれもまた，「学校英語」と同じく，英語と日本語との間に「一対一対応」を付けることの延長線上で理解できる事象なのである。

以上のことから，「学校英語」は，外国人との直接の関係を拒否したまま――話し言葉をなおざりにしたまま――，英語の文字文化的な側面だけには親しみと愛着をもつといった，近代の日本人の両面価値的（ambivalent）な歴史心理を，欧米との関係のなかで適当に処理するための“安全装置”であったことがわかる。言い換えると，近代の日本人は，まったく実用性のない，「人工言語」としての「学校英語」を延命させ続けることで，外国人との実際のコミュニケーション場面をも想定した，本当の意味での英語教育に着手することを極力避けてきたのである。日本がなぜそうしてきたかと言うと，その理由は，日本がアジア諸国のなかで稀な国民国家であったことにある。国民国家とは，主に母国語で官僚を育て，軍隊を養うことを指すが，日本は他のアジア諸国とは異なり，そうした国民国家としての自負をもってきた。その是非はともかく，日本が英語や英語文化に対して一定の距離を置いてきたのは，その自負からである（例えば，シンガポールやフィリピンでは，多民族国家のため，公用語の確定が難しく，その代替語として英語を用いてきた）。

ところが，いま，この“安全装置”を解除して，「学校英語」から「生活英語」へと方向転換していくとき，様々な問題が一挙に噴出してくる可能性がある。あらかじめ言うと，その最たるものが戦後以来，英会話学校やマス・メディアを通じてみられた，いわゆる「英会話症候群」と呼ばれるものである。それでは次に，この「英会話症候群」について取り上げ，それを手がかりに「生活英語」が現実化されていくときに生ずるであろう問題について考察していくことにする。

2.2 「英会話症候群」における「引き裂かれた自己」

ところで，教育産業やマス・メディアを通じて行われてきた英会話は，戦後日本においていつでも，歓迎され奨励されてきた文化現象である。近代および現代の日本人のほとんどが，強迫観念的と言えるほどまでに英会話に呪縛され，駆り立てられてきた。そしてそれは，日本人の意識の根底に深く根ざし，病いあるいは権力として，日本人の意識を支配していると言える。そのことは，「英会話症候群」［津田幸夫，1990：116ff.／1993：103ff.］と呼ばれている。

こうした「英会話症候群」を理解する上で，岸田秀による近代日本の精神分析は有力な手がかりとなる(1)。岸田は，黒船来航事件（1853年）によるペリー・ショックが日本人を精神分裂病質にした病因的精神外傷（トラウマ）と捉えた上で，「それ以来，日本は欧米諸国を崇拝し，欧米諸国に迎合し屈従する外的自己と，日本の自尊と優越を求めて，欧米諸国を憎悪する内的自己とに分裂し，その分裂からまだ脱出していない」［岸田秀，1988：1088］と述べている。戦後日本に限定して言うと，現代の日本人は，英語および外国人という「他者」とのかかわりのなかで「内的自己」と「外的自己」といった複合的自己を作り出して表面的な自我の統一を装ったが，同時にその心の深層において，強者としての欧米（特に，アメリカ）に対する劣等感コンプレックス（ガイジン・コンプレックス）を抱え込むことになってしまった（ここで「ガイジン」とは，外国人のなかでも欧米人，特に白い肌のアメリカ人を指す）。その結果，日本人は，英語および外国人（特に，ガイジン）に迎合し屈従する「外的自己」としてかかわるか，それとも，それを憎悪する「内的自己」としてかかわるかのいずれかを選択してしまうことになる。そして，この２つの「引き裂かれた自己」のうち，「外的自己」が優勢になると，日本人は，英語を尊重し愛する「英会話中毒」に罹ってしまうことになる，その反対に，「内的自己」が強まると，英語や外国人を毛嫌いする「英会話アレルギー」に罹ってしまうことになる。“同一の”日本人のなかに，「英会話中毒」と「英会話アレルギー」という相矛盾する心理と行動が同居していることが，「英会話症候群」の本質にほかならない。以上のことを表したのが図14［津田幸夫，1996：24］である。

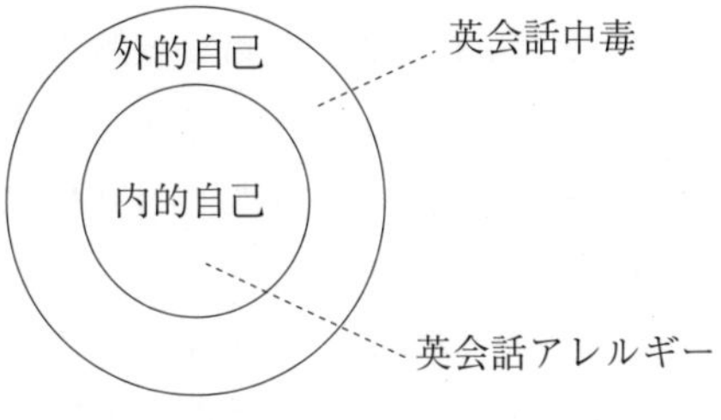

図14　日本人の「引き裂かれた自己」と「英会話症候群」

図14からわかるように，現代の日本人が英会話を通じて英語および外国人にかかわるとき，「引き裂かれた自己」という負荷によって「英会話

中毒」になったり，「英会話アレルギー」になったりするといった堂々巡りの悪循環に陥ってしまうことになるのである。従って，日本人がこの２つの自己のうち，どちらの自己を選択しようとも，本当の意味での自己の成長・発達にはなり得ない，むしろそれどころか，「ニセの自己」［Laing，1960＝1971：124ff.］を肥大化させるだけとなる。

重要なことは，こうした「他者」とのかかわりのなかで「引き裂かれた自己」によって生み出される，「英会話症候群は，教育の技術の改善や，学校の増設，または教育方針の改正などでは治すことができない問題」［津田幸夫，1990：130］だということである。「なぜなら，これは，教育や教授法といった限定された問題ではなく，深い心的外傷を負った日本国民の自我を揺るがす問題であり，西洋により推し進められた〈近代〉の波に巻き込まれた弱者の精神病理であるからである。」［同上：130］従って，「英会話症候群」を克服するためには，日本人は自ら，それをもたらす元凶とも言えるガイジン・コンプレックスを直視していくしかない。ただ，そのことは，日本人にとって心の奥深くに隠された自らの“負の部分”と対決していくことになるだけに，苦渋に満ちた体験となろう。

従って，「英会話症候群」は，単なる語学力の問題ではなく，むしろ日本人のアイデンティティの根幹にかかわる問題であると考えられる。というのも，言語というものは，単に情報伝達の道具ではなく，生活の枠組み（世界観）としてそれを使う人の人格をも無意識に規定することになるからである。だからこそ，英会話中毒に陥った日本人は，最悪の場合には，「自分の思想を取りかえる」と同時に「人格の破壊につながる。」［田中克彦の発言／中村敬，1993：88］これはもはや，日本人のアイデンティティの喪失であり，「意識の植民地化（colonising the mind）」［津田幸夫，1996：25／Ngũgĩ wa Thiong’o，1986＝1987］にほかならない。

以上のことからみると，英会話学校やマス・メディアが日本人の大人を教育対象に行ってきた「実用英語」を学校教育のなかに取り入れ，早くから子どもたちに習得させようとする「生活英語」の視点は，「英会話症候群」の予備軍を国民的規模で作り出すことになると考えられる。しかしそれでも，英語の早期教育推進派から“英語は頭脳が柔軟な幼い頃から開始するのがよい”とか，“英語は舌や耳などの感覚器官が固まってしまう前に行うべきだ”といった常套文句が持ち出され，「生活英語」の正当性が強調されるかも知れない。しかしながら，それは根本的に誤った捉え方に過ぎない。というのも，子どもたちが大人以上に円滑に英語を習得することができるのはむしろ，彼らがまだ，日本人としてのアイデンティティに縛られていないからである。英語に対する葛藤や内的抵抗がないだけ，彼らは虚心坦懐にそれを学ぶ（真似る）ことができるのである。見方を換えれば，「生活英語」の視点には，英語という，他者の言葉を通して日本人としてのアイデンティティをどのように確立させていくかという切実な問いがまったく欠落しているのである。思想問題と言うべき，この問いを欠落させたまま，表面上の英語教育改革を行うとき，子どもたちに日本人としてのアイデンティティを見失わせることになろう。あるいは，こうした教育改革が“功を奏して”，彼らを欧米的価値観に“自発的に服従する”ような“アメリカン・キッズ”に仕立てるかも知れない。いずれにせよ，「生活英語」は，「英会話症候群」を小さな子どもたちにまで拡大させてしまうことは間違いないと思われる。

2.3　教育的コミュニケーション関係と「国際理解教育」

ところで，英語によるコミュニケーション学習を通じて「国際理解教育」を行うという「生活英語」には，国際語としての英語の学習によって欧米的な価値観（特に，アメリカ的な価値観）を教えてさえいけば，そのことが即，「国際理解」や「国際人」の形成につながるという前提がある。つまり，「生活英語」の視点には，日本人とアメリカとの関係の対等性を基盤に成立する異文化コミュニケーションはなく，むしろ両者の関係の不平等性を基盤に成立する「教育的コミュニケーション関係」［苅谷剛彦，1991：35ff.］があると考えられる。一般に，「教育的コミュニケーション関係」とは，教室における教師と子どもの関係のように，先験的に「教えるもの」と「教えられるもの」との上下関係，非対称的な関係を基盤に成立するコミュニケーションのことを指す。そしてこの関係においては，「教えられる側が教える側の権威をあらかじめ認めている。つまり，むりやり教え込まれるではなく，教えてもらうことを前提に，教師に教師であることを許すような関係である。」［同上：35］しかもそれは，「無意識的な前提条件の型をとる。」［Lummis，1976：29］

そして，教師としてのアメリカが子どもとしての日本人に教えていく教育内容と言えば，まず英語の話し言葉（日常会話）であり，次にそれを媒介とするアメリカの生活・文化（スーパー，コンビニ，ファースト・フード，Tシャツ，アメリカ映画など）であり，さらには，明示的な共通のルールに基づくアメリカ的な「コミュニケーション」によって作られるメタ概念としての，「民主主義」「自由」「平等」「人権」等々といった観念である。注意すべきことは，そうしたアメリカ的な「コミュニケーション」そのものが，アメリカという移民国家の成立事情から生じる必要性から作り出されたものだということである。つまり，（アメリカのなかの）民族や生活習慣や信念を異にする様々な人たちが相互の文化的差異を越えて通じ合えるためには，抽象度の高い，明示的な共通のルールと，そうしたルールのもとでのコミュニケーションが必要不可欠なのである（正確に言うと，そのルールもまた，コミュニケーションを通じて作られる）。コミュニケーションが抽象度の高いルールに基づくということは，当然，お互いの立場を超えて，なおかつ個々の人格とは切り離された形で言葉のやりとりを行うことが可能になる。その意味でアメリカ的なコミュニケーションは，アメリカの“内なる”「異文化理解」を解決するために人工的に作り出されてきたものだと言える。苅谷剛彦が述べるように，「コミュニケーションが原則を生み出し，その原則が普遍性をもつという構造……それが国境を越えて世界の他の部分へ広がっていくことには，それほど異質性はないはずである。」［苅谷剛彦の発言／島田裕巳，1991：187］とりわけ，「世界全体で情報化や国際化が進み，異文化同士がじかに接触せざるを得ない状況になってくると，そこで同じような，アメリカ的な状況が生まれてきている。」［同上：187］世界全体がかつてのアメリカ的な状況になりつつある現在ではなおさら，アメリカ流の「異文化理解としてのコミュニケーション」が全世界へと拡張されていったとしても何ら不思議なことではない。むしろその拡張は，同じアメリカ出自のインターネットによって加速化されつつある。

こうした状況において，いまの日本人（特に，日本の青少年）は，アメリカを通じて伝達されてくる教育内容が異文化間コミュニケーションであることをほとんど意識化することなく，それらを無意識的な型としての「教育的コミュニケーション関係」を通じて素直に同化してしまっていると言える。つまり彼らは，アメリカが発信するそれらの伝達内容を異文化として距離を取りながら，異化することができない。それどころか，彼らにとって，“世界の教師”としてのアメリカが奉じる価値・観の絶対性は“正しい知識・信念”としてのみ存在する。その最たる原因が，アメリカ的なコミュニケーション（という教育内容）そのものが，それ自体，特殊でローカルなものでありながら，どの社会にも通用する普遍的構造を内蔵していることにあるのは繰り返すまでもない。従って，あらためて強調しなければならないことは――異文化理解の分野では常識とされているにもかかわらず――，次のことである。すなわち，教育的コミュニケーション関係を前提とする，「英語学習・国際理解教育」に抜け落ちているものとは，異なる歴史的，文化的背景（コンテクスト）を持つ人間同士が相互に理解しあうために，その手段として他国の言葉を自らの母語と対等なものとして学んでいくといった「異文化理解」の原則であり，その基礎にある文化相対主義的な観点である。「国際理解」とは，文化的な対等性と差異性から成り立つ「異文化理解」の積み重ねを通じて達成されていくものなのである。

3．多元的散開的外国語学習と国際理解教育に向けて

以上，この章では，英語教育改革の視点としての「生活英語」について批判的に検討し，それを小学校段階から実施していくことと，その視点をもって「学校英語」を再編することの問題点を論述してきた。それでは，「生活英語」の視点を否定する立場からみて，これからの社会・時代において外国語教育およびそれと関連する「国際理解教育」はどのように構想していくことができるのであろうか。

その構想に際してまず述べておきたいことは，大石俊一が指摘するように［大石俊一，1990：71］，日本人が，世界像を，「日本語」と「日本語とはまったく異なった原理」をもつ「英語」というように対立的に二分化してしまって，かえって，世界像（国際理解）を狭小にしてしまっているということを改めていくべきだということである。つまり，「英語＝国際語」という“国際常識”のなかで「英語に見られるような原理に基づかない言語は外国語ではない」［同上：71f.］という観念が跋扈しつつある。従って，英語支配の構造に基づくこうした二分法的な外国語観を克服するためには，「中学校カリキュラムから英語以外の諸外国語を導入して，二分法を多分法に変換することが，世界の多元的多極的であることの認識を植えつけることが，必要なのではないか」［同上：70］と言える。つまり，「一点集中の排他的外国語習得モデル」ではなくて，「散開的多元的」外国語学習方法が導入されなければならない［田中克彦，1989：39］。こうした「散開的多元的」外国語学習方法のなかで――いわゆる文化相対主義と言語対等主義（母語尊重主義）の立場から――，英語学習を「異文化理解」のひとつとして位置づけることが不可欠なのである。なお，散開的多元的学習方法の先駆として榊原陽が発案・実践している，「ヒッポ」という7カ国語の同時並行学習方法が挙げられる［榊原陽，1989］。

こうした「散開的多元的外国語学習方法」は，単なる理念上の事柄で

はない。実際にそれを現実化するものとして，1990年４月に文部大臣が発表した「外国語教育多様化研究推進」構想が見出される（それは1991年から実施されている［『朝日新聞』1990年4月15日号・朝刊］)。その一例を挙げると，鳥取市立城北小学校では週１回クラブ活動を通してアジアの近隣諸国を中心とする「国際理解教育」――「環日本海諸国理解推進教室」――を実施していた。そこでは韓国，中国，モンゴルなどアジアの人たちを講師として招き，子どもたちは各講師からその国の言葉（挨拶や会話)，踊り，歌，遊びなどを学ぶことを通して，それらの文化について理解を深めている。とりわけ，モンゴルの人との人的交流を通して子どもたちが自ら体験しながら学んだ遊牧民の料理や行事は，彼らのなかにあった，冷戦時代の「社会主義国家，モンゴル」という固定化されたイメージを払拭し，生活者の立場に基づく，生き生きとした文化理解へと進展していった。倉地暁美がいみじくも述べるように，「国家や文化についての固定的な枠組から解き放たれ，人間相互が全人格的にかかわることから新しい形の理解が生まれ，それが文化理解への動機や自己拡大の契機になることは何にも珍しいことではない。」［倉地暁美，1992：45］従って，英語を含む外国語の学習は，あくまでも「異文化理解」のための手段として構想されるべきである。そしてこうした「異文化理解」のひとつひとつの積み重ねが，「国際理解」につながっていくのである。

以上見てきたように，現在の英語教育改革は，英語支配の構造を強化していくものでしかなかった。繰り返すと，それは日本人（の子どもたち）に誤った外国語観を移植し，本当の意味での「国際化」を妨げるものでしかないと言える（そのことは，英語支配の状況にある非英語圏の人々にも当てはまる)。従って，多元的散開的外国語学習の理念（思想）と，それを実践化する文部省の「外国語教育多様化研究促進」を通じて，英語を国際語，すなわち“国際人のパスポート”とみなす，欧米文化の「オリエンタリズム」［Said，1978＝1993］を解体していくことが必要である。ここで「オリエンタリズム」とは，広く「オリエントを支配し再構成し威圧するための西洋の様式」［ibid.：21］のことである。それはまた，

「西欧崇拝＝アジア蔑視」を志向した脱亜入欧的な近代日本にも該当するイデオロギーである（なお，日本もまた，アジアのなかのひとつとして相対的に認識され直されつつある。これについては，［姜尚中，1996］に詳しい)。そしてそれは，“普遍性幻想”と“国際人願望”という2つの幻想の交点にある。なお，「オリエンタリズム」と対極にあるものとして，「クレオール主義」，「エスペラント語運動」，J. ジョイスの「言語ユートピアニズム」が挙げられる。

こうして，英語教育改革の第一歩はまず，現在，必須科目とみなされている英語を，多元的な「国際理解教育」という構想のなかで実質的に，選択科目（ひとつの外国語）として相対化しつつ位置づけ直していくことによって，私たち日本人が英語の呪縛から解き放たれていくことにあると考えられる。

註釈

(1) 岸田秀によると［岸田秀，1982／2003］，フロイトは，個人が不快な観念を無意識へと抑圧し，その結果，自我とエス（＝壊れた本能のエネルギーの貯蔵庫）とが葛藤し，抑圧された観念が夢や症状（神経症）などに，一見それとわからないような歪められた象徴的なかたちで現れるといった現象を解明するために，次のようなモデルを用いている。すなわちそれは，政府当局が不都合な反政府的思想を説く文書を発禁にし，その結果，弾圧する政府と弾圧される民衆とが対立し，民衆が当局の「検閲」を免れるために別の遠回しの象徴的な形でその思想を表現するというものである。

このように，フロイトは個人心理を集団心理に基づいて理解しているのである。初めに集団心理があるのである。精神分析は，個人心理を研究し，しかるのちにその知見を集団心理に応用したのではなく，元々，集団心理学なのである。その証左は，フロイト自身の著作，『集団心理学と自我心理学』，『幻想の未来』，『文化の居心地の悪さ』，『モーセという男と一神教』などである。

繰り返すと，精神分析は個人の神経症や精神障害などを専ら取り扱うものだという前提に立っている。この見当違いは，フロイトの後継者の多くが集団心理学としての彼の理論を理解せず，あるいは面倒なので脇に押しのけて，専ら個人の精神障害の治療法としての側面のみを取り上げ，その側面だけに精神分析を矮小化したためであると推測される。彼らのほとんどが医者だったので，そこにしか関心がなかったのではないだろうか。その結果，人々は精神分析を個人心理学と思い込んでしまい，精神分析を集団現象の理解に用いることは，越権行為，不当な拡大解釈だと思うようになったと言える。

しかし，フロイトは個人と集団とを同列に扱う立場から精神分析を理論化していたのである。その実例として様々な民族や国家が歴史的に負ってきたトラウマが挙げられる。集団（民族，国家）の形成過程の中で，他国，他民族に侵略され，屈辱を味わわされたとか，他国，他民族を不当に虐殺し，罪を犯したとかなどによって「トラウマ」に相当するものがあり，そうした不快な事実を歪曲したり，隠蔽したりしてその対処を誤ると，その集団は，神経症や精神病に相当する症状，たとえば誇大妄想的または被害妄想的になるとか，自己破壊的行動や自虐的言動や，他国，他民族に対する過剰な攻撃を強迫的に反復するとかを呈することになる。

どの民族，どの国家も多かれ少なかれ，その歴史を歪曲し，隠蔽し，その結果多かれ少なかれ狂っている。ただ，どのようなトラウマに遭遇したか，それにどのように対処したかによって，その狂い方が異なっているに過ぎない。

近代日本の場合，トラウマと呼ぶことのできる経験（レイプ）は，二度あったと言える。つまり，1つ目は，1853（嘉永6）年，ペリー艦隊の来航で，鎖国政策の江戸幕府に開国を迫った。2つ目は，敗戦とダグラス・マッカーサーおよびGHQによる占領改革である。

以上の「集団心理学＝精神分析」から見ると，この2つのトラウマおよび防衛規制により，日本人の自己は「内的自己」と「外的自己」という2つに分裂したと考えられる。

文献

平泉渉・渡部昇一　1995　『英語教育大論争』文藝春秋.

姜　尚中　1996　『オリエンタリズムの彼方へ――近代文化批判――』岩波書店.

苅谷　剛彦　1991　「異なるルール――コミュニケーション社会＝アメリカとのコミュニケーション――」島田裕巳編『異文化とコミュニケーション――オタク国家・日本の危機――』日本評論社，18–61頁.

――――　1991　「シンポジウム　異文化とコミュニケーション」島田裕巳編著『異文化とコミュニケーション』日本評論社.

岸田　秀　1982　『ものぐさ精神分析』中央公論社.

――――　1988　「ペリー・ショック」『現代用語の基礎知識』現代往来社，1088頁.

――――　1997　『官僚病の起源』新書館.

――――・小滝透　2003　『日本人はなぜかくも卑屈になったのか』飛鳥新社.

倉地　暁美　1992　『対話からの異文化理解』勁草書房.

Laing, R.D.　1960　*The Divided Self : An Existential in Study and Madness.* (R.D. レイン，阪本健二，他訳『ひき裂かれた自己――分裂病と分裂病質の実

存的研究——』みすず書房，1971年.）
Lummis, Ch.D.　1976　『イデオロギーとしての英会話』晶文社.
中村　敬　1993　『外国語教育とイデオロギー——反＝英語教育論——』近代文藝社.
Ngũgĩ wa Thiong'o　1986　*Decolonising the Mind, the Politics of Language in African Literature,* Zimbabwe Pub.House, Harare.（グギ・ワ・ジオンゴ，宮本正興・楠瀬佳子訳『精神の非植民地化』第三書館，1987年).
西中隆／大阪市立真田山小学校（編著）　1996　『公立小学校における国際理解・英語学習』明治図書.
大石　俊一　1990　『「英語」イデオロギーを問う——西欧精神との格闘——』開文社出版.
Said, E.W.　1978　*Orientalism.*（E.W. サイード，今沢紀子訳『オリエンタリズム』上・下，平凡社，1993年.）
酒井　邦秀　1993　『どうして英語が使えない？——「学校英語」につける薬——』ちくまライブラリー87，筑摩書房.
榊原　陽　1989　『ことばを歌え！　こどもたち（増補版)』筑摩書房.
椎名　仁　1995　『"英会話" をとり入れた小学校の国際体験学習』明治図書.
田辺　洋二　1990　『学校英語』筑摩書房.
田中　克彦　1989　『国家語をこえて』筑摩書房.
————・中村敬　1993『外国語教育とイデオロギー——反＝英語教育論——』（所収）近代文藝社.
津田　幸男　1990『英語支配の構造——日本人と異文化コミュニケーション——』第三書館.
————　1993　『侵略する英語　反撃する日本語——美しい文化をどう守るか——』PHP 研究所.
————　1996　「英語支配への挑戦序論」津田幸男編『英語支配への異論』第三書館，14–68頁.

Ⅵ.「学校道徳」変革への視座としての「モラルジレンマ」

――「決疑論としての道徳教育」の理念に学ぶ――

1.「ゴルディオスの結び目」

現在，小・中学校で週1時間程度なされている，いわゆる「道徳の時間」は，周知の通り，1958年（昭和33年）の学習指導要領改訂で特設されたものである。戦後，学校には道徳教育のための時間は，特に設けられず，道徳教育は教科活動や特別活動をはじめ，学校教育活動全体のなかで行うものとされた。ところが，経済復興による急激な都市化に伴い，子どもの問題行動が深刻化し，それに対応して道徳教育の徹底化が声高に強調され始め，同年に，学校における道徳教育を「補充，深化，統合」するためとして，「道徳の時間」が特設されるに至った。また，1989年度からの現行の学習指導要領では，教育課程審議会の答申で示された，国際理解の促進と，それに連動する「心の教育の充実」を反映して，道徳教育により一層力が注がれつつある（その具体的な表れとして，道徳の「とり立て指導」の付加が挙げられる）。

しかし，道徳は，「道徳の時間」と規定されるように一教科ではないため――副読本以外は――，教科書もなく評価基準（通信簿の成績欄）もなく，その地位は曖昧なものである。現状からすると，「道徳の時間」は学校の正規のカリキュラムに組み込まれているとはいえ，その実施にあたっては個々の教師判断に委ねられている。例えば，福岡市教育センターが行った特設道徳の実態調査によると［鈴木健二，1991：1］，道徳授業の実施について「毎週行っている」との回答は約43パーセントに留まり，残る約57パーセントは「子どもに問題があったとき」や「他教科指導に余裕があるとき」などに限ってなされているという。つまり，教師の過半数以上が道徳の授業を実施せず，別の活動に充当しているのである。これ以外にも，学校で「道徳の時間」としてなされる道徳教育に対する関心の欠如を裏づける調査資料は多々みられる。特に，道徳教育に対する大学生の回想を調査したものによると［同上：2f.］，例えば「『ねらい』が見えすいていて，ばかばかしくて，本気になれなかった」とか「『ねらい』を察知して，無難なこと，教師が喜びそうな立派なことを発言していた」という具合に，過去に受講した道徳が彼らにとってほとんど効果がなかったどころか，無意味でさえあったことを如実に物語っている。このように，道徳教育そのものに対する教師と子どもの関心の低下は甚だしいにもかかわらず，それは消滅することなく，現在に至るまで表面上存続されている。

以上，戦後の道徳教育を制度的側面から概観する限り，いまや，特設道徳（「道徳の時間」）はその歴史的使命――イデオロギー的な意味にせよ，非行防止という教育的配慮にせよ――を終焉して，教師と子どもたちの双方から無視されつつあると言える。こうした事態は，特設道徳という教育課程制度に関係して――戦前の修身科に対する反省と重ね合わせつつ――「徳目主義」を批判してきた論者からみると，誠に喜ばしい事態であると言えるかも知れない。

しかし，たとえ特設道徳が批判され，放逐されるにしても，子どもの人間形成をつかさどる現場の教師からみる限り，道徳的価値の空洞化は憂うべき問題であると考えられる。道徳的価値について語り，考えること自体が困難な情勢のなかで――「道徳の時間」で行うか，「とり立て指導」を行うかはさておき――，現場の教師は，依然として道徳教育を学校教育活動全体のなかで行っているし，なおかつ行わねばならない。重要なことは，特設道徳を教育課程制度において批判することのみならず，それ以上に現在および近未来の社会において必要とされる道徳教育のあり方――モデルもしくは仮説――を真摯に究明し，積極的に作り出していくということである。そうした課題は，学校教育活動全体のなかでその都度探究されることもあろうが，それ以上に，より意図的な形で行われる道徳授業として継続的に探究されなければならないと考えられる。

しかも，道徳教育の新たなモデルを探究していく上で，有力な手がかりとなるものは，すでに，２つの道徳授業論のうちに見出される。ひとつは，心理学者L. コールバーグが提案した，「モラルジレンマによる道徳授業」［Kohlberg，1971＝1985／1980＝1987／Kohlberg,Levine,Hewer，1983＝1992］であり，もうひとつは，「マル道と呼ばれる道徳授業改革運動」である。後述するように，前者が道徳性の発達段階説という心理学的知見に基づく「外部理論系」［梶田正巳，1986：99ff.］――理論優位――の道徳授業論であるのに対して，後者は「教育技術法則化運動」から生まれたもので，（前者のように）特定の科学的知見を前提とせず，教師の立場に立つ実践地平の道徳授業論である。正確に言うと，今日，実験的になされている道徳授業は，少なからず前者，すなわち「モラルジレンマ（価値葛藤）」の考え方を吸収している。反面，コールバーグの理論を忠実な形で実践している事例は，研究授業という色彩が濃厚であるため，大学の教育学部附属の研究機関または一部の研究グループに限定されている。従って，道徳授業としては，後者，すなわちマル道の道徳授業論の方が，広く現場の教師に対して開かれた実践サイドからの道徳授業論であり，それを綿密に吟味していくことが道徳教育の新たなモデル（仮説）を究明していく上で重要な手立てとなる。いずれにせよ，特設道徳を中心に，道徳教育に対する関心そのものが低下している情勢のなかで，道徳教育を「道徳の授業」として，いわば道徳的価値に積極的に関与していく，この２つの潮流は道徳教育についての問題の所在を発見する上で有用な手がかりになることは確かである。

従って，この章では，およそ以上のような問題構成に基づきながら，道徳教育のモデルおよび来るべき社会に向けての道徳教育のヴィジョンを提示していくことを主な目的とする。しかも，その目的を達成していくために，まず「モラルジレンマ（価値葛藤）」を吸収・応用したマル道の道徳授業論の理論仮説について吟味していくことにする。また，この章では，道徳哲学および道徳教育に関する過去の学説に言及することをなるべく差し控え，複雑多岐な現代社会のなかで問題が発生した時のために解決の型を用意することのできる道徳教育のあり方――「決疑論(casuistry)」[加藤尚武，1993：3] としての道徳教育――を究明していくことにしたい。それはまた，道徳教育のあり方を「思考実験(Gedankenexperiment：thought experiment)」[Mach，1920＝1971：101-123／金子務，1986] という方法を通じて，模擬的に捉えていくことでもある。ここで思考実験とは，「事実よりも事実でありうるものを，つまり現実性よりもむしろ可能性を扱うものである。」[Palmer，1984＝1985：19f.] そして，可能性を追究する思考実験は，コンピュータを道具とする効果的な思考実験――コンピュータ・シミュレーションによる体系的な可能性の探究――にも連動していくのである。そのことはともかく，価値について明確に語り得ず，道徳教育に対する関心が稀薄化する状況において，思考実験という方法は，その自由性と単純性ゆえに，道徳全般についての問題の所在を発見することができるものと考えられる。思考実験の神話的形態は，車の轅に軛を縛りつけた大きな結び目をどう解くか，その手順を思いめぐらすという「ゴルディオスの結び目」に求められるが，どのような問題であれ，それ固有の“結び目”を解くためには，幾度も試行錯誤を繰り返すプロセスのなかから，あらゆる可能性を開示していかなければならないのである。

なお，道徳教育の新たなモデル（仮説）を提示するマル道の道徳授業論について論述する前に，次に，従来，学校教育のなかで展開されてきた道徳教育――道徳の授業――について検討していくことにしたい。

2．「学校道徳」という“推量ゲーム”――徳目主義の陥穽――

2.1　徳目主義の思想的背景

前述したように，現在，学校教育としては教育課程制度上，道徳教育を次のような形態において実施している。すなわちそれは，「『道徳の時間』で行う」，「学校教育活動全体で行う」，さらに，前二者の中間態として新たに「『とり立て指導』を行う」という３つの形態から成る。そのなかで道徳教育を「道徳の授業」として実施するのは，「道徳の時間」――特設道徳――のみであるが，そこでは文部省が指定した副読本を教材として意図的な形で道徳の授業がなされている。従って，道徳教育のあり方についてその是非を吟味していくためには，１で述べたように，必然的に教師と子どもたちが道徳的価値に明確に関与していくことになる，「道徳の時間」における道徳授業を主題化していく必要がある。なお，ここで，学校が特設道徳の授業を通じて子どもたちに要請する道徳および道徳観を特に「学校道徳」と呼ぶことにしたい。それでは，従来，「学校道徳」は，道徳授業という形態をとりつつ，教師と子どもたちによってどのように展開されているのであろうか。

ところで，文部省が刊行する小学校道徳指導資料第３集第３学年のなかに，「まどがらすとさかな」という資料がある。この資料の概要は次の通りである。主人公の千一郎は，友達の文助とキャッチボールをしていてよそのガラスを割ってしまう。千一郎は慌てて逃げてしまうが，次の日，その家の前を通ると張り紙がしてあり，彼の心は締めつけられる。さらに次の日，猫に魚をとられるが，飼い主のお姉さんが訪ね歩いて魚を返しに来る。その態度を見て，千一郎は次の朝，ガラスのことを母親に打ち明けて一緒にガラスを割ったおじいさんの家へ誤りに行く，というものである。この資料では，小学校学習指導要領『道徳』の「内容」

28項目のなかで，項目９「人の忠告をよく聞いて，自分を反省するとともに，思慮深く節度のある生活をする」（＝「思慮反省，節度節制」）と項目６「常に明るく，誠実に行動する」（＝「正直・誠実，明朗・快活」）を複合させてひとつのねらいとする主題構成が想定されている。ただ，この２つの項目が価値の並列もしくは羅列に陥らないように，ねらいは構造的に設定されている。つまり，項目９を中心的価値とし，項目６をそれに付随する関連的価値とし，ねらいを明確に焦点化していくことが配慮されている。つまるところ，当資料を教材とするとき，そのねらいは「常に自分を反省し，正直で思慮深い行動をとろうとする態度を育てる」ということになる。

この資料のねらいとする「思慮反省，節度節制」と「正直・誠実，明朗・快活」という，学習指導要領が示す「内容」項目，すなわち「……すべき」という価値（当為）が教材と教師の発問を通じて子どもたちに教えられていると言える。一般的に，それらの「内容」項目は「徳目」と呼ばれている。例えばそれは，「人間の行為の当為（あるべき姿）を超時代的・汎社会的に抽象的に固定化し，抽象化された価値の項目ごとに，道徳性を系統的に教育しようとする道徳教育」［斎藤勉，1990：65］のあり方を指す。また，そうした道徳教育のあり方，すなわち「学校道徳」は「徳目主義」と呼ばれている。しかも，「徳目主義の思想的背景は，道徳律が経験的・相対的なものではなく，純粋に絶対的なものと考えるI. カントの倫理学までさかのぼることができる」［同上］と言われている。さらに，「徳目主義」は必然的に「注入教育の形態」［同上］をとることになる。特設道徳が徳目主義であり，注入主義の教育形態をとることについては，すでに多くの論者によって幾度となく批判されてきたことであり，何ら目新しい事実でないにもかかわらず，それがカントの倫理学に遡及するということは改めて注目すべきことである。

カントの倫理学に関してここで言及したいことは，彼の倫理学が正義論の大家J. ロールズへと至る，正義（公正）――正確には社会的正義（社会的公正）――の原理，すなわち正義論の鼻祖であるということである。そして彼は，道徳が積極的に善い意志をもつことを人間に要求するという，いわゆる“人倫の道徳学”の構築を目指した。カントの主張する“人倫の道徳学”は，およそ，次の３つに要約することができる。

まず第１に，道徳的行為は，利害を度外視しても「しなければならないこと」であって，幸福への要求やエゴイズムに基づくものではないということである。つまり，人間の心に快楽を求め，苦痛を避ける気持ちが「存在すること」は確かであるが，「存在すること（sein)」から，「しなければならないこと（sollen)」を導き出すことはできない（存在からの当為の導出不可能性)。それを侵すことは，倫理学上，G.E. ムーアの指摘する「自然主義的誤謬」に陥ってしまう。すなわち，存在から当為(善)，事実から価値を導出ことはできないのである。そして，存在・事実と当為・価値の間には深淵があって，それを跳び超えることはできない。従って，カントを継承するムーアをはじめとする倫理学は，“善とは何か，何が道徳的に正しいか”という問いを回避して，道徳的な正しさを考えるとき，私たちはどのような基準に従い，かつその場合，「道徳的」という言葉は日常的にどのような意味をもち，使用されているかを問うことになる。つまり，私たちが日常用いている道徳的な言語（価値語）の意味や考え方の明確化というメタ倫理学――R.M. ヘアーの形式的定義に極限化される――に行きつくことになるのである。

第２に，人間の心には生まれつきの弱さがあるということである。すなわち，人間の心には，悪に向かう傾向がある。従って，「望ましい」ことという実質的な願望の内容に即した原理では，苦痛を避け，快楽を求める気持ちが，どうしても悪の原理，すなわちエゴイズムの原理になってしまって，道徳性の原理にはならない。従って，道徳性の原理は，実質的でない形式的なものでなければならない。それは必然的に，あの有名な道徳律，すなわち「君の格律が普遍的な立法の原理となるように行為せよ」という命令の形をとる。

第３に，例えば「正直者に幸運が舞い込む」というのは，道徳性ではないということである。つまり，功利性の立場に立つ人がたまたま正直な振舞いをすることがあっても，それは得になるというエサがある時だけで，身銭を切っても一肌脱ぐというわけにはいかない。「正直にすれば，得になる」という打算的な正直は，「……したければ……するがよい」という仮言命法の形になる。しかし，道徳的な内容は，有無を言わさず，ひたむきに「正直であれ」と命令するものであるがゆえに，無条件の命令という意味で「定言命法」の形になる。

以上のように，カントに従えば，すべての行為は，理性的道徳的か，感覚的非道徳的かのいずれかであり，従って人間にとって心の葛藤は，義務か，エゴイズムかの二者択一に還元されてしまうことになる。そして，カントによって唱えられる善意志の形成をめざす道徳は，社会的公正の原理，すなわち正義論の系譜に立つが，それを裏づけるものは，理性にほかならない。その理性の支配のもと，「徳目主義」と規定される「学校道徳」においては，道徳的価値（「内容」項目）はあらゆる相対的な状況とは関係なく，絶対的に実行せねばならない，指令としての心のうちなる善意志なのである。前述した「君の格律が普遍的な立法の原理となるように行為せよ」という道徳律は，絶対的でかつ普遍的なものなのである。それゆえ，どのような場合であろうとも，嘘をついてはならないのである。「始めに絶対的な価値ありき」であり，人間はただひたすら，自分の善意志に従ってそれを忠実に実行すればよいのである。

徳目主義が社会的公正の原理とそれを規定する理性に基づくことを確認した上で，再び，資料および授業記録に戻ると，教材として使用されるこの資料は，アプリオリな価値（道徳的価値）――「内容」項目――として規定され，誘導されるがゆえに，その中身はまったく問題にならないと考えられる。言い換えると，その中身は，物語構成上，どれほど稚拙なものであるにしても，あらかじめ設定される「内容」項目（徳目）がちりばめられていさえすれば事足りるのである。極論すれば，その中身は「内容」項目をこじつけたものでもよい。その証左は，教材として使用されたこの資料のあらすじのなかに端的に読みとられる。例えば，千一郎がおじいさんの家のガラスを割って，逃げてしまった翌日に，猫に自分の店（魚屋）から魚を盗まれるが，飼い主のお姉さんが訪ね歩いてその魚を返しに来るという件である。こうした物語の展開は，たとえ創作されたものにせよ，私たちの常識とあまりにもかけ離れているのではなかろうか。特に，飼い主が猫の盗んだ魚を訪ね歩いて返しに来るところと，彼女のそうした「正直」かつ「誠実」な行為をみて，主人公が「反省」するところのように，あまりにも不自然で不可解な物語構成が施されている。

次に，副読本資料「まどがらすとさかな」を教材として実際に行われた道徳の授業過程をみて，注目すべきなのは，教師の発問の仕方である。すなわち，教師は最後の発問を除く，四度の発問のなかで，主人公である千一郎のそのときの気持ちをその都度繰り返し，子どもに質問している。その発問は，順に「ガチャンとガラスが割れたとき，千一郎はどんな気持ちになったか。」，「白い張り紙を見たとき，千一郎の気持ちはどんなだっただろうか。」，「一軒一軒訪ね歩いたお姉さんを見て，千一郎はどんなことを考えたか。」，「おじいさんに謝ったとき，千一郎はどんな気持ちになっただろうか。」というものである。

ところで，主人公の気持ち（心情）について教師が子どもたちに発問していくことは，文学の授業の中心課題となる。その理由は，文学の授業では物語が主人公の心情の変容に収斂する形で展開していくことにある。例えば，主人公の微妙な心情の変容が描かれている「てぶくろをかいに」という文学教材は，複雑な情景描写から成る文学作品を子どもたちが適切に理解していくためには，情景描写の複雑性を縮減する教師の適切な発問が不可欠なのである。

しかしながら，文学教材と比較して，特設道徳の副読本資料の物語は，極めて単調なものであり，複雑な情景描写も主人公の微妙な心情描写もなされていない。むしろ，それらは，誰もが徳目（「内容」項目）を正確に読みとることができるように，刈り取られてさえいる。従って，複雑な情景描写も主人公の微妙な心情描写もみられないこの副読本資料の物語構成について，教師が子どもたちに対してその都度主人公の心情を発問していくことは，恐らく，彼らにとってまわりくどい問いかけに映ることであろう。言い換えると，教師が，特定の価値項目が露呈している資料を取り扱う場合，子どもたちにとってもはや自明の価値項目に直結した発問をまわりくどく繰り返す必要はないと言える。授業記録をみると，教師の最初の発問「ガチャンとガラスが割れたとき，千一郎はどんな気持ちになったか。」に対して，子どもたちが「しまった，どうしょう。」，「とんでもないことをした。」，「おこられる。にげよう。」と応答しているが，前二者は価値項目でいう「反省」を示し，後者は単なる思いつきの反応を示している。続く，教師の発問に対する子どもたちの応答についてもまったく同様であり，もはや言及するまでもない。いずれも，教師の発問に対して子どもたちが「反省」や「正直」という価値項目の範囲で応答するか，思いつきだけで即時的に反応（応答）するかに収斂している。しかも，教師の発問が進行するにつれて次第に，子どもたちの応答は，この資料のねらいとする「反省」と「正直」という徳目を反映した応答へと整序化されていくのである。最後の発問，すなわち「過ちを犯して素直に謝れなかったことはないか。」に至っては，子どもたちが資料の範囲を超えて自分たちの生活経験を振り返り，反省することや正直であることの大切さを確認するまでに至っている。この場合，子どもたちは，副読本資料を通じて，現実（現在）の非道徳的な（非本来的な）自己と，あるべき本来的な自己——理想的な自分（自己像）——との隔たりに気づき，心の葛藤を起こし，反省することによってあるべき本来的な自己へと近づいていくとみなされる。そうした反省のあり方は，単なる告白や懺悔に過ぎない。

この授業記録は，特設道徳にとってあくまで模範的なものであり，現実の道徳授業ではこうした「発問－応答」のあり方を逸脱した展開が考えられようが，たとえそうだとしても，お決まりの道徳的価値の範囲内では，創造的な授業は期待され得ない。それにしても，この授業パターンとほとんど変わりのない道徳授業がどうしてこれまで営々となされてきたのであろうか。それを究明する端緒は，学校教育が子どもに要請する特殊な知のあり方，すなわち「学校知」に求められるものと考えられる。というのも，道徳もまた学校が独自に生み出した「学校知」のひとつ，正確には，その最たるものだからである。

2.2 「学校道徳」の言語ゲーム

一般的にみて，教室を舞台とし，教師と子どもたちの間で日々繰り返し営まれる授業過程のやりとり（社会的相互行為）は，子どもたちが教師の「頭のなか」にあらかじめ所有され，用意されている“正答なるもの”を当てる「推量ゲーム（guessing game）」であると考えられる。しかも，それは学校教育独自の知性のあり方——表象主義的知識観——を再生産し，維持していくための，教師と子どもによる共同作業にほかならない。この共同作業は，教師に質問されれば，子どもは初めて“正答”を与えられる，という局所的で微視的な過程のなかに発現されるのであり，その意味において，学校教育は，“知識や真理を持つもの”としての教師が，“いまだ知識や真理を持たざるもの”としての子どもに対して，知識や道徳を一方的に伝達していく文化的実践の活動であると言える。「学校道徳」も含め「学校知」において，“正答”が教師の「頭のなか」に所有され，蓄積されているということは，もはや疑う余地のない前提であろう。

さらに驚くことに，知識の伝達を行う教師が自らを“わたしは注入主義者ではなく，子ども中心の授業を行っている”という信念をもって授業に臨んでいるということである。ところが，授業という文脈のなかで教師は子どもたちに暗黙裡に解答を示唆するような発問の仕方を通じてヒントを与えると同時に，子どももまた教師の「頭のなか」に用意された“正答”を推量していくという言語ゲームを展開しているのである。子どもたちは，教室でのこうした言語ゲームの状況に置かれている以上，教師の意図を素早く汲み取って，適宜に対処していこうとすることは，当然の成り行きである。そのことはまた，子どもたち自身が学校文化に適応していくことを意味する。子どもたちは，ドロップ・アウトしないためにも，こうした教室文化のマナー（対処仕方や規則）――隠されたカリキュラム――をしっかりと身につける必要がある。つまり，子どもたちは，教師が中心となって作り出す実践活動および教室文化の作法，すなわち“特殊な状況”――たとえ疑似的な状況としても――に常にうまく適応しなけれならないのである。

以上,「学校知」のあり方を，教師と子どもたちによって「いま＝ここで」なされる授業過程という微視的なスケールからみる限り,「学校道徳」も含めてそれは，教師によって子どもたちに一方的に押しつけられているどころか，むしろ教師と子どもたちが教室のなかで各々，自らに期待される役割行動を相互的に演じることを通じて維持され，再生産されていると言える。つまり，教師は子どもに知識や道徳を教えていくという目的を果たすために，彼らに正答を引き出せるようにその都度適切な発問を行ったり，ときには正答を出すためのヒントを身振りで与えたりして，子どもから期待される役割行動を演じていく。と同時に，一方，子どもも教師が発問や（正答を引き出す）身振りなどを行えば，その度に，教師から期待されるふさわしい応答，すなわち役割行動を演じていくことになる。このように，双方が教室のマナーに応じた役割行動をとり合うことを通じて「学校知」は維持されていく。両者にとって信憑されているのは，教師の「頭のなか」に所有され，用意されている“正答なるもの”にほかならない。それは教室で営まれる授業過程において“真理”として前提されるものである。言い換えると，両者のこうした役割行動の遂行が持続される限り，その“真理”もまた維持されていく。

こうして，教師の「頭のなか」に所有され用意される“真理”が信憑されるなかで，教師と子どもたちがともに自分自身に期待される役割を無難に演じ続けていく限り，教室で展開される,「学校知」の一形態としての「学校道徳」という特殊な言語ゲームは疑われることなく円滑に維持され続けるのである。ただ,「学校道徳」は，それ以外の「学校知」とは異なり，既知の価値項目を取り扱う分だけ，とりわけ子どもにとってはつまらない「推量ゲーム」になる可能性が高い。しかも，他の「学校知」とは異なり，その学習成果をアウトプットする場面が存在しないのである。だからこそ，前述したように，推量ゲームのつまらなさから，それは教師と子どもたちによって無視されつつある現状にある。

以上のように，文部省が指定する副読本資料およびそれを教材とする道徳授業の過程，特にそのなかでなされる，教師の発問と子どもたちの応答の様態——「発問－応答」という社会的相互行為——が論述され，その結果，次のことが解明された。

まず，資料（副読本）の内容について，(1)それはひとつないし複数のアプリオリな価値（「内容」項目）に収斂されるように創作されたものであるということ，そして　その特定の道徳的価値は子どもたちがもっている理解や認識の仕組み（シェマ）とは無関係に「善き」心情を押しつけることから，徳目主義と呼ばれるということ，なおかつ(2)そうした徳目主義はカントを鼻祖とする，正義（公正）の原則——正義論の系譜——に遡源されることから，それは，善意志をもつこと（わがうちなる道徳律）を普遍的な立法——どのようなときも「……すべき」という定言命法の形（指令形）——とし，相対的な状況——「……したければ……するがよい」という「仮言命法」の形（条件形）——を一切無視するということ，そのことに関連して，(3)善意志の形成を志向する道徳は，必然的に形式的なものになるということ，以上の，創作資料における「徳目主義—正義（公正）の原理（普遍主義）—形式主義」に関連してさらに，(4)それは特定の価値（徳目）に適合するようにむりやり創作されたものであることから，ところどころに不自然で不可解な事実（矛盾や綻び）が見出されるということ等々である。

次に，副読本資料を教材とする授業過程について，それを前提とする限り，(1)教師からみて，子どもたちがもっている理解や認識の仕組みとは関係なしに，アプリオリな徳目を彼らに伝達していくことになるために，徳目を彼らに「善き」心情として押しつけることになるということ，(2)それどころか，社会構造と深くかかわっている道徳の問題——決疑論としての道徳問題――を子どもたち一個人の「こころ」の問題に矮小化してしまうこと――「心情主義」――になるということ，しかしその反面，(3)子どもたちもまた，教室という限られた制度空間のなかで教師によって期待され，先取りされた役割を無難に演じていこうとするため，必ずしも徳目が教師を通じて子どもたちに一方的に押しつけられているようには感じられないということ，従って，(4)教師も子どもたちも自分自身に期待される役割を無難に演じ続ける限り，教室で展開される「学校道徳」という「言語ゲーム」は維持され続けるということ，そして恐らく，(5)今日注目されつつある，モラルジレンマに基づく道徳授業論やマル道の実践地平の道徳授業論は，「学校道徳」という「言語ゲーム」を疑い，そして解体した上で，まったく新たな言語ゲームのあり方や可能性を開示するものではないかということ等々である。

それでは次に，マル道の道徳授業論について詳細に論述し，検討していくことにする。

3．「学校道徳」改革の現在と新しい道徳授業の認識論
――モラルジレンマという視座――

3.1　マル道の道徳授業とその認識論

まず，道徳資料（教材）に関するマル道の道徳授業論の考え方について論述すると，マル道代表，深澤久は，その特徴を次のように述べている。すなわち，「教師自身が，副読本に象徴される“創作の世界”から飛び出し，“現実の世界”に目を向けなければならない。“創作の世界”にとじこもった道徳授業が横行する背景には，“現実の世界”に対する教師の無関心さと無知がある。」[深澤久，1992：94]，と。この言明が意味することは，フィクションの世界として創作される特設道徳の副読本資料はまったく意味のないものであり，従って，教師がそれを基準に道徳授業を設定する限り，授業実践はつまらないものになるだけだということで

ある。否，つまらないものに終始するどころか，そのことが，個々の教師が現実の世界に目を向け，自らの信念に従って道徳授業を行うことを阻害することになる。前に挙げた「まどがらすとさかな」という資料は，深澤にしてみれば，およそ現実の世界とは関係のない単なる“お話”に過ぎず，それを道徳授業に移す限り，「子どもにとって既知の価値項目に向けて，授業の全過程でその価値項目と直結した教師の言動が行われて」［深澤久，1990b：117］しまうことになるだけである。

要するに，「学校道徳」は，小さな子どもでも知っているありきたりのことの繰り返しに過ぎない。たとえ，副読本資料の不備を子どもたちとともに見つけ，他のより適切な行動の可能性を考えて，資料そのものを作り変えるにしても，依然として現存する資料の枠組みを前提とするという意味で不十分であると考えられる。創作資料はあくまでフィクションの世界しか開示することができないのである。そのことについて，深澤は，「創作資料をいくら“つっついて”みても，現実に存在する『環境』問題における道徳的対立に子どもたちを正対させることはできない。では，どうすればよいのか？　前近代的なひ弱さをもつ資料に頼り切った授業を克服し，資料の不備を見つけさせながら結果として環境破壊の事実に対して無力になってしまう授業を克服すればよい。」［深澤久，1990b：102］と述べている。しかも，「授業をつくるエネルギーは，授業者の思想である。道徳授業で子どもたちに（子どもたちと一緒に）何を考えさせたいのか——この具現化が授業である。」［同上：118］こうした基本方針のもと，マル道は，創作資料を排し，フィクショナルではない「事実」の問題を現実世界のなかに発掘（発見）し，それを道徳授業として実践していく。その「事実」のなかには，深澤自身が先駆的に手掛けた「生命」問題をはじめ，「環境」問題，それ以外に「真実」の問題，「福祉」問題，「人権」問題等々が挙げられる。それでは次に，そのなかで，マル道で最も重視される「環境」問題についてなされた道徳授業の実践，「ハンバーガーと環境破壊」［羽鳥悟，1992：71−79］を例示し，検討していくことにする。

まず，授業の導入部で，教師は子どもたちにハンバーガーの空き箱を見せる。ハンバーガーは子どもが大好物のファーストフードであり，ほとんどの子どもたちがそれに興味・関心を引きつけられる。その後，教師は「ハンバーガーによって熱帯雨林が食べられる!?」というショッキングな絵入りの新聞記事と論説文を配布し，読み聞かせる。論説文は，その新聞記事の中身を補足したもので，その内容とは，中南米の森林を伐採し，そこに放牧地を作り，肉牛を放牧することで，牛肉のコスト軽減を計り，廉価のハンバーガーを売り出した大手ハンバーガーチェーンが，アメリカの人たちによって不買運動を起こされた上，破壊した自然を修復することを求められたというものである。この論説文を通じて，教師は子どもに「森林を切る→牧場→牛肉→ハンバーガー」という思考の道筋（論理）を事実として教えている。ここで，教師は子どもに手段を選ばないハンバーガーの生産方式が森林伐採という環境破壊を起こしてしまうことを事実として伝えている。その結果，5人の子どもは論説文を肯定する立場に立って，環境破壊を起こしたハンバーガー会社を批判する。なかには，感情を剥出しにして「森林をこわすやつはころしたい」と極論する子どもまで出てくる。

その後，教師は別の新聞記事「ハラショー!?　マクドナルド」を子どもに配布し，読み上げる。この新聞記事は，前の新聞記事や論説文とはまったく反対の内容のことが書かれている。その内容とは，ペレストロイカ以降，経済不況と食料難に苦しむロシアに，ルーブル紙幣が使用でき，しかも自由に食べられる，ハンバーガーショップ（マクドナルド）が開店し，数百メートルの行列ができるほどの盛況振りであり，また，ハンバーガーショップの店員はかつてのソ連のそれとは異なり，ふんだんの笑顔とサービスで客に応対しているというものである。この新聞記事を通じて，教師は子どもに「ソ連の人の食料難（不自由）→（外資系）ハンバーガーショップの開店→ロシアの人たちの歓迎振り」という思考の道筋（論理）を事実として教えている。ここで，教師は子どもたちに，授業の前半とは異なり，ハンバーガーが食糧難に困るロシアの人たちの生活を助けていることを事実として伝えている。

このように，マル道の構想する単元「環境」では，授業の前半では，人間が行う効率的な生産活動の追求によって産み出されたもの（低コストのハンバーガー）が，環境を破壊しているという事実が，授業の後半では，生産活動の追求によって産み出されたもの（ハンバーガー）の恩恵を人間自身が受けているという事実が，各々，教師の資料説明と発問を通じて子どもたちに事実として伝えられていくのである。一方で「ハンバーガーによる，環境破壊（森林破壊）」という否定的な事実がある反面，「ハンバーガーによる，食生活の安定（食糧難の回避）」という肯定的な事実が存在する。環境問題とは，この２つの事実の間で生じるモラルジレンマ（価値の矛盾・対立）にほかならない。

そして最後に，教師は子どもたちを２つの事実の間で生じるモラルジレンマに直面させつつ，授業後半の問題，すなわち「このハンバーガー会社がちょっとよくないか，それともまあいいじゃないか」という二者選択とその理由を発問する。その結果，賛成派（よい）と反対派（わるい）はおおよそ二分されるが，双方が賛成する理由と反対する理由をめぐって自由にかつ自発的に討論（討議）していく。討論を終えた後，今度，教師は賛成・反対の二者選択とその理由――ここでは「自分が考えられる最高の理由」――について子どもたち一人ひとりの考えを表現させる。そこでは，例えば「ソ連の人は食料に困っているんだから，マクドナルドができてよかったと思っているんだから，少しくらい森林はけずられてもいい。」（賛成派）や「このまま森林をかりとれば水がなくなってみらいの人がのめなくなっちゃう。ハンバーガーをつくっている人はせこい。なぜかというと，外国でうれないからといってソ連に行ってうるなんてひどい。」（反対派）という意見が出された。前者の子どもが，２つの対立する事実のうち，「生産物による恩恵」，具体的には「環境破壊によって産み出された食料品がソ連の人たちに役立っていること」を道徳的判断の理由づけとして，少しくらいの森林伐採（環境破壊）は止むを得ないことを主張するのに対して，後者の子どもは，同じく２つの対立する事実のうち，「環境破壊の否定面」，具体的には「環境破壊によって人類的規模の水資源の枯渇を招来すること」，しかも「その背景には，至るところに市場を開発するという，大手企業の飽くなき利潤追求が存在すること」を道徳的判断の理由づけとして，森林伐採（環境破壊）は許されるべきものではないことを主張している。

以上，単元「環境」のうち，第3時の「ハンバーガーと森林破壊」について，その授業過程を例示してきたが，万一，この授業実践が特設道徳のように，あらかじめ徳目をねらいとする授業として実施されていれば，どのように展開されたであろうか。まず考えられることは，この道徳授業の主題に即して徳目（「内容」項目）を設定するとすれば，それはモラルジレンマという観点——環境破壊と環境からの恩恵（生活向上）——から2つに分かれてしまうということである。ひとつは，項目10「自然愛護，動植物愛護」であり，「自然環境を守ろう，大切にしよう」と表現されるし，もうひとつは，項目15「創意，進取」と類縁した徳目であり，「生活向上は大事だ」と表現される。まず，前者を徳目として授業を実践するとき，それはおのずと“環境破壊を行うハンバーガーの会社（工場）が悪い，だから工場をすべてなくせばいい”ということになろう。次に，後者を徳目として授業実践するとき，それはおのずと“ハンバーガーを生産することを通じて生活を向上させることは正しい，だから工場をもっと多く作ればいい”ということになろう。そのことから，あらかじめ徳目をねらいとして設定される道徳授業の場合では，いずれにせよ，まったく一面的な解決策（方法）しか生み出すことができないことがわかる。

3.2　環境プロジェクトの授業とその認識論

ところで，環境問題（現実の世界）のなかに2つの明確な価値の対立，すなわちモラルジレンマを見出し，そのジレンマを適切に解決していく方法を教師と子ども，子ども同士の間で討論していくというマル道の道徳授業のモデルは，現在，より一層洗練されたものへと進展しつつある。例えばその典型が「たまごの会・環境プロジェクト」のなかに見出される。それはマル道と異なり，環境教育の授業として実践されているが，その授業実践の認識論そのものはマル道のそれに通底する。

ところで，同プロジェクトによると，「『環境問題はジレンマなのだ』という認識を子どもが持つこと，これが環境教育の目的である」［佐野芳文，1992：6］という。そして，それが目指す環境教育のあり方にとって最も重要なことは，環境問題を例えば“生活排水が水質汚染の原因なので，ひとりひとりが水を汚さないためにできることをしよう”という身近なことに還元せず，「水質汚染の因果関係や上下水道システム，行政や地域住民といった要素をめぐって存在するジレンマについて認識を深めること」［同上］に求めるということである。つまり，同プロジェクトでは，社会構造と深くかかわる環境問題を個人の身近な行動の変容に矮小化してしまうことは，いわゆる「態度主義」［同上］と呼ばれ，極力回避されるべきものとされる。むしろ，環境問題に対する態度主義は，問題の所在を隠蔽し，見失わせるものに過ぎない。目指すべきは，私たちが近視眼的な認識のあり方を超えて，環境問題を現実に生じるジレンマとして明確に認識し，適切な方法を思考していくことにある。むしろ，このプロジェクトによる授業実践では，子ども自身に解決策を考えてもらうが，「それが実は別の問題を生じるため解決策たりえないことを子どもに返していく過程で，［例えば］フロン問題が安易な解決策のないジレンマなのだというところへ認識を深めて」［同上］もらうことが主たるねらいとされる。つまり，子どもが適切な解決策を出すのは二の次であり，ジレンマを介して徹底的に考え抜くというプロセスこそ授業のねらいとみなされる。「つまり，授業の目的は，子どもを実際にジレンマ状況に追い込むことなのである。」［同上］

このように，同プロジェクトでは，マル道以上に，子どもたちを現実に生じるジレンマに追い詰めるという構えがとられている。それでは次に，(モラル) ジレンマを核とする道徳授業の新たなモデルを構築していくために，同プロジェクト・メンバー，藤川大祐によって社会科の授業としてなされた「フロンガスのジレンマ――便利な生活を取るか，環境を守るか――」（小学6年対象）の授業［矢野博之・佐野芳文，1993：8–22］について検討していくことにする。

この授業過程は，大きく4つにわけられる。まず，導入部で教師はフロンが子どもたちの家にもあることを冷蔵庫とクーラーの例を挙げつつ説明する。ここで，教師はフロンがモノを冷やすことに使用されることを彼らに伝える。次に，教師はフロンがモノを冷やす以外に，スプレーを噴射したり，発砲スチロールを膨らませたり，IC チップを洗ったりするときに使用されることを彼らに伝える。また，現在では，フロンの4つの用途のうちどの機能が最も必要とされているかを彼らに伝える。ここまでは，フロンが私たちの生活に大変役立っていることを彼らに事実として伝えている。

さらに，後半に入ると，教師は一転してフロンガスがオゾン層を破壊しているとともに，それが人間も含め動植物に深刻な影響を及ぼすということを植物成長実験（紫外線増加に伴う生長阻害，障害）の写真など，視覚教材を通じて具体的に伝える。

以上，教師は授業の前半でフロンのプラス面を，後半でそのマイナス面を事実として子どもたちに伝えた後，彼らにフロンをどうしていくべきだと思うかについて意見を聞く。子どもたちから活発な意見が出されるが，その代表的なものは「害のない他のガスをつくる」とか，「科学で再利用するようにやる」とかいうように，科学万能主義を反映するものが大半である。一部の子どもから「……昔はクーラーなんかなくて，夏は暑くって頑張ってこれたんだから，少しずつ減らしていけばいい。」という意見が出されるが，他の子どもから「昔の人間のような体に戻すのは無理だ」という反論が出される。その際，教師からフロンの地球温暖化への影響が「クーラーを作れば作るほどフロンが出て地球はどんどん暖かくなる」と説明されることで，子どもは泥沼のジレンマ状況に追い込まれ，安易な解決策がみつかならいことを身をもって知る。最後に，教師は子どもの発言を「生活を戻す」と「なるようになっちゃえ」（生活を戻さない）という２つの意見に集約するが，結果は，「生活を戻す」は一人もなく，ほぼ全員が「なるようになっちゃえ」を支持する。最後に，教師が「フロン全廃決議」の新聞記事コピーを子どもに渡して授業は終了する。

また，藤川の授業案によると，この環境教育の授業では，「ジレンマとしての環境問題」を教育内容とし，「フロン」を教材とすること［藤川大祐，1992：25］，しかも，「フロンを単純な『悪玉』として扱うのを避け」［同上］，むしろフロンが私たちの生活を根本的に支えていることを事実として子どもたちに伝えたいという「授業者の思想」が述べられている。さらに，授業の直前に子どもたちの名前を覚えるなど，授業過程のシミュレーションが緻密になされ，授業のイメージが生成された。つまり，この授業実践では，授業者の明確な問題意識（思想的脈絡）に基づきながら，あらかじめシミュレーション的思考によって授業過程をプラニングしていったという意味で，授業過程そのものがひとつの思考実験であると考えられる。それはまた，倫理学者が思考実験を積み重ねながら思索を深めていくことに等しい。その分だけ，「ハンバーガーと環境破壊」（マル道）の道徳授業よりも如実に，ジレンマの深刻さとそれに取り組む子どもの憤りが露呈されている。ここでは，ジレンマとしてのフロン問題はそのまま「豊かさ」のジレンマであり，パラドックスなのである。フロン問題を解決しようとする試み――子どもが期待を寄せる，科学による問題解決――がジレンマを解消することになるどころか，より一層深刻なジレンマ状況を招来させるというパラドックスがこの授業では取り上げられている。ジレンマがより深刻なジレンマを誘発するという観点は，マル道の道徳授業にはみられない独自のものである。

また，彼と同様に，同プロジェクトに属する富谷利光は，「リサイクル社会の虚構」（高校１年生対象）の授業［寺尾昭彦，1992：8−21］において，使用した牛乳パックを回収し，紙を再生するというリサイクルの思想が社会のなかで肯定されているにもかかわらず，実際には牛乳パックを紙へと再生していく工程で大量の資源（水，石油，化学薬品など）が使用されるとともに，公害も排出されてしまうことを子どもたちに伝えている。つまり，一見正しい行為にみえるリサイクルそのものが，その裏側で資源の大量浪費や公害を排出してしまっているという事実をジレンマとして取り扱うのである［武田邦彦，2000］。ここでは，リサイクルを行うという行為そのものが「豊かさ」という社会基盤に安住した思考方法に過ぎないことが露呈されてくる。文字通り，「リサイクル社会の虚構」が主題化されるのである。つまり，この2つの授業に示されるように，同プロジェクトは，現実の世界で生じるジレンマを認識することのみならず，それを解決していこうとする思考方法もまた現実の世界（「豊かな」社会）の所産であるため，必然的にジレンマやパラドックスに陥ってしまうことを見通しているのである。

しかし，ジレンマに対するこうした捉え方は，授業実践レベルでの認識の深まり，ひいては子どもたちの環境認識の深まりというよりも，授業者の授業案づくり（思想）のレベルでの認識の深まりにとどまっているのではなかろうか。例えば，その証左は，フロンに関する授業を受けたある子どもたちの感想文のなかにみられる。子どもたちを深刻なジレンマ状況に追い込むという授業の特質からみてそのなかで注目すべきなのは，自分自身の考えがまとまらず，迷い，困り果てていることが感得される子どもの感想文である。例えば，「今から昔の生活に戻るというのもだめだし他のガスを作ったって悪くなるかもしれない。よく分からない……。」とか，「……無理に直そうとしてもどこかおかしくなるところもあると思う。そのままつっ走っていてもオゾン層が破壊され人間に害を与えることになるから，どっちにしようか迷うのである。」である。つまり，これらの感想文に表現されるように，子どもたちからみて，解決策を真剣に考えれば考える程，より深刻なジレンマ状況に陥ることになる。だからこそ，考えに考え抜いた挙句，「大切なことを知っておかなきゃいけないから勉強したいけど。こんな事を考えると自分がむなしくなってくるからなるべく考えたくない」という感想が思わず一部の子どもから出されるのである。ただ，こうした子どもは少数派であり，それ以外の子どものほとんどは，依然として素朴な科学万能主義を信憑したり，生活を戻せばいいことはわかっているが，生活の便を考えたら用意にできないことを吐露するのみである。

ここでは，マル道と環境プロジェクトによる，（モラル）ジレンマを核とした道徳授業のモデルが提示されたが，次に（モラル）ジレンマの捉え方に対する両者の共通した問題点を指摘していくことにしたい。

4．功利性原理と最低限の倫理学――稀少性の制約と道徳問題――

前述したように，マル道と環境プロジェクトの授業は，“学校のなか”でのみ通用する「学校道徳」の言語ゲームを解体し，まったく新たな言語ゲームのあり方や可能性を教師と子どもたちに開示するものであることがわかる。つまりそれは，「学校道徳」のように，子どもたちにとって既知の価値項目（徳目）に向けて，教師がその価値項目と直結した発問や言動を行い，教師の「頭のなか」に所有され，準備されている“正答(真理)”を子どもたちが“当てる”という「言語ゲーム」の域を超えて，もはや教師にも解決策を見出すことのできない問題を子どもとともに考えていくという新たな思考ゲーム（言語ゲーム）なのである。教師からすると，現実の世界には２つの価値の対立をめぐって深刻な（モラル）ジレンマが生じるということ，さらにそれを解決するための方法もまたより一層深刻なジレンマを生み出すということ――つまり，安直な解決策は別のジレンマの原因となること――を子どもたちに示し，そのことを介して子ども同士の間の討論を組織化していけばよいのである。教師(授業者）は自らの問題意識と思想に基づいて実践するに値する授業をプラニングしなければならないが，一旦，授業実践を通じて伝えるべき事実を子どもに教えてしまえば，後はまったく価値そのものに深く関与しなくても，授業そのものには何ら差し障りがないと言える。つまりこの場合，教師は，ある価値観や結論を明確に示すことは必要ではなく――ねらいでさえもなく――，むしろ中立的な立場――A. スミスの言う「公平な観察者」［竹内靖雄，1989：42ff.］――に立って，（モラル）ジレンマの安直な解決や解消を子どもたちに許すことなく，子ども同士による討論（討議）をより一層刺激し，誘発する役割を果たせばよいわけである。極論すれば，子ども同士の討論を通じて出される具体的な結論はどのようなものでも構わないし，また根本的に子どもたちが明確な結論を出すことをも求めはしない。ただ，授業が子ども同士による活発な討論として営まれ，そのなかで子どもたちは討論のプロセスを通じて道徳性の発達を進展させればよいのである。

こうして，マル道や環境プロジェクトが実験的に試みる，環境問題についての道徳授業または環境教育の授業は，教師または授業者の思想や教育技術が高度であるだけ，かえって教師が直接，価値に関与することなしに授業実践を遂行できるという逆説的な事態を招来することになる。しかも，この場合，教師が直接，価値に関与していくことを免れる概念装置（仕掛け）は，言うまでもなく（モラル）ジレンマに求められる。つまり，2つの異なる価値の対立というジレンマ状況こそ，授業過程を方向づける海図となる。それはまた，実質的なものではなく形式的なものであり，純粋な思考が生み出す論理構造にほかならない。言い換えると，この2つの授業実践において，環境問題はすべて純粋な思考とその論理構造へと還元されていることがわかる。従って，それらが示す（モラル）ジレンマとは，すべて純粋な思考とその論理構造のなかに発生するパラドックスに還元できるのである。この場合，思考とその論理構造――形式性――のなかにあらかじめ実在する（モラル）ジレンマが，現実の世界（環境問題）へと投影され，その上であらためて現実の世界のなかに（モラル）ジレンマが事実として構成されていくという方略がとられている。こうした方略は，認識主義の所産にほかならない。つまり，この2つの授業は認識主義に陥っていると考えられる。

ところで，マル道と環境プロジェクトの授業案と（そこから推察される）授業実践の認識論からわかるように，それらはいずれも，現実の世界で現に生じているできごと，すなわち「環境」問題を取り扱いながらも，それを主題化していく過程で，例えばフロンの場合であればフロンの用途と効用，それが及ぼす環境への悪影響など，純粋にフロンに関する事実（知見）を詳細に提示していく一方で，フロンを実際に使用している私たちの行動や動機など――人間の問題――について主題化することは一切なされなかった。つまり，ここでは，フロンを実際に使用している私たちの現実世界という文脈が一切無視されていると言える。フロンをはじめ，環境問題を正面から捉えるということは，本来，現実の世界で生じているフロンの環境への悪影響を環境問題のひとつとして抽出することだけを意味せず，むしろフロンを実際使用している私たちの「現実という文脈」も併せて――不可分な形で――問題にしていくことを意味する。この2つは，ゲシュタルト心理学でいう「図と地」の関係に譬えられるが，環境問題を取り上げることは，〈図〉（フロン問題）だけを抽出することのみならず，〈図〉を支えている〈地〉（現実世界という文脈）をも問題にしていくことを意味する。2つの授業実践が認識主義に陥っているというのは，この〈図〉だけを作為的に――現実世界という文脈を離れて――抽出し，主題化することを意味する。わかりやすく言うと，そのことは，言葉の学習を行う際，語句だけを，それが使用される文脈から抽出し，分離して，系統的に子どもに教えていくという教育方法に該当する。それでは，この場合，〈地〉となる現実世界という文脈とは一体どのようなものなのであろうか。

ところで，私たちは現在，高度産業文明のなかで様々な欲求を満たし，豊かに暮らすために多くのもの（商品，サービスなどの財）を消費している。つまり，私たちはすべて日常生活において，消費行動をはじめ，様々な経済活動を営んでいる。たとえどのような山奥で生活しようと，ロビンソンクルーソーのように，無人島での孤独な生活を強いられでもしない限り，私たちが日常生活でとる行動はすべて経済活動と密接に関係している。そのことは，子どもの場合もまったく同様であり，学校外での生活の大半が経済活動に関与している。現代では例えば，高価なファミコンゲームを介して，大規模な子どもの市場が形成されており，それだけ，子どもも大人に劣らず，経済活動の世界に深く組み込まれていることがわかる。

このように，高度産業文明に暮らす私たちは子どもも含め，その生活の大半が市場を中心とした経済活動の最中に置かれている。ただ，それだけではなく，私たちにとって分配される社会的資源としての財（商品やサービスなど）には，一定の限りがあり，そのことを私たちは重々了解している。例えば，環境資源（石油や石炭など）は無尽蔵ではなく，自然の乱開発次第では数十年で枯渇してしまうとも言われている。身近なところでは，私たちがありとあらゆる商品やサービスなどの財を際限なくただで手に入れることができて，いくら使ってもなくなることがないというような状況は，ワンダーランドやユートピア世界でもない限り，決してあり得ない。財に限りがあるからこそ，それをめぐって争いや諍い，さらには盗みなども起こるのである。さらに，私たちの生命（寿命）は不老不死ではなく，有限である。私たちの生命が有限であるからこそ，この世には殺人という犯罪が存在するのである。こうした制約原理は，経済学的に「稀少性」［竹内靖雄，1989：2–8／1991：1–12］と呼ばれる。従って，稀少性原理という制約のもと，人々の様々な欲求を充足させることは，根本的に不可能なことなのである。ここに，ひとつの重大な問題が発生する。すなわちそれは，「人々が欲しがっているもの，必要とするものが全員に行き渡るほどは存在しない時に，どのようにしてそれを人々に分配すればよいか。」［同上：2］という類の問題である。それはまた，子どもの世界にもみられる「チョコレートの争い」［井上達夫，1986：43–47］という問題である。すなわちそれは，ひとつの限られたチョコレートという財を子どもの間でどのように分配するかという問題である。この場合，分配し合う子ども同士が例えば兄弟の場合であれば，チョコレートの適正な分配の仕方をめぐって，兄と弟は，お互いの言い分——正義の論理——にこだわりつつ，意見を主張し合うことになろう。結果平等主義を重視する学校のなかでは，こうした稀少性という制約は，子どもたちに意識されることがほとんどないにしても，一歩，学校の外の世界に出た途端，彼らは必然的に稀少性という制約原理にさらされることになるのである。

以上のことから，子どもの世界も含めて，市場を経済活動の原動力とする自由社会で生じる「倫理的問題は多種多様な形をとって現れるけれども，問題の基本的な構造は意外に単純なもので，結局のところ，あらゆる形の倫理的問題は経済学が取り扱うのと同じような，『稀少性』の制約がある状況から生じる問題に帰着する」［竹内靖雄，1989：3］ことになる。つまり，現実の世界で生じる倫理問題（道徳問題）のほとんどは，この稀少性という制約原理において生じることになる。そして，この稀少性という制約原理が，前述した〈地〉となる現実世界という文脈にほかならない。従って，マル道や環境プロジェクトの授業実践のなかに欠落していたのは，稀少性という現実世界の文脈であると考えられる。

こうして，「学校道徳」の虚構性（非現実性）とその「心情主義」を批判しながらも，稀少性という現実世界の文脈を一切考慮せず，むしろ現実世界で生じるできごと（例えば環境問題）のみを主題化させ，それを事実として純粋な形で子どもに認識させていくところに，マル道や環境プロジェクトの授業実践が作り出された。その場合，両者が（モラル）ジレンマという方略をもって——ジレンマについての認識には大きな隔たりがあるにせよ——，子どもたちの認識を激しくゆさぶり，彼らに活発な討論を行わせたことはもはや言うまでもない。

しかしながら，子どもたちの認識に鋭く訴えかけていく両者の画期的な授業方法は，授業のねらいとする環境問題を現実世界という文脈から作為的に切り離し，それを一切個々人の思考のあり方の問題へと還元してしまうことによって，むしろ環境問題を生み出すところの社会的レベルの問題生成の基盤を見落としてしまっている。むしろ，その問題生成の基盤は，後述するように，稀少性という制約のもとで私たちが損得勘定をめぐって繰り広げていくところに見出されるのである。また，その背面に，稀少性という限られた財の分配をめぐって生じる公正（正義）のあり方と，それが公正になされず，不平等なものとなることから生じる人々の感情の問題，特に嫉みや嫉妬の問題が見出される。つまり，稀少性という制約原理は，限られた財のなかで個々人が少しでも多く財を手に入れ，自分の欲求を満足させたい（よい結果を求めたい）という「損得勘定」と，限られた財を個々人が少しでも公正なルールに従って，正しい分配のあり方を求めたい（正しい結果を求めたい）という「公正（正義）の感情」とを同時に析出するのである。ここで，人々が自分の欲求を充たすべく，「損得勘定」に準拠しながら行動することは「功利性の原理」と規定される。「損得勘定」（功利性）を求める前者は，経済学の領域の問題であり，「公正（正義）の感情」を求める後者は，倫理学の領域の問題である。そして，現実世界で生じる問題は，環境問題も含めてその大半が，前者と後者，すなわち「損得勘定」と「公正の感情」，「功利の原理」と「正義の原理」，「経済学の領域」と「倫理学の領域」という２つの対立する原理の間で生じる問題であると言える（従って，その境界領域を扱う学問は「経済倫理学」［同上］と呼ばれる）。

見方を変えれば，従来の倫理学や道徳教育は，「公正（正義）」の原理一辺倒で解決のあり方を探究してきたと言える。市場を原動力とする豊かな自由社会が成熟した後も，倫理問題（道徳問題）は依然として経済外的な領域でのみ通用する正義の原理によって探究されている。まして，学校のなかでなされている道徳教育の後進性という問題点はもはや繰り返すまでもない。そこでは特設道徳のように，儒教道徳の影響のもと，それに通俗的な公共道徳（徳目）が加味されるといったアナクロニズムな道徳が平然と行われている。そのことからみても，今後，倫理学と道徳教育では，現実世界という文脈，すなわち「功利性の原理」主導のもと，必要に応じて「公正の原理」を考慮していくという仕方で，問題を解決していく型が用意される必要がある。従って，稀少性という枠組みを認めるということは，道徳問題（倫理問題）の完璧な解決の型を求めることではなく，できる範囲での妥当な解決・処理の型を見出すことを意味する。言い換えると，従来の道徳のように，理性の審判にその善意を委ねるという理想主義的なものに反して，新しい倫理学は，倫理問題（道徳問題）を市場システムと同型の市場倫理（社会倫理）の機能に従ってうまく「消去」しようとするものである。本質的にみて，道徳問題は美学的な探究も含む高尚な側面をもつが，とりあえず現実世界で生じる様々な問題をできる限り，市場倫理の機能によって“消去”し，最低限の倫理のあり方を構築していくことが必要ではなかろうか。ここで，最低限の倫理学について述べておくことにしたい。

前述したように，カントの“人倫の道徳学”は，積極的に善い意志を持ち，道徳律を普遍的な指令とみなすとともに，功利性を最大限，抑制するという禁欲な倫理学であるのに対して，ここでいう最低限の倫理学とは，カントのそれとは真っ向から対立するもうひとつの倫理学の流れである。その代表はJ.S. ミルの功利主義（自由主義）の倫理学である（その要諦は，『自由論』のなかに求められる）。ミルはカントの正義（公正）の原理に対して，功利性の原理に立ちつつ，社会生活を営む以上，私たちが最低限，「他者危害の原理」［加藤尚武，1993：5］を守る必要があることを唱える。言い換えると，ミルによれば，「他者危害の原理」のように，最低限「してはならないこと」さえ守れば，後は何をしてもよい，あるいは罰せられないことになる。功利主義倫理学の最大の功績は，こうした，ミルの思想からも推察できるように，法律，規則，制度を制作するときに，国民に最小限の道徳性を要求し，なおかつ最小限の規制項目を定め，最小限の刑罰を科する方法の追求を倫理学の課題としたことである。ミルをはじめ功利主義倫理学において，法や規則は，国民に対して消極的に不法なことをしないことを要求する（言うまでもなく，カントにとっては法よりも道徳の方がはるかに崇高なものとみなされていた）。

こうして，道徳によってではなく，法によって方向づけられる功利主義倫理学（功利主義的自由主義）では，他人に迷惑をかけない限り，国民は何をしてもよいという最大限の自由が認められる。従来，国民各々が自分の欲望の赴くままに勝手な行動をしては，社会秩序が破壊されてしまうという社会観が優勢であったが――「社会的正義の幻想」[Hayek, 1960=1986-87] ――，それはかつての「部族社会」に限ってのことであって，お互いの顔を見知らぬ自由社会においては，最低限のルールのみを設定し，個人の自由を最大限許容することがかえって社会秩序の維持と進展につながると考えられる。従って，自由社会――A. スミスの言う「偉大な社会（Great Society)」――においては，「……すべき」ではなくて，「……すべからず」という消極的な自由の規定こそがより重要なものとなる。

言い換えると，功利主義に立つ倫理学とは，人間の最大の幸福が達成されるように，利己主義（エゴイズム）を少しだけ制限しようとする，最低限の倫理学であり，現代の社会倫理もまた，自由社会のあり方に呼応して，最大の幸福の実現に向けて利己主義を少しだけ抑制（制限）する傾向に向かいつつあると言える。

繰り返すと，利己主義（エゴイズム）を認める功利主義倫理学の立場からすれば，私たちが自分たちの欲望・利益を追求して行動する結果として，社会が一定の秩序を維持しながらうまくやっていけるような，そのための原則やルールを「……すべからず」という形で（彼らに）示唆するものである。それは最低限守らなければならないこと，これだけはしてはいけないことを何よりも重視し，道徳的に立派な行為や個人の徳については，（現段階において）保留するものである。それが不必要であるということではなく，個々人に高尚な道徳行為を求める前に，より基本的なものとして，最低限の倫理的行為を見直し，評価し，そして実行していくことが必要ではないかというほどの意味に過ぎない。従って，ここでは私たちが利己主義（個人主義）を原則として生きているという原事実を承認するとともに，自分が利他的な人間ではないという事実を忘れない程度に――または自分が利己的な人間であるという事実を忘れない程度に――賢明な人であることを常に心がける必要がある。かえって「汝自らを知れ」が重要であって，自分が本当に利己的な人間か利他的な人間かは大して重要なことではない。事実，利己的な生き方を貫徹しようとすれば，利己的な生き方がどれほど難しいものかは身に沁みてわかるであろう。

以上のように，功利主義倫理学の立場からすれば，功利性の原理（法的思考）に基づき，各人の欲望・利益などを認めた上で，「他者危害の原理」をはじめ，最低限のルールを守ることを求め，高尚な道徳行為を個々人に求める前に，倫理問題を市場システムの「稀少性」原理に即してできる限り，「消去」することを求めていくことになる。とりわけ，功利性の原理が，個々人の利己的な生き方（エゴイズム）を認め，最低限の倫理のあり方だけを要求することは重要である。その上，個々人のそういう利己的なあり方が社会秩序を混乱させるどころか，むしろ自由競争の原理を通じて社会全体をより活性化させるという事実は，社会的正義の虚構性を示すものである。

以上ここでは，「稀少性」という制約原理，「功利性」という原理（功利的な生き方の承認），「他者危害の原理」を典型とする「してはならないこと」という最低限のルールの遵守をもって構成される功利主義倫理学（功利主義的自由主義）の概要が解明されたが，こうした原理を，前述した現実世界という文脈として組み込むとき，道徳教育の授業はどのようにプラニングされることになるのであろうか。しかも，そうした授業のなかで，本章を通して一貫して問題にしてきた（モラル）ジレンマはどのように捉えられることになるのであろうか。次に，環境問題のひとつである，フロン問題についてそのあり方と，マル道と環境プロジェクトの授業では提示されなかったその解決の型を，思考実験（シミュレーション思考）を通じて究明していくことにする。

5. 功利性原理の効用と道徳教育の革新

——社会的ジレンマという思考実験——

5.1 社会的ジレンマの理念と利得構造

マル道の道徳授業と，それを認識論的に深化させた環境プロジェクトの環境教育の授業の両者は，「学校道徳」にみられる徳目主義および心情主義，総じて「学校のなか」でのみ通用する，「学校道徳」の虚構性（非現実性）を現実に存在する環境問題（広く，社会問題）にみられる（モラル）ジレンマ——価値の葛藤・対立——を子どもたちに正視させることを通じて克服してきた。ただ，その克服の仕方が専ら，現実世界で生じるできごと（環境問題）だけを主題化させ，その結果，認識レベルでの「学校道徳」の乗り超えに留まったために，それらもまた「学校道徳」という枠組みを十分払拭することができなかったのである。この場合，見落とされてしまったものは，現実世界という文脈であり，主として，子どもも含め，日常生活を営む私たちを規定する，「稀少性」という制約原理と「功利性」という原理（功利的な生き方の承認）である。従って，「学校道徳」という枠組みを払拭し，学校の内と外を分かつことのない道徳教育のあり方は，稀少性の制約原理と功利性の原理という現実世界の文脈そのものを，授業実践のなかに組み込み，主題化することによって成立するのである。ところが，現時点でこうしたプラニングのもとに実施された道徳授業はほとんどみられない。従って，次に，思考実験という方法を通じてそうした道徳授業のシミュレーションを行うことにしたい。その題材として，前に例示したフロン問題を取り扱うことにする。ただ，社会科のなかで，こうした実験的な授業実践がなされている［工藤文三，仲村秀樹，1996：16–43］。

すでに，マル道や環境プロジェクトが指摘するように，地球環境問題はグローバルなスケールで耳目の関心を集めつつある。なかでも，フロンガスによるオゾン層の破壊と，それに伴う地球の温暖化は，異常気象や紫外線による人体（皮膚）に対する悪影響の温床となっているとも言われている。しかし，ここで言うフロンによる環境への悪影響は，実は私たちの日常生活のあり方に最も関係のある問題である。というのも，私たちが日常使用するヘアー・スプレーや冷蔵庫などに含まれるフロンガスが大気中に放出され，少なからずそれがオゾン層を破壊することにつながっているからである。これと類似した問題として，私たちが日常頻繁に使用する自動車の排気ガス（特に，アイドリング）という問題がある。その排気ガスもまた，二酸化炭素を大量に排出することによってフロンガスと相乗して地球の温暖化を引き起こしていることは明らかな事実である。

一見すると，こういう類の問題は，私たちの心がけ次第で容易に解決されるようにみえる。なぜなら，私たちすべてがスプレーや自動車を使用することを即刻止めさえすれば，こうした問題は解決するはずだからである。この問題を知るほとんどの人々は，それらを使うことを自粛すべきであることは十分理解しているし，また，環境問題が解決されることを望んでいると思われる。それにもかかわらず，現実的には，環境問題はますます悪化し，深刻化している。それはなぜなのか。実は，この矛盾した状況に本当の意味でのジレンマが見出されるからである。つまり，私たちの大半がスプレーや自動車を使用することが，地球環境には良くない結果をもたらしていることを頭のなかで認識し理解していながらも，さて個々人（自分自身）がそれを実行する段になると，厳しい罰則でも与えられない限り，使用してしまい，その結果，環境問題はますます悪化してしまうのである。

このように，社会のなかには，一人ひとりの個人が自分勝手な行動をとることによって，お互いに迷惑をかけあっているという現象（状況）が存在する。それは一般に「社会的ジレンマ」［山岸俊男，1990］と呼ばれる。前述したように，私たち全員が揃って，フロンや自動車を使用するという，環境にとってマイナスの行動，すなわち長期的にみて迷惑な行動を止めれば，私たちの社会はもっと住みよい社会になるし，そのことは誰もがわかっている。しかし，多くの人々がこうした迷惑な行動をとっているなかで，私たちは「自分一人だけ」頑張っても，結局「自分だけ馬鹿をみる」ことになってしまうだけで，まったく事態が改善されるわけではないと考えてしまうところに環境問題が発生するのである。それが社会的ジレンマという事態にほかならない。また，社会的ジレンマを示す典型として，「親方日の丸」または「大釜の飯」という言葉がある。それは，いくら一生懸命働いてもその見返りがあるわけではなく，「自分だけ馬鹿をみる」だけであり，またいくら怠けてもその報いがあるわけでもないなら，別にあくせく働かなくても，適当に働いているふりをしていればいいではないかと考え，皆が怠けるようになるということを表す言葉である。

こうして，社会的ジレンマ問題の根底には，人間が社会生活を営む限り，どうしても避けて通ることのできない，個人と個人，すなわち個人と社会全体との利益の葛藤が存在する。ここで，社会的ジレンマが個人の問題には還元され得ず，個人と個人がかかわる間から生じる問題であるということは重要である。例えば，生命がまさに「生きている」とみなされるのは，分子レベルの物理・化学的な原理によって観察される現象ではなく，その原理を基底としながらも，そのはるか上位の原理によって観察される現象であるのとまったく同様に，この場合もまた，社会もしくは社会秩序を，その下位原理となる個人へと還元して，解明することはできないのである。このように，下位原理への還元が不可能な性質あるいは上位レベルでは，下位のレベルで見られない新たな原理（性質）が発現することは，「創発（emergence）」［Polanyi，1966：45f.］と呼ばれるが，ここで言われる社会的ジレンマという現象もまた，個人と個人とのかかわりを通じて初めて生み出される創発現象にほかならない。だからこそ，個人と個人のかかわりを通じて形成される社会秩序の問題は，個人の問題に還元することができないのである。その意味で，環境プロジェクトが環境問題の解決を“一人ひとりが水を汚さないためにできることをしよう”というように，個人のライフスタイルの変容に求めることを「態度主義」と呼び，それを批判してきたことは妥当であったと言える。従って，社会的ジレンマの研究では，そもそも，利益の葛藤の起こり得ないワンダーランドやユートピアを目指すのではなく，個人と個人との間，ひいては個人と社会との間に利益の葛藤――価値の葛藤という高尚なものではなく――が存在することを根本的な前提とする。

以上，社会的ジレンマとは，一人ひとりの個人が自分勝手な行動をとることによって，お互いに迷惑をかけあっているという現象であり，結果的にみると，集団全体が自分で自分の首を絞めているというジレンマ状況を意味する。こうした社会的ジレンマは，R.M. ドゥズによって次のように簡潔に定義される［Dawes, 1980］。すなわちそれは，まず，⑴一人ひとりの人間にとって，「協力」か「非協力」かどちらかを選択できる状況がある，⑵こうした状況で，一人ひとりの人間にとっては，「協力」を選択するよりも「非協力」を選択する方が望ましい結果が得られる，⑶一人ひとりの人間にとっては，「非協力」の方が「協力」よりも望ましい結果を生み出すが，全員が自分にとって個人的に有利な「非協力」を選択した場合の結果は，全員が「協力」を選択した場合の結果よりも悪いものになってしまう，といった３つの条件命題から成立する。ドゥズのこの定義を表で示すと，表１のようになる（表１は，［Dawes,1980］を参考に著者が作成したものである）。

条　件	選択対象	選択内容	選択結果	
⑴⑵	一人ひとり	協力・非協力	協力≪非協力	矛盾
⑶	全員	協力・非協力	協力≫非協力	

表１　社会的ジレンマの利得構造

表１の条件⑵と⑶の選択結果を比較すれば明らかなように，「協力」か「非協力」を選択できる状況のなかでは，一人ひとりが自ら得するという

合理的な判断を行って「非協力」を選択していくことは，社会レベルで望まれる「全員が協力する」という選択の仕方と大きな落差を析出してしまうことになる。つまり，一人ひとりの個人が自分にとって合理的な選択を行うとき，それは自ずと社会秩序において非合理的な状態を生み出すことになるのである。繰り返すと，これら3つの条件が集団や社会に存在している場合には，一人ひとりの個人にとっては「非協力」を選択する方が有利なわけであるから，誰も進んで「協力」を選択しなくなり，全員非協力という事態が発生してしまう。つまり，誰もが「全員非協力」よりも「全員協力」の方が良いことを知りながら，誰も進んで「協力」を選択しないため，結局，誰にとっても望ましくない全員非協力状態が起こってしまうのである。

それでは，再び，先程例示したフロン問題をこのドゥズの定義に当てはめて考察してみると，まず「自分一人ぐらい」とか「どうせ自分がやっても」と思いつつ，フロンガスの入ったスプレーを使用する私たちは，地球環境という「大釜の飯」を食べつつ，自分たちの首を絞めている。一人ひとりの人間は，フロンガスを使用するかどうか，排気ガスを出すかどうかといった形で「協力」か「非協力」かの選択を行う。この場合，各々の個人にとってはフロンガスを使用したり，自動車に乗ることによって利益を得ることになる。つまり，「非協力」を選択する方が個々人にとっては有利なのである。ところが，多くの人が全体のことを考えずに，自分の目先の利益だけを考えて行動すれば，結局は，全員が大きな代償（つけ）を支払わなくてはならなくなってしまう。あらためて，フロン問題とは，私たち一人ひとりがその損得勘定（利得構造）をめぐって引き起こされる最も身近な社会的ジレンマであるということができる。

それでは，フロン問題に代表される環境問題を解決するためには，どうすればよいのであろうか。例えば，私たち全員が悔い改めて「自分一人ぐらい」という考えを捨て去れば，問題は解決されるという意味で，つまるところそれは，一人ひとりの「こころ」の問題，または生活態度（ライフスタイル）の問題と捉える立場がある。前述したように，それは環境問題を社会的ジレンマとして捉えることができない立場に過ぎない。環境問題は，その創発性原理に従い，（マクロな）社会秩序の問題として定式化されるのが正しく，個人の問題へと還元することはできない。ただし，環境問題が個人の問題へと還元不可能な理由はそれだけに留まらない。それが批判されなければならない本当の理由とは，次の点に存在する。すなわち，環境問題を個人のライフスタイルの問題へと還元するこの立場が，暗黙裡に環境問題を「精神主義的」な方向で解決可能なものとみなしていることに見出される。つまりそれは，環境問題を解決していくためには，道徳を通じて，子ども一人ひとりの「こころ」に自然環境の大切さを伝えていかなければならないという，「教育」的立場である。具体的には，特設道徳が要請しているように，それは，子どもに利他主義，すなわち他人のためになる行動を優先的に行う態度を身につけさせることである。この立場では，環境問題は，教育（道徳教育）という精神主義的な手段によって解決可能であるとみなされる。いわゆる教育万能主義，ときには「思想」教育ともなる。それにしても，こういう楽観的な方法によって，社会的ジレンマとしての環境問題は果たして解決できるのであろうか。その問いに答えるために，次に，ある思考実験を試みることにする。

5.2　教育効果の不均衡と利他主義教育のアポリア

ここに，40人から成る小学校高学年のある学級で，担任のＡ先生が日頃強い問題意識をもっているフロン問題について道徳授業を行ったとする。その授業を通じて，Ａ先生は「フロンの地球温暖化への影響」に関する新聞記事などを効果的に利用しながら，深刻化するフロン問題，特にその悪影響について子どもたちに教えていき，子どもたちもまたフロン問題について一定の認識を確立するまでに至ったとする。そして，授業の終わりにＡ先生は，“君たちはフロン問題について勉強したのだから，地球環境のことを考えて，今後フロン入りのスプレー（殺虫剤や虫よけスプレー）などを使ってはいけません”と彼らに告げたとする。一方，子どもたちもまた，その授業の成果もあって，先生の言うことが正しいと納得し，各々，スプレーなどを使わないことを誓い合ったとする。以上が思考実験のあらましである。

ここで問題としたいことは次の点である。万一，この授業を通じて，40人の子どもたちすべてがフロンの地球環境への悪影響を認識し，その上で教師が指令したこと（＝フロン入りのスプレーを一切使用しないこと）を忠実に守るようになるとすれば――そのことが100パーセント保障されるとすれば――，私も含め誰もが道徳教育による精神主義的な方法――フロン問題に対する利他主義の確立――による解決策を選択するであろう。確かに，思考実験という方法を通じてそうした完璧な結果を想定することは不可能なことではないし，現に完璧な「思想」教育がなされた実例を歴史的に見出すこともできる。

思考実験からみると，それに類似したものとして，J. ロールズが社会契約説を手がかりにしつつ，未来世代の権利を導き出すために試みた「原初状態（the original position）から出発する」[Rawls，1971＝1979：93ff.] という仮定が挙げられる。つまり，その真意は，原初状態から出発して「人間が利己的でなかったならば」という前提で倫理のあり方を発生論的に組み立てていくというものであり，ここには功利主義パラダイムを排除し，正義的共同社会の実現をめざす，実にロールズらしい完璧な思考実験の方法がみられる。この思考実験の方法は，正義か教育か，その中身こそ異なれ，両者にとって“雑音”となり得るマイナス要素は排除し，理想状態を想定するという意味において，両者は同型的であると言える。しかし，現実的には，これほど完璧な結果，すなわち理想状態を想定し得るのであろうか。恐らく，それは否であろう。現実的に考えれば，フロン問題についての授業の結果は，普通，次のようになると思われる。すなわち，A先生の努力の結果，40人の子どもたちの大半（仮に35人としてみる）は教師の忠告を忠実に守るであろう。彼らにとって教師の教育効果は十分実証されたものと考えられる。しかし，問題は残りの数名の子どもたちである。彼らもまた，学級の他の子どもたちと同程度に，フロン問題について一定の認識をもつようになったかも知れない。ただ彼らが他の子どもたちと異なるのは，そうした認識とはまったく別に，自分の利益を優先させてフロン入りのスプレーを使うことを選択するという点である。まして，彼らからみて，この，教師の忠告を破ったからと言って，何ら咎められることはないし，家のなかでこっそり使っていれば，誰にもわかるはずはない。このように考えた結果，数名の子どもたちは「自分一人ぐらいと考えて」依然としてフロンを使い続けることになろう。

しかも，問題は次の契機によってより深刻なものとなるかも知れない。その契機とは，例えば，自分の利益を優先させる子どもたちが教師の忠告を守っている子どもたち——自分の信念に基づいてスプレーを絶対に使わないという子どもではなく，どちらかというと，本当は使いたいが，教師に忠告されたので使わないようにしているという子どもたち——に対して，自分がスプレーを使っているということ，しかもそれをこっそり使ってもわからないということや控えめに使うだけなら環境にそれほどの悪影響を及ぼさないということを伝えた場合である。要するに，「自分一人ぐらい使ってもいい」や「使わないと自分だけ馬鹿をみる」を示唆するメッセージを他の子どもたちに伝えた場合である。この場合，よほど確固とした信念をもって使わないということを決意した子どもでなければ，その誘惑にのってスプレーを再び，使い始める可能性が高い。つまり，子どもたちに利他主義という態度を教育することを通じて環境問題を精神主義的に解決していこうとする試みは，こうした教育効果のムラ・不均衡，すなわち利他主義をまったく身につけず，利己的な行動を一貫して行う一部の子どもたちを生み出してしまうということによって，失敗してしまうことになる。むしろ，様々な性格や個性をもつ子どもたちが一同に集う学級や学校において，すべての子どもたちに対して一律の教育効果を実現すること自体，まったく不可能なことであると考えた方がより現実的であると言える。言い換えると，初めから，（道徳）教育の効果を通じて子どもたちに利他主義を体得させ，社会的ジレンマを解決していくことよりも，彼らがごく自然な形でもっている利己心を十分活用して，その解決を試みる方が有効であろうと思われる。また，教育効果を通じて，「人間性」の変革を計ること自体，どれだけ不自然でかつ野蛮なことであるか知れないのである。従って，教育の力を通じて利他的態度を子どもたちのなかに確立できるという安直な思い込みは捨てなければならない。そして「人間性」の変革に基づく――利他主義的なエネルギーを利用した――理想の共同社会（共同体，コミューン）そのものは，社会的ジレンマを解決した未来の理想の社会形態であるどころか，社会的ジレンマさえも生み出すことのない――非協力な行動を選択する人間を“村八分”にして関係を断つ――，かつての閉鎖的な「部族社会」か，それとも「思想」統制を徹底化させた抑圧的な社会かのいずれに過ぎないと考えられる。

こうして，社会的ジレンマとしての環境問題は，「人間性」変革による解決の方向――教育によって利他主義を育成する方法――ではなく，稀少性という制約原理が作動するなかで，個々人の利己主義的なエネルギーを十分利用した解決の型が求められることになる。また，その解決の型こそ，顔の見知らぬ者同士が自由な交換・交流――その媒体としての貨幣――を通じて，自分の力によっては不可能なコトやモノを獲得でき，その結果，社会そのものが活性化されていくことになる自由社会に適合したものであると言える。それでは，環境問題をはじめ，社会的ジレンマは，こうした顔の見知らぬ者同士――「隣は何をする人ぞ」に表現される――から成る自由社会において，功利主義的なエネルギーを利用しつつ，どのように解決されていくのであろうか，そしてこの場合，自由社会に生きる子どもたちに対して，どのような道徳教育のあり方が構想されるのであろうか。次に，その解決の型を社会的ジレンマの理論に即して示すことにしたい（その上で，後者の問題に言及していくことにする）。

5.3　行動結果に基づく人間類型

その解決の型を探究していくにあたって，初めに人間が選択する行動パターンの結果から判断される，人間の性格タイプを3つに分類し，それを理論構築していく場合の仮定としていくことにする。その3つの性格タイプとは，「利己主義」と「利他主義」，そして両者の中間態としての「利他的利己主義」［山岸俊男，1990：46ff.］である。逐一，説明を加えていくと，まず，先程から批判されてきた「利他主義」とは，利己心や自分の利益を顧みず，他人のためになる行動を優先させる態度のことを意味する。世の中には，たとえ少数派であっても，特殊な家庭環境や学校教育の効果によって育成された「利他主義」的な行動をとる人間が存在する。それはある状況で一時的に利他的な行動を選択するということではなく，どのような状況においてもほぼ一貫してそういう態度をとり続けるということを意味する。完璧な「利他主義」者は，個人的には“優れた人格の持ち主”であるがゆえに，世間から信用され称賛されることになる。

ここで問題となるのは，「利己主義」と「利他的利己主義」である。一般に，「利己主義」とは，広く，自由社会で承認される利己的な生き方，すなわち自分の欲求を満たすために自分の利益を優先させることを意味するが，ここでいうそれは，どちらかというと，どのような場合でも自分の利益だけを優先させる——ときには，自分の利益を度外視しても他人の損失（不幸）を喜ぶというような——近視眼的な（ガチガチの）利己主義者のとる態度を指す。従って，この場合の「利己主義」を限定して，「近視眼的利己主義」と呼ぶことにする。

これに対して，もうひとつの「利己主義」である「利他的利己主義」とは，「情は人のためならず」，すなわち「人に親切にするのは結局自分のためになる」［同上：41］と端的に表現されるような態度を意味する。つまりそれは，最終的に自分の利益を追求しているのであるが，相手の協力的な行動を引き出すために自分が協力的な行動をとる，いわば「わけのわかった」「利己主義者」の態度である。これらの性格タイプは，行動結果からみた便宜的なものであり，現実的に個々の人間がどれに分類されるかという基準を示すものではない。しかしそれでも，私たちのなかに完璧な「利己主義」者や「利他主義」者がほとんど存在しないことを考えるとき，人間の大半がこの「利他的利己主義」的な態度をとっているものと考えられる。従って，「利他的利己主義」はごく普通の人間がとる，ごく普通の行動パターンであり，態度なのである。

以上のことから次のことがわかる。他人の行動を解釈するにあたって，社会的ジレンマという状況で協力的な行動をとりやすい人々，すなわち「利他主義」もしくは「利他的利己主義」をとる者が「善悪」という側面から協力・非協力の選択を判断するのに対して，非協力的な行動をとりやすい人々，すなわち「近視眼的利己主義」をとる者は，強いか弱いかという権力的な側面から非協力の選択をとる傾向があるとともに，他人が協力していようといまいと，常に非協力的な行動をとる傾向があるということである。また，「利他的利己主義」者は他人の行動に応じて自分の行動を柔軟に変える――他人が協力的な行動をとれば，自分も同じく協力的な行動をとり，他人が非協力的な行動をとり続ければ，自分も同じく非協力的な行動をとり続けるという「応報戦略」をとる――のに対して，完璧な「利他主義」をとる者は，「善悪」の基準（正義の基準）から他人の行動とは関係なく，一貫して利他的な行動（協力的な行動パターン）をとり続けるし，完璧な「利己主義」，すなわち「近視眼的（ガチガチの）利己主義」をとる者は，「強弱」の基準（権力の基準）から他人の行動とは関係なく，一貫して利己的な行動（非協力的な行動パターン）をとり続けると考えられる。

このことから，「近視眼的利己主義」をとる者は，「利他主義」をとる者が一貫して協力的な行動をとり続けることや，（その行動に同調した）「利他的利己主義」者が協力的な行動をとることにつけ込んで，いわばこうした協力的な行動に“寄生”して，「甘い汁を吸う」ことになる可能性があることがわかる。ただ,「利他的利己主義」をとる者は，他人の行動パターンの選好にあわせて自分自身の行動パターンを柔軟に変えていく状況主義者であるがゆえに，他人の善意につけ込み，甘い汁を吸う「近視眼的利己主義」者を，初めのうちはともかく，長期的にはのさばらせることはない。しかし，他人の行動パターンの如何に関係なく，善悪の基準に基づいて利他的行動を一貫してとり続ける「利他主義」者は,「近視眼的利己主義」者につけ込む隙を与えることで，その格好の餌食となってしまう。見方を変えれば,「利他主義」をとる者は，確かに優れた人格の持ち主で世間から信頼され称賛されようが，反面，他人につけ込ませる隙を与えるという点で，社会秩序の形成からみる限り，望ましくない人格タイプであることがわかる。自由社会の秩序形成にとって，正直者がとる「利他主義」は，必ずしも優れた態度とは言えない。

5.4　社会的ジレンマの解決に向けての思考回路

以上の迂回を経て，環境問題に典型化される社会的ジレンマを解決していくためには，利己主義的エネルギー，正確には「利他的利己主義」的な――「近視眼的（ガチガチの）利己主義」ではない――エネルギーを利用して行わなければならないことがわかる。それでは，その解決を自由社会（顔を見知らぬ者同士から成る社会）のなかでどのように行えばよいであろうか。次に，社会的ジレンマ解決における思考の流れ図（フロー・チャート）を図15として示すことにしたい。

次の頁に示した社会的ジレンマ解決のための思考のフロー・チャートからわかるように，継続的にかかわる二者および三者以上の小集団（顔見知り同士から成る社会）では,「利他的利己主義者」として相互的に応報戦略をとりさえすれば，社会的ジレンマは回避できるか，または非協力的な行動パターンを淘汰する方向で容易に解決することができる。本来，小集団において生じる社会的ジレンマは真正のものではなく，一時的になされるにしても，その集団が継続されている限り，小集団内での

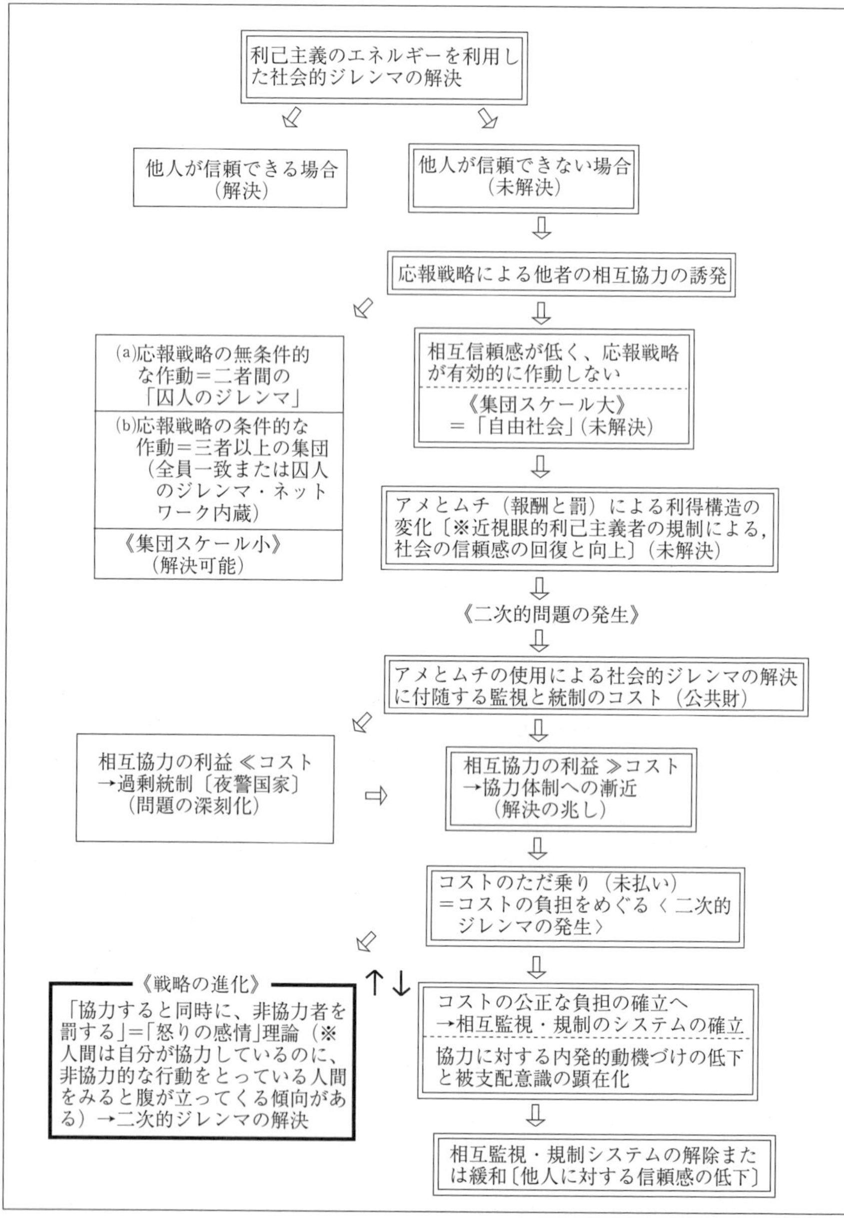
利己主義のエネルギーを利用した社会的ジレンマの解決
他人が信頼できる場合（解決）
他人が信頼できない場合（未解決）
応報戦略による他者の相互協力の誘発
(a)応報戦略の無条件的な作動＝二者間の「囚人のジレンマ」
(b)応報戦略の条件的な作動＝三者以上の集団（全員一致または囚人のジレンマ・ネットワーク内蔵）
《集団スケール小》（解決可能）
相互信頼感が低く、応報戦略が有効的に作動しない
《集団スケール大》＝「自由社会」（未解決）
アメとムチ（報酬と罰）による利得構造の変化〔※近視眼的利己主義者の規制による，社会の信頼感の回復と向上〕（未解決）
《二次的問題の発生》
アメとムチの使用による社会的ジレンマの解決に付随する監視と統制のコスト（公共財）
相互協力の利益≪コスト→過剰統制〔夜警国家〕（問題の深刻化）
相互協力の利益≫コスト→協力体制への漸近（解決の兆し）
コストのただ乗り（未払い）＝コストの負担をめぐる〈二次的ジレンマの発生〉
《戦略の進化》
「協力すると同時に、非協力者を罰する」＝「怒りの感情」理論（※人間は自分が協力しているのに、非協力的な行動をとっている人間をみると腹が立ってくる傾向がある）→二次的ジレンマの解決
コストの公正な負担の確立へ→相互監視・規制のシステムの確立
協力に対する内発的動機づけの低下と被支配意識の顕在化
相互監視・規制システムの解除または緩和〔他人に対する信頼感の低下〕

図15　社会的ジレンマの解決に向けての思考回路

戦略を熟知することによって自然に解決される。それに対して，顔の見知らぬ者同士が，稀少性のもと，相互的に自分の利己心（エゴイズム）に従って協力・非協力という行動をその都度選択していくことになる自由社会では，社会的ジレンマの解決が容易ではないことがわかる。フロー・チャートではその解決の型が右の方向へ行く程，常に複雑化している。そして，その中央部分に「アメとムチによる利得構造の変化」と示されているように，結局，社会秩序を形成していくためには，「近視眼的利己主義」者に対してムチ（罰）を与え，ある程度力づくでその自分勝手な行動を抑制していくことが必要となる。そのことを通じて，利他的行動パターンをとる者，特に「利他的利己主義」者が安心して協力することが可能になり，その結果，社会全体のなかに協力してもつけ込まれないという信頼感が回復されてくることになる。正確には，状況にまったく左右されない「利他主義」者はともかく，主として応報戦略をとる「利他的利己主義」者にとって，社会的レベルでのそうした信頼感の回復には意味があると考えられる。そのためには，ムチという強制手段が必要になるのであるが，ここでいうムチとは，社会契約論を提唱したT. ホッブスが規定する「公権力」と同義である。つまり，彼によると，公権力とは，「他人につけ込まれたり搾取されたりする心配」をなくすための手段であるが，まさに「ムチ＝公権力」の目的は，本来，人々を強制的に協力させることにあるのではなくて，自発的に協力したいと思っている人々（「利他的利己主義」者）の不安（心配）を取り去ることによって，そうした人々が自ら望んでいる協力行動をとることができる環境を作り出すことにある。すなわちそれは，「ムチ＝公権力」に基づく他人に対する不信感の解消または安心の保証である。通俗的な見方に抗して，ホッブス自身は，人々の利己的な生き方を放任することの危険性を「万人の万人に対する戦争状態」――無秩序な自然の状態――としていち早く洞察し，お互いの不信感を除去する装置として，公権力の必要性を唱えたのである。

こうして，自由社会において社会的ジレンマを解決していくためには，一見，否定的に捉えられる傾向のある「公権力」を適宜――「限界質量」［同上：89］を超えて信頼感が破綻する前に首尾よく――利用していかねばならないのである。なお，元の社会的ジレンマから発生するコストについての二次的ジレンマについて言及することは，当面の課題から逸脱することになるため，ここでは留保し，以上のことを踏まえつつ，図示したフロー・チャートに即して，社会的ジレンマについての解決の型を結論づけていくことにしたい。

まず第1に，フロン問題をはじめ一連の環境問題は，個々人が自分自身どのような行動をとればよいかわかっており，全員がそれを実行すれば解決できるにもかかわらず，その根底に個人と社会の間での利益の葛藤が介在するために発生してくる社会的ジレンマであると規定された。マル道や環境プロジェクトは，（モラル）ジレンマを環境問題に対して直面する私たち人間の認識レベルの問題――生活向上（の工夫）と環境保護（＝生活を戻すこと）との対立現象――と捉えるが，そういう捉え方は，環境問題が個々人にとって身近な問題であることを無視してしまう，そういう意味であまりにも認識主義的なものであった。つまり，ジレンマとは，後述するように，通常，無意識のうちにやり過ごされるか，あるいは無視される性質のものであり，それを明晰な認識の俎上にのせてしまうこと自体，無理がある（矛盾している）と考えられる。ジレンマとは，私たちにとってより身近に存在するものであるがゆえに，意識のうえで明確に捉えられないものなのである。想起すれば，社会的ジレンマそのものが，思考実験またはシミュレーション的思考を通じて初めて可能性として顕在化されてくる類のものであり，私たちがそのことを逐一，意識して対処しているわけではないのである。つまり，社会的ジレンマおよびそれにかかわる協力・非協力という行動パターンは，私たちにとってより安直にかつ単純に捉えられ，選択されているのであって，それが図示したフロー・チャートのような形で顕在化されてくるのは，それを理論的に主題化した場合だけなのである。平たく言うと，そのことは例えば，私たちがモノを見るとき，その視覚行動そのものは私たちにとってほとんど意識されることがないにもかかわらず，その行動について生理学の立場から科学的に究明し，そのメカニズムを理論的に記述していくとき，それが複雑多岐なものとなることとまったく同じ事態である。ただ，社会的ジレンマを理論的に主題化していくことが，視覚行動を理論的に扱う場合と大きく異なるのは，それがシミュレートされることで社会秩序の形成に対して，人間のとるべき行動パターンが可能性のレベルにおいて先駆的な形で見通されてくるという点である。つまり，そうした理論的な主題化が環境問題そのものを解決するための型を積極的に提示し得る。

そして第2に，現段階での解決の型は次のように提示される。まず1つ目は，自分で自分の首を絞めるような結果（社会的ジレンマ状況）は避けたいと思っている「利他的利己主義」者も，それが社会的ジレンマ状況であることに気づかなければ，協力的な行動をとろうとは思わないということである。例えば，フロン入りのスプレーを使うことが，環境破壊につながることを事実として知らなければ，誰もそうした行動を差し控えようとはしない。その意味で，マル道や環境プロジェクトのように，道徳教育や環境教育の授業を通じて子どもたちに現実世界で生じる環境問題を豊富な資料を介して事実として伝えていくことには意味があると言える。両者がフィクショナルな「学校道徳」という枠組みを超えて，そのことの重要性を明示化し，実践しただけでも，十分評価に値する。要は，どのような性格のタイプかはともかく，子どもたち全員に対して皆が非協力的な行動をとり続ければ，結局は皆が損をするという因果連関の構造をまずは事実として伝達すべきである。そのことは，結果として多くの「利他的利己主義」者を啓発することになろう。

そして2つ目は，「利他的利己主義」者を啓発した上で，子どもたちが進んで協力するようになる環境を作り出すということである。前述したように，「わけのわかった」利己主義者である「利他的利己主義」者に対して，「協力しても自分だけ馬鹿を見ることはない」という保証（安心）を与えることが必要であり，そのためには非協力者が少ないうちに「近視眼的利己主義」者を何とか抑制するための手を打つ必要がある。つまり，社会的ジレンマ状況で人々が協力的な行動をとるようになるためには，相互協力の重要性を認識し，自ら進んで協力する意思をもつようになると同時に，他人が信頼でき，自分が協力的な行動をとった場合に，他人につけ込まれたり搾取されたりする心配のない環境作りが不可欠になる。なお，社会的ジレンマの解決にとって，1つ目は必要条件，2つ目は十分条件となる。そのためには，ときには，「他人につけ込まれたり搾取されたりする心配」をなくすための手段として，ムチを行使し，利得構造の操作を行うことを通じて，集団（社会）そのものの信頼感の回復と向上を計ることも必要なのである。

以上が，環境問題に代表される社会的ジレンマに対する解決の型であるが，それを道徳教育の授業などを通じて実施していくためには，幾多の困難が想定される。そのひとつが，社会的ジレンマという問題そのものが自由社会という顔の見知らぬ者同士から成る大規模の社会であるのに対して，それを実施していく授業の場が顔見知りから成る少数の社会であるということである。ただ，そのスケールの混同を恐れることなく，さらに環境問題の解決について考えていくとき，それは現在のところ，かろうじて次のように述べることができる。つまり，社会的ジレンマとして規定される環境問題を解決していくためには，学級で日々営まれる授業実践において，子どもたちを「物分かりのある」「利己主義」者としての「利他的利己主義」者へと教育することである，と。これが最善の方法であるということはできないが，自分の利益を無視してまで他人のために行動せよと指令する利他主義を子どもに植えつけるよりは，はるかに容易なことであり，なおかつ「近視眼的利己主義」者につけ込まれ，甘い汁を吸われるというリスクも少ないと考えられる。言い換えると，従来，「学校道徳」は利他主義という態度を子どもに植えつけることにあまりにも躍起となってきたのではなかろうか。

そして，こうした教育を効果的に実践していくために，前述したように，環境問題を事実として子どもたちに明確に伝えるとともに，（その積み重ねのなかで）それが，損得勘定（利得構造）にかかわる人間の行動パターンから生じる社会的ジレンマとしてのパラドックスであること——その解決の困難性も含めて——を子どもたち（特に，「利他的利己主義」者）に気づかせ，啓発し——その際，社会的ジレンマという概念を使用する必要はないが——，その上で，「利他的利己主義」者が進んで協力していくことのできるような環境を，多少の強制手段を講じてでも作り出していくことが不可欠になる。とりわけ，子どもたちに対して，「自分一人くらい協力しなくてもよい」という態度を抑制させることのみならず，それと同時に，あるいはそれ以上に「協力しても自分だけ馬鹿を見ることはない」という保証を与えることの意義は決して小さくないと考えられる。

以上，社会的ジレンマの思考実験（シミュレーション的思考）を通じて，環境問題に対する功利性の原理の効用が証明されたが，その原理は果たして，生命問題——生死の領域——に対しても適用可能なものかどうかについて次に検討していくことにしたい。

6．道徳授業の改革の端緒としての「命の授業」

ところで，すでに論述したように，環境問題とは，功利性の原理をもって解決していくのできるあるいはその可能性のある問題領域であった。否それどころか，予想に反して，その問題の解決の型は，個々人が各々もっている利己主義的エネルギーをうまく利用することによって初めて見出されるのである。それに対して，環境問題とともに，現在，マル道などによって開発され，注目されつつある生命問題の場合は，どうであろうか。深澤は，「命の授業」というユニークな道徳授業を足場としてその後，環境問題や人権問題などの教材を開発（発掘）し，道徳教育（道徳授業）の改革を推進してきたのであり，その意味で彼は生命問題を道徳授業の改革を行う原点としている。ここでは，まず道徳授業の改革の端緒となった「命の授業」を取り上げ，検討していくことにしたい。

ところで，深澤の「命の授業」は次のように展開される［深澤久，1990a］。授業の導入部として教師（深澤）は，「あなたにとって大切な人は誰ですか。」と子どもたちに質問し，それに該当する人が数名いることを確認すると，さらに子どもたちに「大切な人の中で，１人だけ頭にうかべなさい。」と指示する。ここまではごく普通の授業と大差のない展開である。他の授業と袂を分かつのは，教師の次の発問によってである。それは，「その人（＝最も大切な人）をお金で値段をつけるとすると，いくらですか。」という発問である。この，教師の発問は，子どもたちを挑発することでかえって，子どもたちから人の命が数百万・何百億でも表すことができないという反論が出されることになる。その後，教師は子どもたちに「人体の成分表」を示す資料を提示し，「科学的に人間の値段をつけると，三千円になる」ことを伝える。それでも，子どもたちは合点が行かず，「人間は機械ではないのだから，このようにバラバラにしてそれぞれの値段をつけてもだめだ」とか「生命はこんなものじゃない」という反対意見を活発に出していく。

次に，教師は別の話題に移る。それは「『いじめ』で中３自殺」という見出しの新聞記事（中学校３年生の男子がいじめっ子に毎日のように集められ，それを苦に自死したという内容の資料）で，教師はそれを子どもたちに配布し，読み上げ，その上で感じたことを書かせ，発言したい子どもたちに自由に発表させる。どの子どもの発言にも，迫力があり，いじめた子ども，教師，自殺した子どもに対する怒りがぶつけられる。さらに，教師はまた別の話題に移る。それは「お父さんが小さなつぼに入ってしまった。ぼくはとてもくやしい」という見出しの新聞記事（日航機墜落事故でお父さんを亡くした小学校５年生の男子が事故の経過とその時の心情を克明に綴った作文を原文のまま掲載した資料）で，教師はそれを子どもに配布し，読み上げ，その後，「今日の授業のテーマは何か」と発問し，子どもにそれについて論述させる。時間の関係で，一人の子どもに論述したことを発表させる。

以上，深澤による「命の授業」は，３つの資料（教材）を通じて展開されるが，授業の最後で出された教師の発問に対して，子どもたちが論述したことをみる限り，授業全体を通じて教師の意図したことが彼らに十分伝わったものと考えられる。彼らの論述をみると，授業のテーマとして，例えば「生きていることの価値」，「人の命の重さ・価値」，「人の命の大切さ」，「死」，「人はお金で買えるものではない」などというような回答がなされている。つまり，この授業を通して，すべての子どもたちが「命の大切さ，かけがえのなさや人間の価値」について真摯に考えていることがわかる。なかでも，授業の最後で発言した子どもたちの論述したことは，特筆に値する。彼はテーマを「人間の命」と答えた上で，「今日やった二つの死について，決定的なちがいがある。それはふせげた死と，ふせげない死だ，ということである。」と述べた。深澤が授業の目標としていたのは「ある『いじめ』の事実を批判しながら，生命の重さを感じとる」ことであるが，彼が授業の後で述懐しているように，そのことを暗示させるような発言をまったく行っていない。にもかかわらず，この子どもの論述に象徴されるように，教師がどうしても子どもたちに考えさせたいと思う事柄――授業者の思想――を子どもたちが自ら洞察できたのである。

ところで，深澤がこの「命の授業」を行うきっかけとなった動機は，彼が教え子の死に直面したことにある。一人の身近な子どもが死に至るまでに繰り広げてきた「生への執着」を示すことが迫力ある道徳授業の原動力となり得ると彼は考えた。一般的に，教師は子どもたちに知識や道徳を教えるにあたって，自分自身がパーソナルな学習経験を通して形成してきたものを手がかりにせざるを得ないという側面がある。つまり，教師が今まで受けてきた学習経験の広さと深さが教えることに活かされるのである。その意味で，深澤個人の受けたパーソナルな学習経験の質は深く，それが授業者の思想として結実化されることで，（従来の道徳授業に比べて）このように魅力的で迫力のある道徳授業の範型を創出できたものと考えられる。

以上，「命の授業」について論述してきたが，今後生命問題を道徳授業のなかで実施していくにあたって，この授業から次のことを学びとることができる。1つ目は，前述したように，教師は子どもたちに「大切な人の命」を物理・化学的な人体成分に還元した上で，それに「三千円」という値段（交換価値）を付けていくという方略をとっているということである。この方略は，かつてナチスが収容所でユダヤ人を殺害してその人体から資源を取り出し，その人体成分をもとに，石鹸などを作り出すといった暴挙を現実に行ったということを想起させる。そこでは，人体は単なる資源に過ぎず，値段に換算されていた。また，この方略については――まったく異なる観点であるが――，すべての生命を遺伝子レベルの記号とその組み合わせに還元し，生命すべての超＝平等性，裏を返せば人間もアメーバも決定的な差異をもたないという「人間中心主義」批判――“人間の終焉”――を唱えた分子生物学のイデオローグたちと類似したところがある（ただし，反面，そのイデオローグたちは遺伝子記号の操作を通じてすべての生命を作り出すことができるという傲慢な人間中心主義を生み出してしまった）。いずれにせよ，こうした方略は，すべての価値あるものからその意味を剥ぎとってしまうという意味で，ニヒリズムを背景とする思考実験の形態である。しかし，深澤自身も暗に気づいているように，この思考実験を通じて，“手垢にまみれた”既成の価値から不要なものを取り去り，価値あるものすべてを，一旦，無に返し，そこから新たに“価値とは何か”について思考し始めることが可能になる。つまり，この思考実験は，“手垢にまみれた”人間という価値を子どもがまったく新たにかつ新鮮な目で見直し，原初的に生命（人の命）とは何かについて考えさせることになる。

繰り返しになるが，2つ目は，教師自身，どうしても伝えたい事実を授業の過程のなかで子どもと一緒に考えているということである。そのこと自体何ら特筆に値しないことにみえるが，敢えて指摘するというのは次の理由による。すなわちそれは，万一，教師が授業のねらいを限定し，それを子どもが習得するように授業を意図的に展開していったとすれば，授業の最後で発言した子どものように画期的な論述はなされることがなかったであろう，と。その子どもは，死にも，いじめによる自殺のように「ふせげた死」と，事故による「ふせげない死」があることに気づき，いじめの事実を人々の協力によって回避できたものと批判的に分析している（ただ，この子どもの発言を十分尊重するにしても，穿った見方をすれば，航空機事故による人の死もまた，本当に「ふせげない死」であるかどうか，容易に判断することはできない，それでは「チェルノブイリ原発事故」はどうかなども含め，「ふせげた死」と「ふせげない死」の境界基準は，多様な資料を介して真摯に取り組めば取り組むほど，複雑な様相を呈してくる問題なのである）。そのことも含めて，この子どもの発言（論述）は，「命の授業」をさらにオープン・エンドの授業にしていくエネルギーを内包していると言える。

総じて，教師は子どもたちに事実を伝えていくことのみならず，それ以上に自分が学習したことを子どもたちに教えることによってそれをより確かなものにしていく努力を行っている。一般に，“教えることは学ぶことである”と言われるように，教師は子どもたちに教えることによって，知らず知らずのうちに，その教材内容をより深く理解することができる。例えば，教えている最中に，今まで看過していたことに思わずハッと気づき，熟知していると思っていた事柄についてあらためて見直すということは，教師であれば，恐らく誰もが一度は経験したことがあろう。まして，深澤が行うのは，生命問題を対象とする「命の授業」である。“教えることが学ぶことである”という論理に照らすと，人間すべてにとってこういうのっぴきならない問題を扱う主題ほど，教師も含め，個々の子どもたちが各々独自に取り組むよりも，深澤が実践したように，それを授業という人間集団の組織を十分活用して，取り組んでいく方が効果があり，進展もみられると考えられる。言い換えると，生命問題は，子どもの発言にみられるように，教師の目論みを超えて進展していく可能性が高いものであるとともに，子どもたちにとっても教師の「予定情報」［宇佐美寛，1978：143］をはるかに超えて思わぬこと，すなわち「過剰情報」［同上］を知らず知らずのうちに身につけたり，考えたりしていく可能性が高いものであると言える。

ただ，道徳授業の改革の出発点となる「命の授業」についてその問題点をひとつだけ述べると，この授業はどちらかと言うと，教師の過去に受けた深刻な学習経験を基盤にして，それに重ね合わされる形で人の命（死）についての授業がなされていることから，教師（授業者）の思想が授業の雰囲気を介してありありと子どもに伝わってしまっているということである。授業者である深澤本人が述懐するように，確かにこの授業を通して教師自身の考えていることや教えたいことは言葉としては子どもに伝達されていない。ただ，教師の思想は，言葉を通じて子どもに「伝えられる」以前に，すでに授業の雰囲気を介して「伝わっている」のではなかろうか。子どもたちは，教師の発する「問い＝言葉」を解読しなくても，それ以前に雰囲気として伝わってくる「モード情報」［金子郁容，1986：131］を解釈していけばよいわけである。以上述べたことは，必ずしもこの授業の価値を損なうものではないにもかかわらず，そのことがこの授業の展開を一義的なものへと方向づけたということは否定し得ない事実であろう。その分，子どもたちは教師の意図する結論を予測できたのではないかと思われる。また，穿った見方をすると，授業のなかで扱われる資料はいずれも，授業者の思想にしっかりと根づいたものでない限り——位置づける焦点が少しでも外れれば——，享受する者の感覚や感情（情動）を徒に刺激するだけの興味本位のものとなってしまう危険性がある。それだけに，授業者は，たとえこの授業がうまくいったとしても，その成功の原因が資料の有するそうした際どさにありはしないかと，一度は疑ってみるべきである。

それでは次に，同じ生命問題を扱いながら，教師と子どもたちにとって問題解決の型がまったく未知なるものとして立ち現れてくる，脳死問題を扱った「医師のまよい」という道徳授業について検討していくことにしたい。

7．功利性原理に基づく道徳授業と「脳死・臓器移植」問題
――思考実験としてのサバイバル・ロッタリー――

7.1　授業戦略としての功利主義擁護

ところで，これまで論述してきたように，複雑多岐な現代社会のなかで，環境問題や生命問題をはじめ，様々なのっぴきならない問題が発生した時のために解決の型を用意することのできる道徳教育のあり方，すなわち決疑論としての道徳授業モデルを構築していくために，マル道や環境プロジェクトによる実験授業の試みを詳細に検討してきた。そして，両者の成果の延長線上に，特設道徳とそれに準ずる道徳教育，すなわち「学校道徳」のパラダイムを超える，画期的な道徳授業のあり方（モデル）が示唆された。ただ，その最大の問題点として，その道徳授業のモデルのいずれもが，いわゆる公正（正義）の原理だけをもって問題解決の型を志向していくという問題点が指摘された。言い換えると，それは公正（正義）の原理と対立する，もうひとつの重要な原理である功利性の原理を見落とし，従って現実の世界を規定する稀少性という制約原理を無視したまま，現実の問題（特に環境問題）を純粋な認識論レベルの問題へと還元してしまったのである。と同時に，両者が強調する（モラル）ジレンマについても認識主義の枠組みのなかで処理してしまったため，それは，損得勘定（利得構造）をめぐって個人と社会の間で現実的に生じる葛藤現象，すなわち社会的ジレンマという事象があることを看過してしまったのである。以上のことから，今後，決疑論としての道徳授業モデルを構築していくためには，できる限り，稀少性という制約原理と，そこから生じる功利性の原理という２つの原理をもって，現実の問題を解決していかねばならないものと考えられる。

ところで，これから検討していく「医師のまよい」という道徳授業についてあらかじめその要点を述べておきたい。まず，この教材が，副題

に付された「〈1人でも多くの命を救うこと〉のジレンマ」ということからもわかるように，マル道の成果を活かしてモラルジレンマの観点から作成されているということであり，次に，この授業が，授業者と授業提案者との連携によって綿密にプラニングされ，授業の成立過程，すなわち授業を支える思想や戦略が授業提案者によって明確に論述されているということである。また，先程述べたこと，すなわち功利性の原理をもって道徳授業モデルを構築していくということに関連して，根本的なことをあらかじめ述べておくと——後で詳述するが——，「脳死・臓器移植」問題という，現実的にみて緊急の課題となる生命問題に対して——従って，それを主題とするこの授業に対しても——，それが稀少性という制約原理のもとにあるからと言って，それに功利性の原理を無造作に適応していくとき，問題解決の見通しが得られるどころか，かえってアポリアに陥ることになると考えられる。つまり，環境問題が功利性の原理をもって解決される見通しが開示されたのとは異なり，単純な功利性の原理だけをもって生命問題に対処していこうとすると，個人の生存権の絶対性が成り立たなくなる。

言い換えると，功利主義の立場から，道徳の究極の“正義”と規定される「最大多数の最大幸福」，すなわち一部の人の犠牲によって全体の人が利益を得るという功利主義計算は，功利主義と自由主義と並んで，現代の社会倫理の特徴として挙げられる，民主主義の究極の原理である「多数決原理」と併用されるとき，多数者が少数者を犠牲にすることが常時行われる危険性が生じるのである。そのことを典型的に示すのがこの類の問題なのである（ただし，ここでは，生命問題への明確な焦点づけを考慮して，多数決原理の導入およびそれに伴う制度の施行という政治レベルの問題は保留し，功利主義原理に基づく純粋な思考実験を試みている）。また，一部の人が犠牲になる（死ぬこと）でより多くの人（例えば2人）が救われるという功利主義がもたらす論理帰結は，驚くべきことに，生命を軽視（蔑視）する反ヒューマニズムの立場に由来するのではなくて，「『人間の生命』は無条件に尊く，したがってどのような犠牲を払っても守るべきもの，それ自体が目的とされるべきもの」［竹内靖雄，1989：194］とみなす立場，すなわち「生命至上主義」［同上：194ff.］に由来する。というのも，「生命が何よりも大切だということなら，生命の数や量が当然問題になるのであって，それは救われる生命と犠牲になる生命の数の比較，あるいは『正味（ネット）救われる生命』の数の勘定に帰着する」［同上：196］からである。その結果，「生命至上主義」は，意外なことにも「最大多数の最大幸福」という功利主義原理に帰着してしまう。とともに，「多数決原理」という数や量の基準に基づいて，少数者が多数者によって犠牲にされてしまうのである。それでは，以上のことを踏まえつつ，この道徳教育の授業過程について詳細に検討していくことにしたい。まず，授業提案者によって明確に論述された授業の成立過程および授業戦略について考察していきたい。

授業提案者，吉永潤は，功利主義の原理，すなわち「最大多数の最大幸福」の原理を，「ある局面である行為が選択されることにより，その行為者を含めた人々みんなが感じる快さ，幸せの総計が全体として増えるのならば，その行為はなされるべきものである」と捉えた上で，「われわれが日常生活のなかで『道徳』と呼んでいることの相当の部分が，この功利主義原理に支えられていること」［吉永潤，1992：7］を指摘する。つまり，私たちが功利主義原理を認めるか否かとは関係なく，すでに「われわれの中には，功利主義的発想が自明のものとして浸透しているのである。」［同上］吉永は，功利主義原理を有力な社会構成原理であることを認めながらも，それがどのような道徳問題についても有効なものであるかどうかを，あるひとつの，しかも特殊な思考実験を通じて確証していくことを試みる。その成果が，現代の「脳死・臓器移植」問題を凝縮した教材，「医師のまよい」［吉永潤・馬場一博，1992］である。ここで試みられる思考実験とは，次の通りである。すなわちそれは，病院に２人の重症患者が入院している。１人は心臓が悪く，もう１人は肝臓が悪い。２人とも，特定の臓器が欠損状態にあり，このまま放っておくと，死を待つばかりである。彼らが唯一生き残る道は，各々に対して健康な心臓と肝臓を移植するしかない。そこで，医師はこの２人の重症患者を見て次のように考えた。すなわち，“《ある健康な人》を犠牲にして，健康な心臓と肝臓を摘出し，それらを各々重症患者に移植する。その健康な人は死ぬが，そのことで２人の患者の命が助かる。１人が生きて２人が死ぬよりも，２人が生きて１人が死ぬ方が，幸福の総計（計算結果）は高くなるはずである。しかも１人でも多くの命を救うことが，医師の使命ではないか。”というものである。端的に言うと，ここで“医師のまよい”というのは，人命さえも社会（人々）の幸福増進のための手段（資源）として利用してもよいかどうかということである。私たちがこのケースの医師と同じく，功利主義原理を単純に現実問題に適用していくとき，１人の健康な人の命を犠牲にしてしまうという矛盾――「功利主義のパラドックス」［吉永潤，1992：7］――に遭遇し，なおかつ，功利主義原理とはまったく異なる道徳原理に抵触してしまうことになる。吉永自身も述べるように，「功利主義の見地からみれば，その考え方は正しいということになってしまう」［同上：8］にもかかわらず，反面，それが「どこかでわれわれの人権，生きる権利を脅かす力を，備えている」［同上］のである。

さらに，この教材が独創的な側面は，次の点に見出される。すなわちそれは，犠牲にされるのが《ある健康な人》である場合，先程述べたように，その人の生存権，人権に対する蹂躙・侵犯行為であると，躊躇なく明言することができるの対して，それをまったく異なる状態の人間，例えば《脳死の人》や《植物人間の状態にある人》などへと変更してみた場合，理由を含めてそれと同じ主張を間髪を入れずに行うことができるかどうかを問題にしているということである。つまり，功利主義原理に忠実に従って《ある健康な人》を犠牲にすることは，私たちの誰もが正しくないと，異口同音に主張することができるにもかかわらず，それが例えば《脳死の人》へと変更されるとき，個々人の間で道徳的判断は分裂し，ひとつの社会的合意（コンセンサス）を作り出していくことが困難になる。総じて，ここで生じる“医師のまよい”が医療技術を含めて，より現実的な問題へと漸近していくとき，それは単なる架空の極限的な例題を超えて，現実の“医師のまよい”——それどころか，“脳死の人”を取り巻く“家族のまよい”——となり得るのである。その意味で，この教材のなかでなされる条件変更は，現実的に生じる「脳死・臓器移植」問題に対して有効な方法となる。

ところで，授業提案者によれば，「功利主義のパラドックス」と規定される思考実験の内容，ひいてはそれを凝縮したモラルジレンマ教材の内容は，イギリスの功利主義倫理学者，J. ハリスが行った「サバイバル・ロッタリー（Survival Lottery）」［Harris，1980＝1988：167–184］——以下，特別な場合を除き「ロッタリー制度」と呼ぶことにする——という思考実験上のプロジェクトを基礎にして考案，作成されたものである。ハリスのロッタリー制度については後述するが，その前にひとつだけ注目したいことは，「（この）授業では，戦略として，ハリスの論法を用い」［吉永潤，1992：9］，「教師は功利主義擁護の立場から，健康な人を殺してはならないという子どもの意見を徹底してゆさぶる」［同上］ことを目論んでいるということである。こうした授業戦略は，前に検討した「命の授業」のなかで授業者の深澤が人体成分表を利用して人の命を値段に還元するそれと類似している。むしろ，深澤の授業戦略を継承していると捉えた方が適切であろう。それは，深澤の授業の場合でもそうであったように，子どもたちを挑発し，彼らの意見を激しくゆさぶっていくであろうことが予想される。

以上，この授業に対する授業提案者の思想とねらいについて論述してきたが，それにはひとつだけ問題点が見出される。すなわちそれは，授業戦略として功利主義原理の擁護が打ち出され，実際に教師は功利主義の立場に立ちながら授業を展開していくのであるが，反面，授業提案者はあらかじめ生命問題に対する功利主義原理の限界を見通しており，実質的には，生存権，人権の擁護を唱える正義（公正）の原理を子どもたちに教えるための効果的な手段として，功利主義原理を利用しているということである。従って，この授業では，根本的に，功利性の原理が思考実験のどの段階で破綻するかという功利主義の限界を見極めていくことが志向されてはいないのである。授業提案者は,「功利主義適用の限界点を,功利主義の考え方と正対させることによって考えさせたい」[同上]と述べているが,その言明はこの授業戦略の実質からみて正確なものとはいえない。むしろそれは,すべての個人の生存権,人権の公正な尊重(絶対性)という「正義(公正)の原理」——前述したように,カントを鼻祖とする正義論——を子どもたちに的確に教えるために,それと明確に対立する功利性の原理を彼らに正対させていくという授業戦略をとっていると言い換えた方がこの道徳授業のねらいに即している。従って,この教材は,実質的には,副題に示されたような「〈1人でも多くの命を救うこと〉のジレンマ」という功利主義のパラドックスを具体化させた,モラルジレンマ資料ではあり得ない,より正確には,モラルジレンマ資料として利用され得ないと考えられる。ただ,その辺りの混乱が後述するように,“医師のまよい”ならぬ“授業者のまよい”の原因となるのである。

以上,授業提案者が掲げる授業戦略に関する問題点が指摘された。繰り返すと,その問題点とは,この授業を通じて功利主義原理が破綻するところ——その限界——をぎりぎりまで見極めていくのではなく,初めから授業のねらいを正義の原理(生存権と人権の公正な尊重)へと焦点づけ,功利主義原理を,それを効果的に教えるための単なる手段とみなしていることにある。それでは次に,この教材を作成する元となったハリスのロッタリー制度の概要について言及していくことにしたい。

7.2　サバイバル・ロッタリーの思考回路と功利主義のパラドックス

ハリスが提示する「サバイバル・ロッタリー(生き残りのための籤)」の骨子は,およそ次の通りである。なお,論述に合わせて,図示することにしたい(図16参照)。

①まず臓器移植の技術が完璧になったと想定する。そして,瀕死の2

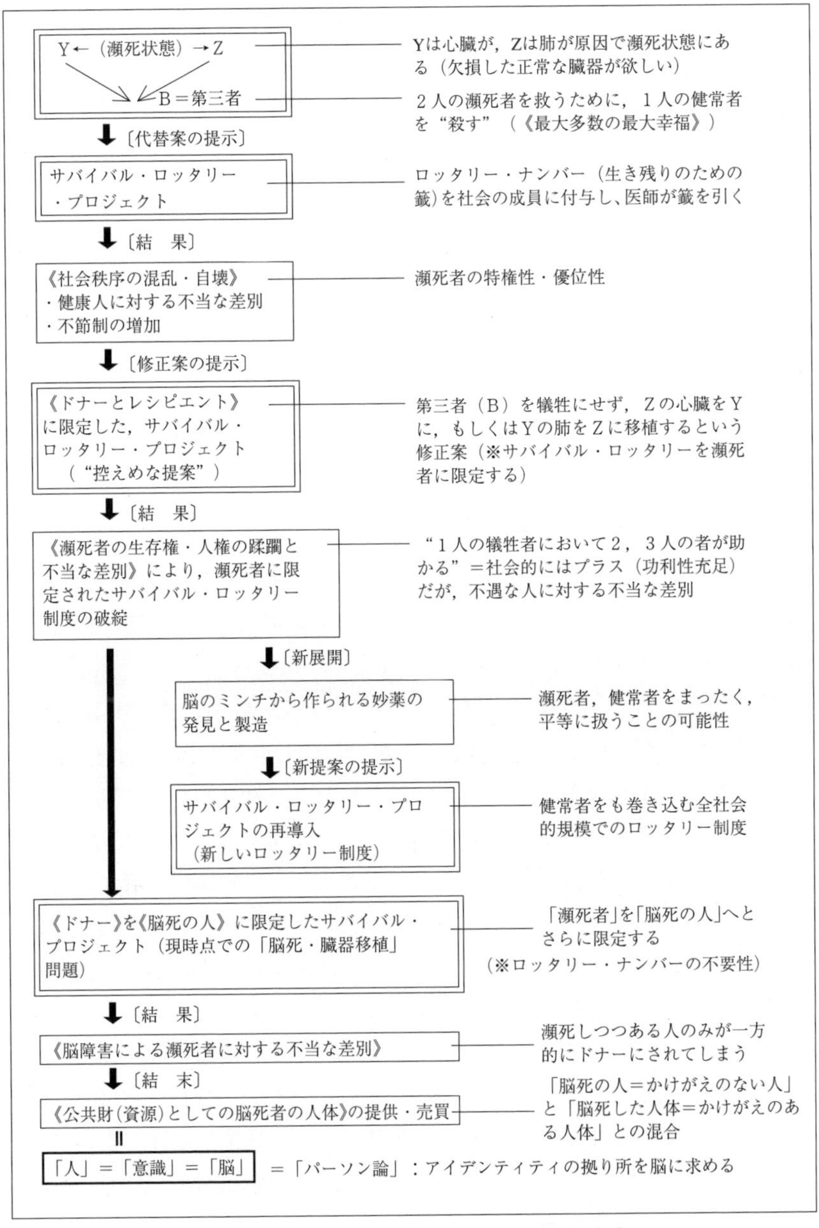
Y←（瀕死状態）→Z
B＝第三者
Yは心臓が，Zは肺が原因で瀕死状態にある（欠損した正常な臓器が欲しい）
２人の瀕死者を救うために，１人の健常者を“殺す”（《最大多数の最大幸福》）
〔代替案の提示〕
サバイバル・ロッタリー・プロジェクト
ロッタリー・ナンバー（生き残りのための籤）を社会の成員に付与し、医師が籤を引く
〔結　果〕
《社会秩序の混乱・自壊》
・健康人に対する不当な差別
・不節制の増加
瀕死者の特権性・優位性
〔修正案の提示〕
《ドナーとレシピエント》に限定した，サバイバル・ロッタリー・プロジェクト（“控えめな提案”）
第三者（B）を犠牲にせず，Zの心臓をYに，もしくはYの肺をZに移植するという修正案（※サバイバル・ロッタリーを瀕死者に限定する）
〔結　果〕
《瀕死者の生存権・人権の蹂躙と不当な差別》により，瀕死者に限定されたサバイバル・ロッタリー制度の破綻
“１人の犠牲者において２，３人の者が助かる”＝社会的にはプラス（功利性充足）だが，不遇な人に対する不当な差別
〔新展開〕
脳のミンチから作られる妙薬の発見と製造
瀕死者，健常者をまったく，平等に扱うことの可能性
〔新提案の提示〕
サバイバル・ロッタリー・プロジェクトの再導入（新しいロッタリー制度）
健常者をも巻き込む全社会的規模でのロッタリー制度
《ドナー》を《脳死の人》に限定したサバイバル・プロジェクト（現時点での「脳死・臓器移植」問題）
「瀕死者」を「脳死の人」へとさらに限定する
（※ロッタリー・ナンバーの不要性）
〔結　果〕
《脳障害による瀕死者に対する不当な差別》
瀕死しつつある人のみが一方的にドナーにされてしまう
〔結　末〕
《公共財（資源）としての脳死者の人体》の提供・売買
「脳死の人＝かけがえのない人」と「脳死した人体＝かけがえのある人体」との混合
‖
「人」＝「意識」＝「脳」
＝「パーソン論」：アイデンティティの拠り所を脳に求める

図16　サバイバル・ロッタリーの思考回路

人，ＹとＺがいるとする。Ｙは新しい心臓が，Ｚには新しい肺が必要である。２人は，誰か１人（老人Ｂ）を殺すことができるなら，自分たち２人の生命は助かると主張する。けれども，罪のないＢを殺すことには抵抗がある。また，病院の外を偶然通りかかった通行人を，医者が恣意的に臓器提供者に選ぶということになると，恐るべき権力を医師が握ることになる。これは避けなければならない。さらになぜ，老人Ｂが選択されなければならないのかという理由も明瞭でない。

②そこで，ＹとＺは，これらの難点を解消するために，ロッタリー計画というものを発案する。それは「すべての人に一種の抽籤番号（ロッタリー・ナンバー）を与えておく。医師が臓器移植すれば助かる二，三人の瀕死の人をかかえているのに，適当な臓器が『自然』死によっては入手できない場合には，医師はいつもセントラル・コンピュータに適当な臓器提供者の供給を依頼することができる。すると，コンピュータはアト・ランダムに一人の適当な提供者のナンバーをはじき出し，選ばれた者は他の二人ないし，それ以上の者の生命を救うべく殺される。」［Harris，1980＝1988：170］というものである。

③ただし，ハリス自身は，「私がこのロッタリー計画に賛成するのは，私がこの犠牲者になることに同意する場合に限られる」［ibid.：176］と述べている。しかしながら，ハリスはこうしたロッタリー計画に懸念を表明している。それはヒューマニズム（人道主義）の立場からではなく，ロッタリー計画が社会の健全さを損なうように，自滅的に作用する恐れがあるからである（マクロな社会秩序の混乱）。その理由は，次の２点にある。ひとつは，瀕死者のなかにごく自然に健康な臓器を求める傾向が生じることになる。そのことは，健康人に対する不当な差別を生み出す社会を生み出してしまう。もうひとつは，いつでも臓器を取り替えてもらえるなら，節制の必要がなくなり，不節制家が増えていくことになる。万一，そのようになると，健康人が事実上，死の宣告を受けて生きているような状況が生じてしまう。つまり，“ご都合主義の”ＹとＺの提案は，社会の全員にロッタリー・ナンバーを与えようというものであったが，

それは瀕死者が必然的に，より健康な者の臓器を求める傾向が生じることになり，その結果，健康者を差別することになってしまう。しかも，そのことは，瀕死者の特権性，優位性が生じるという逆説を招来することになる。そして，この逆説によって，社会が自滅してしまうことにもなり兼ねない。

④こうした懸念から，ハリスは，サバイバル・ロッタリーのもつラディカル性を除去し，「控えめ」に提案し直す。「つまり，臓器移植が完全になった場合に，サバイバル・ロッタリーを瀕死の者たちに限定するよう制度化してはどうか」［ibid.：183］，と。ここで，ハリスは，社会の自滅という最悪の事態を避けるために，ロッタリー・ナンバーを与えるものを《瀕死者》に限定しようと提案する。これならば，臓器提供者（ドナー）も臓器受納者（レシピエント）も瀕死者であるから，１人の犠牲において２人ないし３人の者が助かり，しかも③でみられた逆説が生じないことから社会的にプラスになる。

⑤確かに，この新しいロッタリー制度を導入することによって，社会の自滅という最悪の事態は免れることができるが，今度は別のアポリア，すなわち瀕死者の生存権，人権の蹂躙と不当な差別を招来させてしまう。つまり，不遇な瀕死者（少数者）に対する不当な差別によってこの“控えめな提案”もまた破綻してしまうことになる。ただし，こうした捉え方はハリスの思考実験には見出すことができない。つまり，ハリス以外のその他の者であれば，恐らく“控えめな提案”は瀕死者に対する不当な差別を生み出し，破綻するとみなすであろう。そして，この考えに同調する者は，ハリスがさらに行う思考実験の続きもしくは結末（⑥と⑦）に進まず，それを無視して一挙に⑧へ向かうことであろう。言い換えると，ハリスが行う①～⑤の思考実験は，私たちの誰にでも理解できるものであるのに対して，ハリスの試みるロッタリー制度の結末となる⑥と⑦は，容易には理解できないどころか，拒絶されるものと言える（従って，次に⑥と⑦をハリスの思考実験に即して示すが，私たちとしてはハリスのそれとはまったく別に現実の「脳死・臓器移植」問題を究明して

いく上で有益と考えられる思考実験を⑧，⑨，⑩と継続していくことにする)。

それでは，私たちが現実の「脳死・臓器移植」問題を究明していくために独自に行った思考実験（⑧〜⑩）を示す前に，先程の⑤の続きとなるハリスの思考実験（⑥と⑦）を示すことにしたい。

⑥繰り返すが，ハリスは，“控えめな提案”が破綻する時点をまったく驚くべきところに見出していく。つまり，彼によると，瀕死者に限定したロッタリー制度が破綻をきたす時点とは，どのような病気でさえも治すことができる妙薬が発見されたときにほかならない。仮に，ハリスとともに，意表をついたこの状況設定に付き合うとき――その是非はともかく――，一応，瀕死者に限定したロッタリー制度が破綻することは首肯できる。しかし，ハリスはこの奇怪な状況設定にさらに独特な味つけをしていく。すなわち，彼は，この薬が人間の脳のミンチからしか製造されないという条件をつけるのである。

⑦こうした状況設定を一笑に付すことは容易であるけれども，この時点でもまだ，彼の思考実験に付き合うとすると，誠に恐ろしい結末が生み出されてくることがわかる。すなわち，万一こうした条件が付けられるとすれば，たとえ限定付きのロッタリー制度（“控えめな提案”）が破綻するにしても，今度は，健康者をも巻き込んだ全社会的規模の「サバイバル・ロッタリー」制度が再導入されるという事態が生じてくることになるのである。

ここまでがハリスの行った思考実験の概要である。それでは次に，ハリスの思考実験とは異なる新たなそれを⑧〜⑩として示していくことにしたい。

⑧ところで，ハリスによって提示された，ロッタリー・ナンバーを瀕死者だけに限定して与えるという“控えめな提案”は，現実的に生じている「脳死・臓器移植」問題に照射してみる限り，ひとまず《瀕死者》に対する不当な差別をもって破綻することはないと言える。むしろ現実的にみる限り，ドナーとなる――実際には，そうさせられる――《瀕死

者》は，普通，①で述べた心臓や肝臓など，脳を除く器官が著しく欠損し，瀕死状態にある重症患者とみなされてはいない。例えば，心臓の欠損が原因で瀕死状態にある人を人体解剖して，心臓以外の，例えば肝臓，肺，角膜などを取り出し，他の人に提供してもよいという社会的基準は皆無である。それを実行すれば，有無を言わず“殺人罪”を科せられる。言い換えると，現実的にドナーとみなされる《瀕死者》は，《脳死の人》だけである。それではなぜ，《脳死の人》だけが，ドナーとされてしまうのか。その答えは至って簡単である。その理由は，人間にとって最も躍動的な器官である脳，心臓，肺のうち，現段階の医療技術をもって取り替え不可能なのは，脳だけであることに求められる。脳は人間にとって特別な器官なのである。従って，不幸にして脳を損壊した瀕死者，すなわち脳死に近づきつつある人だけが，瀕死者のなかで一方的にドナーにされてしまうという事態が生じるのである。そのことは，ハリスとはまったく別の，限定されたロッタリー制度の再導入を意味する。しかもそれは，思考実験による可能世界の問題ではなくて，私たちの社会のなかで現実的に起こりつつある問題なのである。驚くべきことに，「脳死・臓器移植」問題について，極限的な事例からはじめ，その条件を次第に緩やかなものへと変更していくとき――ハリスはそれを“控えめな”と表現するが――，その問題はより現実に近いものへと漸近していくことになる。そして，今や，⑧に至って，現実に起こりつつある「脳死・臓器移植」問題の実像とほぼ重なり合わされたのである。

⑨しかし，ドナーを《瀕死者》から《脳死の人》へとさらに限定していくとき，ロッタリー制度はもはや不要になる。というのも，ドナーが特定の瀕死者へと固定化されたため，生き残りを賭けた籤引きを行うことがもはや不要になってしまったからである。ここで再び，《脳死の人》，すなわち脳障害による瀕死者の生存権，人権の蹂躙と不当な差別が問題化されてくる。しかし，ここで注意すべきことは，今度の⑨の段階では，⑤の段階の場合のように，必ずしも生存権，人権の蹂躙や不当な差別が告発される可能性が低いということである。《脳死の人》のほとんどすべ

ては，脳損傷のため，常に深い昏睡状態にあって，明確な意識（自己意識）をもち得ず，自ら生存権，人権が蹂躙され，不当に差別されていると感じることはないと言われる。そのことの多くは臨床医によって説明される。ただその場合でも，内部意識の消失は決して確認されているわけではなく，確かな根拠はない。しかしながら結果的には，《脳死の人》が自ら，そのことについて意思表示することができないということで，そうした議論そのものが意味をもたないことになる。また，《脳死の人》をもつ家族は，《脳死の人》が一方的にドナーにされること，あるいはそのようにされる可能性が高いということに対して，反対することはできても，それを主張する理由について社会的合意を得ることが困難であるため，個々のケースを超えて，社会的レベルで《脳死の人》がドナーにされることに対して，生存権，人権が蹂躙されることや不当な差別を受けていることを問題にすることはできない。《脳死の人》をもつ家族は，その脳死者の選択の仕方をめぐってどのようなものからも強制されないため，《脳死の人》が構造的に差別を受けていることに気づくことはない。ましてや，臓器を早急に提供することが，《脳死の人》をもつ家族の使命であるということが，ヒューマニズムの美名のもと，まことしやかに説かれるのが現状である。ここではその是非はともかく，確認したいことは，ドナーの対象が《瀕死者》から《脳死の人》へと変更された途端，正義の原理からみてもほとんど支障もなく，ロッタリー制度が確立される可能性が高くなるということである。実際，この制度が確立した時点で，ドナーが《脳死の人》へと限定されることになるため，その制度そのものが不要になるが，実際には《脳死の人》のうち，どの人をまずドナーに仕立てるか——どのような基準をもってドナーを選択するか——をめぐって，さらなるロッタリー制度が必要となるかも知れない。いずれにせよ，冷静にみる限り，脳死しつつある瀕死者だけが一方的にドナーにされてしまうことは，ヒューマニズムの美名をはじめどのような条件が付与されようとも，構造的には《脳死の人》の生存権，人権の蹂躙となり，彼らに対する不当な差別になることは疑う余地のない事実となり，限定されたロッタリー制度の精神に反することになると考えられる。こうした帰結が，「脳死・臓器移植」問題をめぐる様々な言説の背後に隠されている真実ではなかろうか。

ところで，現段階で，《脳死の人》だけがドナーにされるという不当な差別を受けないようにするためには，医療技術の進展によって，他の主要な器官と同じく，脳が取り替え可能になる場合しかあり得ない。ただし，こうした捉え方そのものは，功利主義原理に基づくロッタリー制度の延長線上にあり，脳のミンチから妙薬を製造することを想定するハリスの場合と何ら変わりがない。つまり，ロッタリー制度という発想そのものが，すべての人間がその内部の臓器について，徹底した交換価値として出現することを要請しているのである。たとえ，脳死者が全死者のわずか1パーセント程度に過ぎず，しかも人工呼吸器（レスピーター）と脳死判定できる高度な医療機器・施設（ ICU など）を完備した病院でしか，脳死は起こらない，脳死者は出現しないとはいえ，反面，サバイバル・ロッタリーという構造のうえで生きている“私たち”は，たとえわずか1パーセントの確率であっても，ロッタリー・ナンバーを与えられる可能性があることは事実である。見方を変えれば，ロッタリー制度とは，本来，ドナーを《瀕死の人》や《脳死の人》という不遇な人たちに限定せず，医療技術の進展を期待しつつ，《健常者》も含む臓器移植に関するロッタリー・ゲームへの全員参加――“すべての人にロッタリー・ナンバーを与えよ”――を要請する“平等主義”の権化なのである。前述したように，《脳死の人》と呼ばれる，脳死しつつある者が，医学上，未来永劫にわたって不治であるというような根拠はどこにもないがゆえに，《脳死の人》だけをドナーに固定化して，このロッタリー・ゲームを中止してしまうことは，ロッタリー制度の有する平等主義という精神に反することになろう。

⑩けれども，現実的にはドナーからの臓器提供を一刻でも早く受けたいと念じている多くのレシピエントが存在している。つまり，現在の「脳死・臓器移植」問題の争点に焦点づけて述べると，完全なロッタリー

制度の実現は断念して，近い将来にロッタリー・ナンバーを《脳死の人》だけに限定して与えてしまおうということになる。現実に存在する臓器の需要が，ロッタリー制度の実質的な中止を要請しているのである。万一，こうした仕方でのロッタリー制度の中止が認められるとすれば――すなわち，脳死しつつあるものを不可逆的に死につつあるものとみなし，脳死を個体の死とみなすことができるならば――，臓器移植をめぐる「生き残りを賭けた籤引き」は終焉し，《瀕死者》も彼ら同士でサバイバル・ロッタリーを引き合う必要がなくなるし，《健常者》も1パーセントの自滅可能性からも救われることになる。総じて，社会そのものが“健全”となるのである。

しかし，その画期的な試みもまた，次の新しい事態を産出してしまう。すなわち，ひとつは，脳死者は脳血管障害や頭部外傷などの一次性の脳障害と呼ばれる病変に多く，従ってそれらは当然，健常者（健康人）にあるとき突然襲いかかる質のものである。そのことは，ドナーを待ち受ける瀕死者の視線が無意識的に健康人に向けられることを意味する。すなわち，わずか1パーセントの脳死の確率をめぐるサバイバル・ロッタリーの番号札が潜在的な形で健常者全員に配られているということを意味する。もうひとつは，脳死者が自らは交換物を要求しない――要求できない――，無償の自然臓器の提供者――“利他主義”者――として現出することである。従って，脳死者の人体は，かけがえのある公共財という側面を露出させる。そして，言うまでもなく，脳死者の人体が公共財とみなされるためには，脳死を個人の死と規定する社会的合意（コンセンサス）が，立法化され，制度化されていなければならない。また，臓器移植の技術がきわめて高度に進展していることが重要な用件となる。

現在，「脳死者の人体を公共財とみなす」動きは，世界各地で起こっている。ロシアの場合，脳死の判定基準は厳しいが，一度脳死を認めてしまった後は，保健省が臓器摘出の権限を有しており，本人や家族の同意は必要としないと規定されている。また，フランスでは本人が生前に移植拒否をしていない限り，いくら家族が拒否しても，それに関係なく臓器移植は可能である。脳死した人体は，その脳死した人やその家族から疎外され，新たに公共財としての価値が付加される。わが国では，こうした段階に至ってはいないが，それでも家族が臓器移植に同意した瞬間から，家族を締め出した臓器移植用の治療に切り替わると言われている。わが国ではまだ，脳死した人は，脳死の瞬間にその人体を分離されるのではなく，家族が臓器移植に同意した瞬間が，脳死した人体が脳死した人や家族から切り離される時となる。

このように，脳死者の人体が公共財（医療資源）とみなされるとき，必然的に「脳死の人」［森岡正博，1991：13–30］と「脳死した人体」との間に明確な分離が生み出される。「脳死の人」とは，交換不可能な，かけがえのない人――固有名をもつこの人――であるのに対して，「脳死した（人の）人体」は，自然臓器，その他豊富な資源的な価値をもつ純粋な，従って誰にも帰属されないもの――固有名を剥がされたひとつの物体――である。

こうして，脳死しつつある者ないし脳死者への差別が固定化され，制度化されると，「脳死した人体」は，公共財という視線で眺められるようになる。つまり，「脳死の人」とその人体は，固有名をもつかけがえのなさを失う代わりに，公共的な財としてかけがえのあるという属性（医療資源としての価値）を獲得するのである。そのことは，それを必要とする社会そのものが，かけがえのあるという属性を死者，それも新しい死の概念の体現者としての脳死者に認めようとすることを意味する。その捉え方は，死を生の上位に置くという意味において，死と生の価値の転倒にほかならない。

以上のように，最大多数の最大幸福という究極の道徳原理を社会秩序の合理的解とみなす功利主義の立場に基づく，「サバイバル・ロッタリー」制度の全容を論述し，そこにみられるハリスの思考実験について検討し，現実に生じている「脳死・臓器移植」問題を捉える上で不十分と思われる部分（⑧～⑩）を補充してきた。この思考実験には，現代の社会に内蔵される合理性という構造そのものを懐疑する視点がまったく不在であり，功利的な社会秩序に対する徹底した拝跪が表明されている。それだけに，中途半端な正義論に妥協することなく，「脳死・臓器移植」問題の隠蔽された側面を辛辣なまでに暴露しているのである。

7.3　パーソン論と免疫学的思考

ところで，ハリスの功利主義倫理学について付加しておくことがひとつある。それは彼がH.T. エンゲルハート，R. プチェッティ，J. ファインバーグ，M. トゥーリーたちとともに，生命倫理学上，最もラディカルな「人格論（Person Theory）」［森岡正博，1988：209–238］を提唱しているということである。パーソン論とは，脳死概念のひとつのタイプである。脳死概念には，脳幹を含む全脳機能の不可逆的停止をもって脳死とする全脳死説，脳幹部を機能の不可逆的停止をもって脳死とする脳幹死説，脳幹が生きていても，高位中枢（大脳皮質）が死ねば，それだけで脳死を宣言するに値するとみなす大脳死説がある。この3つの脳死のうち，最もラディカルなものは，大脳死説であり，これをもってすれば，従来，高次脳の機能は停止しても，脳幹が生きているいわゆる植物状態の患者と脳死者との区別は意味をなさなくなる。つまり，脳死学説上，この最もラディカルな大脳死説を支持する人間観がパーソン論なのである。パーソン論によると，人間を「人格（person）」たらしめているのは，認識力や感情，理性能力，他者との関係能力にある。それらは人間の唯一の能力であり，人間性の本質（person-hood）にほかならない。従って，それらの能力を不可逆的に失うならば，もはや人間は生きているとは言えない。その帰結として，パーソン論では植物状態の人は生者とはみなされない。この考え方では，人間の精神機能は，大脳皮質にこそ存在する。

見方を変えれば，このパーソン論は，それが功利主義原理と西欧特有の機械的生命観（心身二元論）に依拠することから，脳死を人の死として認める立場を最も露骨な形で示している。脳死を人間の死とみなす立場は，一般に次のような思考回路を共有している。すなわち，すべての身体は死んでいなくても，統合体としての身体は死んでいる，この身体全体に対する統合機能こそが生命兆候として重大なのであり，その根拠は脳に存在している，それゆえ，脳の機能の不可逆的停止をもって人間の死とすることにまったく問題はない，というものである。わが国の「脳死臨調」も含めて脳死を人間の死と規定し，それを（脳死問題とは直接関係のない）臓器移植問題へと連動させていく背景には，暗黙裡にパーソン論の人間観と同等の思想，すなわち脳の統合能力（＝意識，精神作用）が十全に作動している状態が，その人間が“生きている”状態であるとみなす考え方が見出される。

さらに，パーソン論をはじめ，脳死を人間の死とみなす立場では，「脳死した人」という場合の「人」を「意識」と等号でつなぎ，その「意識」の座を「脳」と規定することで，「脳」と脳から下の「肉体」とを分離する考え方がある。この考え方をもってすれば，個々の人間の自己同一性（アイデンティティ）の最終的な拠り所は，意識の座としての「脳」にほかならない。それが「私」なのである。従って，脳死が確実に判定された段階において，交換不可能なかけがえのない「この人」は，消滅したことになる。そうである以上，交換価値（脳，首から下の肉体・臓器部分）だけが残ったとしても，人間としては無価値であり，臓器移植されることに何ら異存がないとみなされる。

しかし，パーソン論に典型される，脳死を人間の死と積極的に規定するこうした思考回路には矛盾が見出される。ひとつは，人間の意識を人間と等号で結ぶことは，まったく不十分な見解である。というのも，人間の意識は身体とともに，身体に媒介されて発生し，発展してきたからである。脳だけをもって「私」のアイデンティティとする考え方は適切ではない。加藤尚武は「他人の人格は，その身体という人格の座を抜きにしては考えられない。」［加藤尚武，1986：70］と述べている。この観点を敷衍して言うと，切り離された人体の臓器にも「私」が存在するということになる。ここで，この「私」とは，高次の自我意識を表す「私」ではなくて，その根底に見出される免疫システム，すなわち身体的自己としての「私」のことである。それでは免疫とは何か。臨床細胞免疫学者，小林登によると，「免疫とは，生体がみずからの体の構成因子を自己（self）と認識し，外から体の内に侵入した非自己（not self）を自己と鑑別し，自己の本来の姿——完全性または恒常性（integrity）——を保つために，非自己に対して，生物学的な連鎖反応を遂行し，さらにそれを記憶する本質的な生体機能である。」［小林登，1980：14］要するに，免疫とは，自己と非自己とを識別する，細胞そのものの能力のことであり，個体の成立要件からみて，最下層レベルの「自己同一性」［多田富雄，1991：117］にほかならない。従って，この「私」を解体しなくては，完全な交換価値として臓器を仕立てることは不可能である。つまり，臓器移植には必ず，免疫拒否反応という現象が伴う。免疫学的思考に従えば，脳死が臓器移植へと直結され，脳死の人（ドナー）の臓器がレシピエントの人体へと移植されるとき，使用される免疫抑制剤——アザチオプリン，シクロスポリンAやプレデニンなど——は，細胞に非自己の識別能力を抹消し，人体の有する自己同定作用を奪い去るものである。

ところが，このように「遺伝学的に異なった個体の間で，細胞や臓器を移植する」［多田富雄，1991：120］ことは，ウズラとニワトリとの間での神経管移植実験が示すように，生物世界の禁忌事項とされているキメラ（ギリシア神話に登場する，顔と体がライオン，胴体から山羊の頭が生え，蛇の尾をもつという怪物）を作り出してしまうことになる［多田富雄，1993：12–28］。たとえ脳死が必然的に個体の死をもたらすにしても，現実的には呼吸維持装置によって身体は生きており，それは自他を識別して移植を拒絶するとともに，個体に特有の免疫反応を起こすことができる。その意味で「身体の『自己』はまだ死んでいない。」［多田富雄，1991：129］

また，治療の最初の形態をカニバリスム（食人思想）——「神々のシーニュ」段階での——に見出す，J. アタリの秩序進化論［Attali，1979＝1984：17］を援用して述べると，臓器移植をする医師は，公認の人体料理人であり，ドナーから臓器を受納するレシピエントは，口から直接食べることはしないまでも，医師の“料理した”臓器を自分の内部に摂取するがゆえに，紛れもなくカニバリスム――「機械のシーニュ」から「コードのシーニュ」への移行段階での――を行っていることになる。従って，身体の「自己」――免疫システム――を無視して，脳死を臓器移植へと直結させることは，恐ろしい忌避すべき禁忌事項としてのキメラやカニバリスムを犯し，自然が発達させてきた生命維持秩序（根源的な規範）を破壊することになるのではなかろうか。J. ボードリヤールが警告しているように［Baudrillard，1990＝1991］，人工的に作り上げられたこうした免疫不全症候群（エイズ）こそ，人類にとって脅威であり，最大の危機なのである。

以上，ハリスが試みたロッタリー制度（功利主義戦略による社会秩序の形成）という思考実験と，彼が支持するパーソン論（大脳死説を支持する人間論）について検討してきた。しかし実は，彼個人のなかで，この２つの考え方は，分裂された状態のまま同居している。というのも，ロッタリー制度のなかで，彼はドナーを脳死者だけに固定化してしまうことを拒否しながら，他方で脳死を，「人格」を失った大脳死の（大脳皮質を損傷した）人にまで拡げた上で，脳死を人間の死と規定しようとしているからである。ただ，ここでは，「医師のまよい」という教材との関連上，ロッタリー制度という思考実験を試みるハリスの立場を重視しつつ，次に，ロッタリー制度を教材化した「医師のまよい」の授業過程について検討していくことにしたい（重複はなるべく避け，要点だけを述べていきたい）。

7.4 「脳死・臓器移植」問題の道徳授業の展開

7.4.1 「医師のまよい」の授業実践の展開

さて，吉永によって提案された「医師のまよい」は，授業者，馬場によって中学校３年生を対象に道徳授業として行われた。実際の授業過程は，授業者による教材内容の焦点づけからみて，４つの場面に分かれている。

まず，授業者は授業の導入部で子どもに資料を読ませ，〈若者１人を犠牲にして，２人の瀕死者にそれぞれ必要な臓器を移植し，２人の患者の命を救いたい〉という“医師のまよい”がこの資料の主題であることを彼らに伝える。そして，この“医師のまよい”，すなわち若者を解剖して彼の臓器を移植することについて賛成か反対かを教師は彼らに質問し，その是非をめぐって彼らに意見を出させる。ここまでが第１場面となる。

続く第２場面では，授業者が功利主義擁護の立場から移植反対派の子どもたちに対して反論する。ここでは教師の発言が中心になる。

第３場面では，授業者が，若者の健康状態という条件を「インフルエンザの人（健常者）」から「臨死状態の人」へと大幅に変更する。その上で，第１場面と同じく，２人の瀕死者に臓器移植をしてもよいかどうかについて子どもたちに質問して，彼らの意見を求める。

最後の第４場面では，授業者が脳死問題に関する知識を資料を通じて子どもたちに教える。

さて，以上の４つの場面をロッタリー制度という思考実験との関係でみると，第１場面は図16の①の段階に，第２場面は（結果的に）④の段階に，第３場面は⑧の段階に，各々対応すると考えられる。ここで，第２場面が結果的に④の段階に対応するというのは，当面，授業者によって省かれていた，ロッタリー制度の②～⑤の段階が，後述するように，ある子どもの思わぬ発言によって急遽挿入されたためである。ただ，その後の授業の展開（第３場面の発問）をみる限り，子どものその発言は授業者の授業の流れや文脈の上では無視されている。結局，この教材のなかでハリスの思考実験が活かされているのは，最初の場面設定だけであり，むしろここでは，教材内容を現代の「脳死・臓器移植」問題の争点へと効果的に焦点化していくために――私たちが⑥以下でそのことを示そうとしたように――，ドナーを《健常者》から《脳死の人》へと限定していくという思考実験を行っている。

それでは次に，各々の教材内容に対する子どもの反応を，授業過程に即してみていくと，まず，第１場面では，子どもの中で，臓器移植することについて，最初，賛成する者が６人，反対する者が21人である。ただ，思い違いにすぐに気づいて，賛成派のうちの３人は反対派に回り，結局，賛成派は３人だけとなる。その後，授業者は反対派の意見を聞き，反対派が「人を殺す」，「本人の意志に反する」，「（２人が助かっても）人（若者）が死ねば何にもならない」との理由で移植に反対することを知る。

その直後に反対派から出された発言については注目に値するので，次にその授業記録を示すことにしたい（授業記録１参照）。

ここで，星田は，人類存続のために人口を減らす条件として，亡くなる運命にある瀕死者を（これ以上）延命させないということを掲げている。彼の意見を補足すると，それは，このまま人口が増えてしまうと，資源の消耗・枯渇などを招来し，人類存続にとっての危機となる，従って人類全体の幸せの総量を計算するとすれば，いまのうちに，人口を少しでも減らすことが望ましいが，ただむやみに人殺しをするというわけにも行かないので，とりあえず，（特別な処置を施さないならば，死する運命にある）瀕死者をこれ以上延命させないことを人口を減らす条件のひとつとするというものである。

［授業記録１］

教　師：それ以外のこと書いてる人。手を挙げて。
星　田：人口を少しでも減らせる。人がね，増えてきた。それで，今減らす運動やってるじゃない。それでね，ちょっとでも減るから。
教　師：ああ，この２人は亡くなる運命にあるんだから，生き延ばさずにした方が，社会的な条件もあると（いうことですね）。［教室が騒然とする］こういう星田君の意見に賛成の人はパー，反対の人はグー。［全員がグー（反対）を挙げる］ちょっと（その意見は）置いておきます。

こうした考え方は，人類全体の幸せのために，少数の人間を犠牲にしてもよいという，生命倫理問題に適用された場合の，ラディカルな功利主義（最大多数の最大幸福）の立場にほかならない。ただ，星田や彼の考え方に象徴されるこの立場は，ヒューマニズムの立場（「人類はみな兄弟」）からみて大変危険な考え方であると論難されるかも知れない。ただ，ここで星田の発言が全面的に批判されるばかりのものではなく，その考え方（発想）にも一理あることを，生態学者，G. ハーディンの唱えるサバイバル・ストラテジーを通じて見ていくことにしたい。そこには，生命倫理に対する洗練された功利主義的アプローチが見出される。

ハーディンは，社会的ジレンマの典型例とみなされる「共有地の悲劇」［Hardin, 1968］の歴史的教訓を踏まえながら，飢えている可哀相なシカや飢餓に瀕し苦しむ貧しい国の人々を助けて，過剰人口を支えるような利他主義（博愛主義，ヒューマニズム）は，かえって悲劇を助長するだけの愚行であると捉える［Hardin, 1977=1983］。そして彼は，環境（共有地）の過剰な利用の愚行を判定するために，環境の有する「扶養能力（capacity）」［ibid.：123］を提示する。それは環境が許容できる人口のことで，ある地域のなかで，与えられた扶養能力を超えて人口が増えてしまうとき，その地域の住民は言うまでもなく，その地域と深く関係のある住民にまで悪影響を及ぼしてしまうことになるという。その能力の限度を超えて人口が増えること自体，「罪」なのである。従って，そのことから，扶養能力を無視して人口を増やすことで貧困や飢えなどの苦境に陥っている人々を援助することは，共有地の悲劇と同じ過ちを繰り返し，問題を一層悪化させるだけなのである（むしろ，苦境に直面する人々には，扶養能力で生きる知恵を自力で学ばせ，自立もしくは自助の精神によって生きる必要を教えなければならない）。

従って，「『公正の福祉』の名の下に少数の弱者に犠牲を強いる裁判所の判決」，“迷える子羊”を排除する学校など，「功利主義的な倫理観はわれわれの血となり肉となって意識のすみずみにまで行き渡り，本来の公正の倫理の領域を侵蝕しようとしている」［松下良平，1992：24］とみなす，ガチガチの正義信奉者ならばともかく，ハーディンのように生態系というマクロな視野に立って，人口問題とその成立背景を考えていくとき，この，星田の一見過激で不可解にみえる発言も，それに適切な論理的整合性（無矛盾性）が付与されるならば，それ程容易には論駁できないことがわかる。

しかも，この過激な星田の発言を契機として，授業者は，臓器移植に

［授業記録２］

教　師：（移植○派の）３人はなかなか意見をまとめ切れないで残っているんですが，（×派に）挑戦する？［３人はためらう］
じゃ，私が代わりに，○の意見を言ってみたい。○の意見，確かにあるんですよ。どんな考え方かというとね。まず，人を殺すと（×派は言ってるけど，じゃあこの心臓の悪い人は何か悪いことをしたのか？
この人たちに罪はあるのか？［×派のひとり樫尾君を指名し，問う］樫やん，この人たち２人，病気になったけど，罪はないよな。なら助かってもいいよな。［樫尾君，うなずく］この若者の臓器を移植して助かってもいいよな。［樫尾君，あわてて首を振る］
樫　尾：インフルエンザの人が死ぬ。
教　師：でもほっておいたら２人の方が死んでしまうよ。
樫　尾：心臓の悪い人の肝臓を，肝臓の悪い人に移植したりすればいい。
教　師：ああ，なるほど。この人（若者）を巻き込んではいけないと。しかし何か差別をしてはいないか？あんたたち心臓と肝臓が悪くなったんだから，あんたたちで処理しなさいよと。こんなケースがある。血友病の患者さんが，血液製剤という血を止める薬を注射したときその中にエイズウィルスが入ってて，エイズに感染した。条件は違うけど，そのことからわかるように，この人たち（心臓，肝臓患者）にも罪はないよな。この人たちを区別してあなたたちだけでクジを引けというのはおかしいのではないか。
樫　尾：……。
教　師：まいったか。［次に星田君を指名する］
病気になったこの人たち２人を，あなたたちしゃあないやん，この人（インフルエンザの若者）は助かるけどあなたたちはあきらめなはれ，というのはおかしくないか？
星　田：おかしい。
教　師：じゃあ，心臓と肝臓をあげて助けてもいいよな。
星　田：その人がよかったらいい。
教　師：この人がよければいいという星田君の意見に賛成の人はパー，反対の人はグーで手を挙げて。［ほぼ全員がパー（賛成する），１人だけグー（反対する）〈教師の目に入らず〉］
だけど，あなたこの立場（若者の立場）の人だったら，いいという？
［子どもたち，虚をつかれたような嘆声］いいという人は手を挙げましょう。［挙手はゼロ］

ついて中立的な立場――子どもたちの様々な意見を受け入れ，常識的に判断していく「公平な観察者」の立場――から，授業戦略として考えていた功利主義擁護の立場へと転回していく。ここから第２場面となるが，その授業過程は，次のように展開される。

授業者の最初の発言からわかるように，彼は，心臓の悪い人は何か悪いことをしたのでもないのに，どうして死ななければならないのか，なぜ臓器を移植してはいけないのかを，子どもたち（特に，移植反対派）を挑発するように質問していく。その後，反対派である樫尾から，若者を巻き込まずに，「心臓の悪い人の肝臓を，肝臓の悪い人に移植したりすればいい。」という意見が出される。樫尾のこの意見は，ロッタリー制度（図16）の④の段階に相当する。つまり，この教材では省かれていた，ロッタリー制度という思考実験のこの段階が樫尾の発言を通じて露呈されてくることになる。ただ，樫尾の場合，「肝臓の悪い人の心臓を，心臓の悪い人に移植する」という逆のケースについて触れられていないため，授業者はその逆のケースを踏まえながら，樫尾の意見を「あんたたち心臓と肝臓が悪くなったんだから，あんたたちで処理しなさいよ。」とロッタリー制度の④段階を暗示する内容へと言い換える。さらに，教師はその意見を血友病患者の例を挙げながら，「心臓，肝臓患者にも罪はないよな。この人たちを区別（＝差別）してあなたたちだけでクジを引けというのはおかしいのではないか。」と，樫尾の意見（＝“控えめな提案”）に強く反論する。

授業の流れからみて，この子どもの発言は重要である。というのも，この教材では，第１場面から第３場面へと移行される場合，《健常者》から《脳死の人》への設定変更が子どもたちにとってあまりも唐突な形でなされていると言えるからである。換言すると，子どもたちが順を追って着実に思考実験していくためには，条件を飛躍的に変更させるのではなく，できる限り前段階とのつながりを考慮して，連続的に変更していくことが必要であると考えられる。従って，補完されたロッタリー制度と同じく，《健常者》と《脳死の人》の中間段階に，《瀕死者》という条件を挿入することを通じて，子どもたちが「脳死・臓器移植」問題へと無理なく，自然に接近できるようにすることは不可欠なのである。

しかしながら，子どもたちによって挿入された《瀕死者》のケース，すなわち《瀕死者》同士による限定されたロッタリー制度（“控えめな提案”）は，ほとんどまともな形で主題化されることなく，（繰り返し強調される）「おかしくないか？」という授業者の反論だけで簡単に処理されてしまう。以上のことから，一見，授業者は，樫尾を通じて提示される“控えめな提案”を授業のなかで活かそうとするようにみえて，実はそれを授業の文脈のなかで捉えず，ただ自らが授業戦略とする功利主義擁護をより際立たせるために利用しているだけなのである。そのことは，（その直後の）第3場面の初めで授業者が提示する例の条件変更のなかで《瀕死者》のケースがまったく考慮されていないことからも明らかである。

そして，続く第3場面で，授業者は，前述した例の条件設定の変更を行う。ここでは，現代の「脳死・臓器移植」問題と同レベルのことが争点とされる。授業者は，脳死の人についての事実を子どもに丁寧に伝えた上で，先程の場合と同じく，脳死状態の人から臓器を移植してもよいかについて子どもに質問する。結果は，賛成派と反対派がちょうど二分（13人ずつ）される。教師は，その結果を踏まえた上で，それを選択した判断理由を各々子どもたちに質問する。それに対する回答をみる限り，一部の子どもを除くほとんどの子どもたちの間では賛成か反対かということよりも，臓器移植についての条件面が問題になっていることがわかる。そのことを集約すると，ほとんどの子どもたちが，生前に「移植してもよい」という本人の遺志があるか，家族の人が「移植してもよい」という意思があるかといういずれかの場合であれば，臓器移植は認められると考えている，というものである。また，反対派の子どもは，「いくら意識がなくても生きている限り命はその人のものであるから，……命をとってしまうことになるからいけない。」とか「本人が納得できずに意識不明のままだと，一人の人を殺すというか，そういうことになる。」という理由で，移植に反対している。総じて，一部の反対派を除いて，この学級の子どもたちは，脳死状態の人から臓器移植を行うことを認めているのである（条件付きの反対派の子どもたちは，その条件さえクリアすればよいのであるから，賛成派とみなされる）。

実は，第３場面でも，注目すべき子どもの発言がみられる。その子どもは，脳死状態の人から臓器移植をしなければならない理由を「移植しないと３人死ぬことになる」ことに求めているが，それはつまり，生き延びる人の数がより少なくならないことを基準にして選択肢を慎重に選択すべきであるということを意味する。つまり，彼女は，生き延びる人の数がより多くなるという最大多数の最大幸福の原理に従って，この場合も最善の選択を行うべきことを主張しているのである。平たく言うと，それは，延命装置でかろうじて生き延びている脳死状態の人――脳死しつつある人――の臓器（という貴重な資源）を道義上の躊躇から使い損なってしまっては，助かるはずの人も助からなくなり，結果は最悪となってしまう（授業者が板書したように「０」となる）ということである。ただ，その直後に授業者によってなされた「インフルエンザの場合でも０［※実際は１］か２かだったら２の方がいい？」という発問で，彼女はそれを否定している。つまり，若者が《健常者》の場合，彼女は，生き延びる人の数がより多くなるという選択基準が適応できるとは考えていないことから，考え方に混乱または矛盾がみられる。万一，そうでないとしたら，彼女は，功利主義の原理とは関係なく，脳死状態の人だけをドナーにすべきと純粋に考えていると推測される。

最後の第４場面では，授業者は，脳死問題に関する知識と「脳死の人」に関するイメージを豊富な資料を通じて子どもたちに伝えている。前者については，大脳や脳幹の機能，大脳死と脳幹死との相違，脳死状態が延命装置によって作り出されることなどの内容を事実として伝達し，後者については，脳死の人の写真を提示しながら，脳死の人が涙がこぼしているのが，家族の人からみて，泣いているかのようにみえることや脳死の人の手が暖かく，脈があることなど，脳死の人の相貌をイメージとして伝達している。それ以外に，授業者は，わが国の脳死臨調が「脳死を死と認めよう」，「本人の気持ち，希望を優先しよう」，「臓器の売り買いはダメ」という方針を打ち出したことを子どもたちに伝えた上で，「今，どんな決め方をしたらよいか，非常に迷っているところ」という現状を述べて授業を締め括っている。

7.4.2　「決疑論としての道徳」における道徳判断

以上，この道徳教育の授業過程を通じてあらためて指摘できるのは，次の２つのことである。まず１つ目は，この授業に関して出された吉岡昌紀の次のコメントにかかわることである。「道徳原則には問題なく賛成すべきなのに，いざ具体的事例にどう対処するかという段になると，とたんに何をすべきか不明確になる。このような場合に道徳判断が要求されるのである。たとえば『人間の命は奪ってはならない』という道徳命題には反論の余地がなさそうなのに，死刑の是非とか，戦争の功罪，脳死などの具体的な問題を論じようとすると，疑問の余地が生じてくる。さらに，ある具体的な死刑囚の処遇，ある戦争におけるある個人の行為，ある一つの移植手術の可否となると，判断が一層困難になる。」［吉岡昌紀，1992：31］「要するに，われわれが道徳判断を求められるのは，何らかの価値を確固として持っているのに，その価値を揺さぶられるような事態が生じている場合である。」［同上：32］つまり，この教材では，「《若者》の命を奪ってはならない」という道徳的大原則（公正の原理）を議論（思考実験）の出発点または基準点としながらも，この道徳的命題の《若者》という部分が，《健常者》から《脳死の人》へと条件変更され，若者の属性（状態）が限定化されていくのであるが，こうして対象が限定化されていく程，この道徳的命題について確固とした道徳的判断を下すことが困難になっていく（考慮する状況，条件が複雑化していく）。ましてや，この《脳死の人》が自分自身や家族（身内）の人であればなおさらのことである。第１場面と第２場面でみたように，若者がインフルエンザを患っている程度の《健常者》であれば，教師が功利主義擁護の立場から子どもたちに反論し，彼らの価値観を揺さぶろうとも，彼らのほとんどが若者の生存権，人権という公正の原理の立場からこの道徳的命題の絶対的な正しさを確信することができたのに対して，第３場面で条件が《脳死の人》に変更された途端，彼らのほとんどに動揺がみられたのである。この場合もまた，公正の立場からその命題の正しさ――この場合は「《脳死の人》の命を奪ってはならない」――を確信したのはほんの一部の子どもたちであった。現代の「脳死・臓器移植」問題に関してそのどちらを選択することが正しいかについてはともかく，彼らが自明なものと思い込んでいる価値観がこうした条件変更によって激しく揺さぶられ，彼らの感想文に述べられるように，「いろいろなやまされる」結果となったのである。

2つ目は，最後の第4場面まで至って，ようやく，脳死問題に関する知識が子どもたちに伝えられたことにかかわることである。すなわち，臓器移植に関する授業実践を一応終えた後で，初めて脳死問題が主題化されているという点である。授業のこうした展開のあり方は，第3場面で《脳死の人》へと条件変更されることに関連することは言うまでもない。しかし，そのより本質的な理由は，ここで主題とされる「脳死・臓器移植」問題が，脳死問題そのものが独自な形で主題化されたのではなく，むしろ臓器移植の必要性（緊急性）から脳死問題が生じた――正確には，作り出された――ことに求められるのではないかと考えられる。その意味で，この授業は，現代の「脳死・臓器移植」問題の隠された実像に近い形で組み立てられており，十分評価されると考えられる。

3つ目は，その点に直接関連することである。第3場面の段階で，ほとんどの子どもたちは，脳死状態の人から臓器を取り出し，移植してもよいということを――様々な付帯条件を付けるなどして迷いながらも――認めているが，そうした道徳的判断には，果たして，脳死を人間の死と認めるという前提（命題）が含まれているのであろうか。つまり，当初，子どもたちは臓器移植の是非について思考を働かせてきたわけだが，反面，彼らは脳死そのものについて主題的に捉える機会を持つことができなかった。従って，《健常者》を《脳死状態の人》へと条件変更した場合，恐らく，彼らは“脳にこれ程の決定的な損傷を負った瀕死状態の人ならば，助かる見込みはほとんどないし，助かっても意識が戻る可能性が低いわけであるから，臓器移植することは止むを得ない”という程度のことを考えて，臓器移植を行うことに賛成したのではないかと推測される。つまり，この場合，彼らは，《脳死状態の人》が《新たに人間の死を付与された人》ということを意味し，そうした規定（承認）を経た上で，臓器移植が認められるということをまったく認識していないものと考えられる。平たく言うと，彼らにとって《脳死状態の人》は《瀕死状態の人》の中の最悪のケースという程の意味で理解されているのではなかろうか。万一，彼らにとってこの２つの区別が明確になされていないとすれば，それは，授業者が彼らによって出されたハリスの“控えめな提案”に相当する段階を授業の文脈のなかで無視してしまったことに起因すると考えられる。ここで指摘したいことは，彼らが《脳死状態の人》についてのみ臓器移植を認めてもよいと考えるが，彼らが《脳死を人間の死と認める》ことを十分認識した上でそうした道徳的判断を下しているのかという点である。その意味で，脳死問題についての学習が最後の第４場面に至って初めて組織化されたということには問題があると考えられる。

４つ目は，この道徳授業の雰囲気に関することである。すでに引用された授業記録の一部からもわかるように，この道徳授業では，「道徳の時間」でなされる特設道徳の授業ではまったく想像できないような子どものラディカルな発言がみられる。ハーディンの，生命倫理への功利主義的アプローチを思わせるような星田の発言や，脳死の人に犠牲を強いる（ドナーに仕立てる）ことを自助の精神という美徳によって正当化する，世論の虚偽的な構造を（結果として）痛撃する子どもの発言など，既成の道徳的秩序を信奉する“道徳教師”であれば，咎められるであろうような意見を子どもたちが自由に発言することができる雰囲気が学級全体に浸透している。前述したように，「学校道徳」では，教師の「頭のなか」に表象し，所有している“正答なるもの”――既知の価値項目（徳目）――を，教師自身による発問や身振りを通じて子どもたちが推量していくという，つまらない言語ゲームがなされるのに対して，この道徳授業では，それをはるかに飛び越して，教師にとってもまったく予想することのできない新たな言語ゲームが展開されている。つまり，この授業では，教師が出す発問（問い）に対して，彼自らの期待する答えを子どもたちに強制していないとともに，彼らもまたそれに関して教師が期待する応答（発言）を無理にするどころか，教師がどのように応答し，集約すればよいのか戸惑うような発言を自由奔放に行っているのである。だからこそ，子どもの感想にあるように，「こんな授業は楽しかった。」のであるし，分かり切った主題（既知の道徳的価値）について討論するのではないがゆえに，「みんなの意見をきいて勉強になった。」のである。従って，この道徳授業を通じて子どもたちは貴重な学習体験をしたことだけでなく，それ以上に，自分の意見を教師や他の子どもの前で自由に発言することの意味と，子ども同士で討論することにより，他者の様々な意見を交換することの意味を彼らは身に沁みて理解したのではないかと考えられる。さらに言うと，この授業の持つ自由な雰囲気と比べると，前に例示した深澤の「命の授業」は，前述したように，彼らに習得されるべき価値項目が教師の発言として述べられていないとはいえ，それが教師によって発散される雰囲気として彼らに「伝わって」しまっており，そのため，彼らからみてそれ程自由な雰囲気であるとは感じられないと思われる。雰囲気を通じて教師の意図が察知され得る分だけ，彼らはそれに規定され，その雰囲気から推量される道徳観を“踏みにじる”ような意見を出すことを自粛しているのではないかと考えられる。総じて，この道徳授業は，教材内容（主題）についての転換のみならず，それがなされる雰囲気のあり方も含めて，道徳授業の新たなモデルを子どもたちに提示することによって，彼らに（彼らの）もつ道徳観そのもの――道徳そのものについての見方・考え方および道徳教育に対するイメージ――をも転換させていくことを志向しているのである。

以上，ここでは，「脳死・臓器移植」問題を主題とするこの道徳授業が，教材内容と授業過程の２つの側面から詳しく検討されてきた。この作業を行う上で，当の教材内容にみられる思考実験の基盤となるハリスのサバイバル・ロッタリー制度もまた検討され，現代の「脳死・臓器移植」

の争点がより明確に解明されたと考えられる。次に，今まで論述してきた，道徳授業の新たなモデルを，あらためて〈モラルジレンマ〉の観点から主題化し，結論を述べていくことにしたい。

8．道徳授業改革の視座としてのモラルジレンマ
――「学校道徳」を超えて――

これまで，特設道徳（「道徳の時間」）の授業のあり方――「学校道徳」――を克服する道徳授業改革の動きとして，環境問題を主題とするマル道や環境プロジェクトの道徳授業，生命問題を主題とするマル道（主として深澤久の「命の授業」）や思考実験に基づく馬場一博（「医師のまよい」）の道徳授業について論述し，検討してきた。しかも，これらはすべて，「モラル・ジレンマ」，より包括的には「ジレンマ」という視座を共通のパラダイムとすることが解明された。この，ジレンマという視座は，前述したように，コールバーグの心理学的知見に基づく道徳授業論から提起されたものである。従って，新たな道徳授業モデルを提起するこれらすべての道徳授業論が，道徳授業改革の視座として共通に掲げるジレンマについてより厳密に究明していくためには，コールバーグ理論に基づく道徳授業論をみていく必要がある。

8.1　コールバーグの道徳教育の理論と実践

ところで，この道徳授業論によると，従来の「学校道徳」では，（モラルジレンマに相当する）道徳上の問題場面（物語資料の「山場」）は，現実（現在）の非道徳的で本来的な自分とあるべき本来的な自分――こうあるべしという理想的な自分（自己像）――との間に存在する矛盾（隔たり）を子どもたちに気づかせ，心の葛藤を起こさせるものと位置づけられてきた。つまり，道徳的問題（＝ジレンマ）とは，「かくあるべし」という道徳的な理想をもって子どもたちに心理的な重荷（圧力）――良

心の呵責――を与え，彼ら自身に今までの自分の姿を反省させることを目的としたのである。それに対して，この道徳授業論が核とするモラルジレンマは，自分の内面の問題（心の葛藤）に子どもたちを向かわせるのではなくて，「現実の場面」――物語のなかの現実も含めて――が彼らに問いかけてくるところの価値の葛藤，すなわち価値選択の問題に彼らを向かわせることになる。つまり，モラルジレンマは，子ども一人ひとりに2つの望ましい道徳的価値をめぐって葛藤させたあげく，どちらを選択するべきかを思い悩ませ，なおかつその行為を選択した道徳的理由づけの内容を問わせしめるのである。ここで重視されることは，2つの選択項目のうち，どちらを選択することが是か非かを問うことではなく，その行為を選択する（＝道徳的判断を下す）に至った道徳的理由づけである。そして，子どもたちは，2つの異なる道徳的判断およびそれに付随する様々な道徳的理由づけをめぐって，自発的にかつ自由に討論していく。つまり，ジレンマという視座の導入によるモラルジレンマ状況の設定と，（その解決に向けての）討論の組織化は，切り離すことができず，ひとつの対を成している（教材構成の方法と教材を介した授業方法との連動）。

こうして，コールバーグ理論に基づく道徳授業論［荒木紀幸，1988／1990］においては，およそ，⑴創作資料を読む，⑵ジレンマ状況に置かれる，⑶価値選択（道徳的判断）を行う，⑷その道徳的理由づけを考える，⑸子ども同士で討論する，⑹自分の道徳的判断・理由づけを見直す，という一連のプロセスを通じて，子ども一人ひとりが，より高いレベルの道徳的思考に到達されていくものとみなされる。また，道徳的判断および理由づけ，すなわち道徳性発達の基準に関しては，あらかじめ，コールバーグが独自の道徳哲学に基づいて作成した道徳判断の認知的発達段階説――通称「三水準六段階の道徳性発達モデル」［Kohlberg, 1980＝1987：44］――が提示されている。それは表2のように表される。

従って，授業者は，表2に示された道徳性発達モデルを基準にして，子どもたちがより高次の道徳的判断・理由づけを身につけていく過程を

1	道徳的価値は人や規範にあるのではなく，外的，準物理的な出来事や悪い行為，準物理的な欲求にある。	**段階 1** 〈服従と罰への志向〉（obedience and punishment orientation）優越した権力や威信への自己中心的な服従，または面倒なことをさける傾向。客観的責任。 **段階 2** 〈素朴な自己中心的志向〉（naively egoistic orientation）自分の欲求，時には他者の欲求を道具的に満たすことが正しい行為である。行為者の欲求や視点によって価値は相対的であることに気づいている。素朴な人類平和主義（naive egalitarianism）および交換と相互性への志向（orientation to exchange and reciprocity）。
2	道徳的価値はよいあるいは正しい役割を遂行すること，慣習的（conventional）な秩序や他者からの期待を維持することにある。	**段階 3** 〈よい子思考〉（good-boy orientation）他者から是認されることや，他者を喜ばせたり助けることへの志向，大多数がもつステレオタイプのイメージあるいは当然な（natural）役割行動への同調。意図による判断。 **段階 4** 〈権威と社会秩序の維持への志向〉（authority and social order maintaining orientation）「義務を果たし」，権威への尊敬を示し，既存の社会秩序をそのもの自体のために維持することへの志向。当然な報酬としてもたれる他者の期待の尊重。
3	道徳的価値は，共有された（shared）あるいは共有されうる規範，権利，義務に自己が従うこと（conformity）。	**段階 5** 〈契約的遵法的志向〉（contractual legalistic orientation） 一致のために作られた規則や期待がもつ恣意的要素やその出発点を認識している。義務は契約，あるいは他者の意志や権利の冒瀆を全般的に避ける事，大多数の意志と幸福に関して定義される。 **段階 6** 〈良心または原理への志向〉（conscience or principle orientation）現実的に定められた社会的な規則だけでなく，論理的な普遍性（logical university）と一貫性に訴える選択の原理に志向する。方向づけをなすものとしての良心，および相互的な尊敬と信頼への志向。

表 2　三水準六段階の道徳性発達モデル

判定すればよいのである。このように，より高次の道徳的思考を目指すというこの道徳授業は，子どもたちが道徳的価値に対して積極的に関与していく契機を付与しながらも，反面，授業者は，教材に即してジレンマ状況を子どもに提示し，問題を設定さえすれば，後は彼らが興味・関心を抱いて自発的に討論に参加していくことになるし，また，彼らの道徳的判断・理由づけに対する評価に関しては，コールバーグが提示した道徳性発達モデル（発達段階説）を目安にすればよいことになる。結局，授業者自身は，道徳（的価値）に関して特定の道徳的判断を下すことを免れ，専ら，中立的な立場，すなわち「公平な観察者」の立場を取りさえすれば事足りるのである。

このように，コールバーグ理論に基づく道徳授業論とは，道徳的価値に積極的に関与することを回避したい，あるいは関与することができない，価値混迷の時代（価値のフロー化する時代）を最も忠実に反映した——従って，特定の価値に関して禁欲的でありたいと願う現場の教師の要望に応えた——，新たな道徳授業モデルなのである。このことから，この授業モデルでは，個々の教師の授業技術よりも，研究グループによる教材構成，すなわちジレンマ資料の作成とそれにふさわしい発問作りが中心になる。

以上述べたことを踏まえつつ，次に，コールバーグの道徳教育論に基づく授業実践例を挙げて，検討を加えていくことにしたい。

ところで，現在まで何度も「追試」されてきたモラル・ジレンマ教材のひとつに，「サッカー大会」（小学校6年生対象）がある。資料の概要は，次の通りである。サッカー大会の前日，同じサッカーチームのメンバーで親友の勇二の足の調子が悪いことに気づいたキャプテンの健一は，勇二を気遣いながらも，大会当日勇二もレギュラーに加え，試合に臨む。ところが，前半終了後，健一は監督に呼ばれ，勇二の足の怪我のことを聞かれ，暗に補欠の和雄との交代を仄めかされる。そこで，健一は勇二について，チームの勝利を優先させて「本当のことを言うべきか」，それとも勇二との友情を優先させて「本当のことを言うべきでないか」という価値の葛藤に悩むというものである。つまり，この道徳授業では，子どもたちが主人公（健一）に立ちながら，ある場面設定（勇二の足の怪我のことを監督に言うか，言わないか）のなかで２つの選択項目のうち，いずれかを選択することを迫られるというモラルジレンマ教材が使用されている。しかも，この２つの選択項目は，後述するように，「自由，責任」と「信頼，友情」という２つの異なる価値対立に対応する。

従って，子どもたちが主人公を通して直面するジレンマとは，「学校道徳」のように，自分の内面のなかに潜在する，現実（現在）の非道徳的で本来的な自分とあるべき本来的な自分――こうあるべしという理想的な自分（自己像）――との間の葛藤ではなく，「現実の場面」――たとえ物語のなかの現実であるにせよ――が彼ら自身に問いかけてくるところの価値の葛藤であると言える。つまり，ジレンマがジレンマたるゆえんは，それが子どもたちに「かくあるべし」という道徳的な理想をもって心理的な重荷（圧力）を与え，彼ら自身に今までの自分の姿を反省させることにはない。むしろそのゆえんは，子どもたち一人ひとりに２つの望ましい道徳的価値をめぐって葛藤させたあげく，どちらを選択するべきかを思い悩ませ，なおかつその行為を選択した道徳的理由づけの内容を問わせることにある。ここで重視されることは，２つの選択項目のうち，どちらを選択することが是か非かを問うことではなく，その行為を選択する（道徳的判断を下す）に至った道徳的理由づけである。そして，子どもたちは，２つの異なる道徳的判断およびそれに付随する様々な道徳的理由づけをめぐって，自発的にかつ自由に討論していく。その討論を通じて彼らは，自分の意見を発言することにより自分の考えを明確にしたり，他者の意見に傾聴することにより，他者の考え方が自分のそれとは異なることを知ったりするなかで，自分の考え方を見直したり確証したりしていくのである。

このジレンマ状況のなかで健一が迫られている選択（道徳的判断・理由づけ）のタイプは，表３のように表すことができる。

価　値	自由・責任		信頼・友情	
(立場)	キャプテンとしての責任		勇二への友情	
判　断	言う	言わない	言う	言わない

表3　ジレンマ状況と道徳的判断

表3に示されるように，ジレンマ状況において子どもたちが決定すべき2つの選択項目，すなわち「言う」と「言わない」という道徳的判断(結果)が縦軸に，この2つの異なる道徳的価値，すなわち(この教材の場合,)「自由，責任」と「信頼，友情」という2つの異なる価値の対立(モラル・ジレンマ)が横軸に，各々設定され，その掛け合わせによって，子どもたちが行う道徳的理由づけの予測が想定されることになる(子どもたちによる実際の結果もまた，この表に示された4象限のなかに納められることになる)。また，それ以外の「けい子のまよい」というモラルジレンマ教材においても，まったく同型のものとなる。その場合，縦軸は同じで，横軸が「信頼，友情」と「明朗，誠実」という価値項目に変更されるだけである。

表3から見て重要なことは例えば，結果的に「言う」という道徳的判断を選択した場合でも，それを動機づける道徳的理由づけがそれぞれ異なるということである。例えば，子どもたちが主人公の健一を通じてジレンマ状況で「言う」と道徳的判断を下した場合でも，その理由は，「監督から叱られたくない」という単純で自己本位な理由から「言う」場合があるし，「和雄に交代した方が，チームが勝つ可能性が高い」という冷静沈着な理由から「言う」場合もある。あるいはまったく逆に，「言わなければ，負けた時，勇二は苦しむ」という実に思慮深い理由から「言う」場合もある。前二者は，程度の差こそあれ，いずれも，「責任」という価値に基づいて道徳的理由づけが行われる場合であるし，後者は，「責任」という価値と対立する，「友情」という価値に基づいて道徳的理由づけが行われる場合である。そのことから，たとえ，道徳的判断(結果)が同じであったとしても，その理由づけは正反対になる可能性があることが

わかる。

ただ，常識的にみる限り，この場合，「友情」という道徳的価値を優先させて「言う」を選択することが絶対的に正しいように思われる。その道徳的判断の理由は，「万一，健一が（そのことを）言わなければ，勇二の足が悪化して今後サッカーができなくなるかも知れない」からである。そういう極端なケースはあり得ないにしても，「この試合に無理に出場することで，勇二の足が悪化することは目にみえて明らかなこと」だからである。

以上，縦軸にプロットされた道徳的判断と横軸にプロットされた2つの異なる価値との掛け合わせを通じて，道徳的理由づけが4象限として析出されてくるが，子どもたちから出されるこの道徳的理由づけをめぐって，子ども同士の自発的な討論（討究）が誘発されるのである。この場合，前述したように，教師はせいぜい，「公平な観察者」，すなわち常識に基づいて適切な道徳的判断をくだすことのできる人間でありさえすれば十分である。教師は価値中立的な立場で事足りるのである。

ただ，この道徳的な発達段階説は，従来のそれと同様に――J. ピアジェの影響から――，発達の可逆性を認めながらも，全体としてはリニアなものであると言える。教師（授業者）は，子どもたち一人ひとりがどのレベルの道徳的判断・理由づけ――総じて，道徳的思考――を行うことができるのかを教材に即してその都度，判定していくためにはおよそ，この道徳性発達モデルを基準とすればよいのである（ただし，道徳性発達モデルそのものは，例えば「前慣習的」水準，「自己欲求希求志向」段階という具合に抽象的に記述されているため，それを教材に即して活用していくためには，その抽象的記述を具体的な表現へと変換していく必要がある）。そして，子ども同士による討論もまた，このモデルに準じた形で展開されていく。つまり，この道徳授業で組織化される討論では，下位の道徳的判断・理由（意見）しか発言することができない子どもは，自分よりも高いレベルのそれ（意見）を発言する他の子どもの意見に傾聴することを通じて，自発的に反省し，自分の意見を見直し，修正したり，あるいは，ほとんど同じレベルの，観点の異なる道徳的判断・根拠（意見）を発言する子ども同士が自発的に討論することを通じて，互いに啓発し合い，より高いレベルのそれへと，道徳性を弁証法的に発達していくことがねらいとされ，またそのことが期待されるのである。

8.2　モラルジレンマに基づく授業実践とジレンマくだき

ただ，この道徳授業論の問題点について次のことが指摘される。1つ目は，ここでは，お決まりの，2つの価値の対立——子どもたちからみると，モラル・ジレンマによる価値の葛藤——が性急な形で求められるために，資料が強引にこじつけられて創作されてはいないかということである。つまり，モラルジレンマ教材のほとんどは，特設道徳と同様，いわゆる読み物（“お話”）教材である。この「サッカー大会」についても，「責任」と「友情」という2つの価値対立を作り出すために，例えば健一一人だけが監督に呼ばれて即座に判断を求められている（足を怪我していると思われる勇二自身は監督に呼ばれていない）など，不自然な（不可解な）脚色が施されていると考えられる。

そのことに直接関連して，2つ目は，この道徳授業で扱われる教材が果たして本当にジレンマ教材であるのかということである。言い換えると，それらの教材が本当はジレンマ教材ではないことを吟味するために，ある基準（方法）が必要になる。それについて，宇佐美寛は，「ジレンマくだき」という注目すべき観点を提示している。彼はディレンマ（ジレンマ）において二者選択を要請する思考が低劣なものであることを前置きした上で，次のように述べている。「『道徳』授業は，ディレンマに思考の誤りをおかさない思考方法を教えるべきものである。つまり，広く多面的に考えることによって，一見ディレンマにと見える事態を分解してしまう『ディレンマくだき』を教えるべきものである。」［宇佐美寛，1978：9f.］，と。

そこで再び，この「ジレンマくだき」という観点で，「サッカー大会」

というこの教材を吟味すると，確かに資料のなかで設定される場面，すなわち健一が「友情」という価値に基づいて勇二の足の怪我を監督に告げないか，それとも，健一がチームのキャプテンであることから「責任」という価値に基づいて勇二の足の怪我を監督に告げるか，という二者選択は，現実に照らしてみると，本当の意味での価値の対立とはならないことがわかる。というのも，これ以外に多くの選択および選択後の事態（成り行き）が想定されるからである。この場合，健一は勇二の足をなぜ，監督に告げねばならないのか，そして，たとえ一歩譲って「告げるか告げないか」の二者選択を行い，「告げる」を選んだとしても，それがなぜ勇二の交代につながることになるのか，その場合，監督に事実を告げたとしても，「それでも勇二はこの大会にすべてを賭けてきた」と言って，監督にこのまま勇二の出場を認めてもらうケースだって考えられるのではないか，そうした場合，チームの指揮権は監督にのみあることになるのか，それではキャプテンである健一の役目は何であるのか……という具合に，その都度様々な選択とそれに伴う事態が考えられる。この点からみても，ここで作り出されるモラルジレンマは作為的なものであり，どれほど好意的に解釈しても無理があるように思われる。繰り返すが，こういう錯綜した事態になるのは，日常生活のなかで私たちが適当にやり過ごし，ときには無視しているジレンマを，敢えて２つの異なる価値の対立として主題化し，明確な形で意識の俎上にのせてしまうことに起因している。一般的に言うと，それは，意識化に伴うパラドックス生成という事態である。その意味で，モラルジレンマに基づく道徳授業において，宇佐美の言う「ジレンマくだき」は不可欠な方略なのである。

以上，コールバーグ理論に基づく道徳授業論では，そのジレンマ資料を作成する教材構成段階でジレンマ状況を設定するために，恣意的な物語構成がなされていることから，ジレンマ教材に対して，「ジレンマくだき」を行う必要性があることがわかる。それでは，この道徳授業論が核とするモラルジレンマという視座を積極的に吸収している，マル道をはじめとする他の道徳授業論は，この問題点に対してどのように対処しているのであろうか。まず，マル道について検討していくことにしたい。

ところで，深澤によると，マル道は次の４つの要件を満たす道徳授業の提案を行っている。すなわちそれは，「事実を（知的に）伝える」，「モラルジレンマをセットする」，「その克服の方法を討議する」，「ノンフィクション資料を使う」というものである。この要件を構造的にみると，まずわかることは，「モラルジレンマをセットする」と「その克服の方法を討議する」が，「事実を（知的に）伝える」と「ノンフィクション資料を使う」が，それぞれ，ひとつのペアとみなされるということである。そして，前者のペアがコールバーグ理論に基づく道徳授業論の「(モラル)ジレンマ状況－討論」に対応するという意味で，それを踏襲しているようにみえるのに対して，後者のペアは，その道徳授業論では「物語（お話）－創作資料」とされているという意味で，それとはまったく異質であることがわかる。しかも，前者と後者はひとつの道徳授業の枠組みとして両立すべきであることからみて，マル道では，資料がモラルジレンマとして作成されると同時に，創作資料のような“フィクション”ではなく，「事実を（知的に）伝える」「ノンフィクション資料」を使わねばならないのである。つまり，マル道からすれば，モラルジレンマとして示される２つの異なる価値の対立という観点そのものは正しいが，それをアプリオリなものとして措定し，その価値の対立に適合したフィクショナルな創作資料を想像力によって無理に作り出すこと自体，誤りなのである。それゆえ，フィクショナルな創作資料の徹底的な排除を主張するマル道において，モラルジレンマ――道徳的な対立や矛盾――は，現実の世界（できごと）のなかで生じるできごとに見出すことができる。その典型が，例えば環境問題，福祉問題，人権問題である。従って，モラルジレンマに対して道徳的判断を働かせることの真の目的は，現実の非道徳的な（非本来的な）自己があるべき本来的な自己との隔たりを感知して，心の葛藤を起こすためでもなく，また，恣意的に設定された，創作資料でのジレンマ状況に道徳問題を見出し，より高次の解決（道徳的判断・理由づけのあり方）を究明していくためでもない。むしろそれは，現実の世界で生起するノンフィクショナルな問題をよりよい方向へと改善していくこと，さらにまた，今後起こり得るかも知れない道徳問題（決疑論）に対してよりよい解決の型を探究していくことにあると考えられる。だからこそ，マル道では「道徳授業で扱う資料は，道徳的対立なり矛盾なりをモデル化した創作資料から，上学年になればなるほど，道徳的対立なり矛盾を焦点化したノンフィクション資料へと変えていくべきである」[深澤久，1992：106] とみなされるのである。

以上のように，マル道においては，使用されるジレンマ教材の大半が現実の世界（できごと）に見出されるモラルジレンマとして作成されている。この観点に立つと，コールバーグ理論に依拠する，創作資料中心の道徳授業は，あらかじめ抽出された価値の対立——対立する価値のペア——を前提とすることにおいて，特設道徳による徳目主義と何ら変わらなくなる。特設道徳では，資料「こわれたがらすとさかな」でみたように，「思慮反省，節度節制」と「正直・誠実，明朗・快活」という２つの並列的な「内容」項目（＝徳目）が複合的に主題構成されていたが，この“複合的な”主題構成を，“対立的な”主題構成へと変更していきさえすれば，それはそっくりそのまま，コールバーグ理論に基づくこの道徳授業論になると考えられる。この場合，両者の相違は，もはや決定的なものではなく，２つの価値を複合するものとみなすか，それとも対立するものとみなすかの程度の違いに過ぎなくなる。言い換えると，マル道は，こうした徳目主義のパラドックスを克服するために，２つの対立する価値を創作資料に無理にこじつけることなく，リアリズムの立場から現実の世界（できごと）にみてとろうとするのである。

8.3　真正のモラルジレンマとしての生命問題

——決疑論としての道徳教育論の構築に向けて——

ところで，マル道，愛媛サークルでは，以上のことを踏まえた上で，そこで使われる教材が本当にジレンマ資料であるかについて吟味するために，「ジレンマくだき」［山崎雄士，1993：9–28］という解決策（判定基準）をとっている。それは前述したように，宇佐美によって提唱されたものである。繰り返すと，宇佐美の場合，それは，「広く多面的に考えることによって，一見ディレンマにと見える事態を分解してしまう」方法なのであった（彼は，ジレンマにおいて二者選択を要請する思考が低劣なものであるという前提に立っている）。

ただ，マル道，同サークルと宇佐美では，ジレンマそのものについての認識が異なるために，「ジレンマくだき」の目的もまったく違ったものになる。つまり，マル道，同サークルからみて，ジレンマくだきが必要とされる理由は，宇佐美のように，ジレンマそれ自体が低劣な思考，または思考の誤りの原因となるものだからではなく，“どういった場合ジレンマくだきは可能で，どういった場合ジレンマくだきは不可能なのか”というように，真のジレンマと偽りのジレンマ（＝疑似的ジレンマ）の境界を見定めていくことにある。言い換えると，同サークルでは，ジレンマくだきは，ジレンマそのものを否定し，解消（解体）するためになされるのではなく，真のジレンマを発見するためになされる必要があると言える。結論から述べると，同サークルでなされたジレンマくだきの結果，真のジレンマ，すなわち「くだけないジレンマの実践」［同上：111］とみなされたのは，生命問題を主題とした次の２つの道徳授業の実践，すなわち「尊厳死」（小学校高学年対象）［同上：78–94］と「それでも命は誕生する」（中学校対象）［同上：95–111］である。いずれも，今後，早急に解決の型が希求されるノンフィクション資料にほかならない。

それに対して，宇佐美による，ジレンマ解体としての「ジレンマくだき」の方法は，特定の領域の問題，すなわち同サークルが主題とする（決疑論としての）生命問題を除く，日常的な領域の問題に対して有効なものであると考えられる。

例えば，日常的な領域をみると，ジレンマ資料とされた教材以外に，「ダブル・バインド」というジレンマをはじめ，前述した「社会的ジレンマ」（他に「囚人のジレンマ」）など，数多くの内容豊かなジレンマが見出される。例えばG. ベイトソンが研究対象とした「ダブル・バインド」に顕著に指摘されるように［中井，1990a］，私たちは日常それを特に意識することなく，「うまくやり過ごす」［浅田彰，1985：31］か，または無視している。そうした現象は，学問的レベルでは確かに存在するにもかかわらず，通常，それは，私たちの意識のなかにあらためてジレンマとして顕在化されてくることはほとんどない。むしろ，そのことが日常にとって常態なのであって，逆に，ダブル・バインドというジレンマを適当にやり過ごしたり，無視することのできない者だけ――正確には，そのように振舞うことができない苛酷な状況に永らく置かれた者だけ――が統合失調症に陥ることになる。従って，ここで指摘したいことは，どのような種類のジレンマであれ，そのほとんどは意識のなかでことさら顕在化される類のものではなく，むしろ無意識のうちにスムーズにやり過ごされてしまうか，あるいはまったく無視されてしまうかという運命にあるということである。それゆえ，ジレンマを，2つの異なる価値対立として主題化されるジレンマとして子どもの意識に改めて突きつける道徳授業（特に，ジレンマ資料）は，宇佐美が提起する意味で「ジレンマくだき」によって，できる限り回避される必要があると考えられる（この思考方法は，特設道徳の副読本資料の「わからない部分」を指摘し，資料全体を批判的に作り変えることと同じレベルのものである）。

こうして，「ジレンマくだき」という方法――ジレンマ判定基準――は，日常的な領域において通常，適当にやり過ごされ，無視されているジレンマ現象を，過剰な形で意識の明るみへと顕在化させてしまうジレンマ資料――特に，恣意的で不自然な脚色が施された，創作資料――を批判的に解消していくことと，そのプロセスを通じて，現実の世界で生じるジレンマのうち，どれが真のジレンマ（「くだけないジレンマ」）かを見定めていくことを可能ならしめるのである。マル道，同サークルでは，前述したように，「くだけないジレンマの実践」として，植物人間に対する「死ぬ権利」を主題化した「尊厳死」と，脳死問題――前述したハリスの思考実験で言えば，《脳死の人》をさらに，特殊・個別的な《脳死した妊婦》へと変更し，限定化した場合に相当する――を純粋な形で主題化した「それでも命は誕生する」の２つを挙げ，それを根拠にして，決疑論としての生命問題，特に人間の生死を直接主題化した生命問題を真のジレンマとして捉えている。

「尊厳死」という資料の概要は，次の通りである。ある事故によってカレンは植物人間となったが，彼女を看病する両親は，意識不明の状態が続き，痩せ衰えていくばかりの娘のあまりの悲惨な状態に耐えられなくなり，「娘に，人間としての死ぬ権利を与えて欲しい」と医師団に訴える。この訴えは聞き入れないため，両親は「死ぬ権利（尊厳死）」を求めて法廷に訴訟を起こす。裁判長は，「人を死にいたらしめる行為」は許されないという立場と，植物人間は人間らしさを奪われた状態であり，「死ぬ権利」を認めるべきという２つの対立する意見を斟酌した上で，この訴えについて判決を下すに至った，というものである。この資料内容を見てわかるように，この教材は前に検討した「医師のまよい」と同様，人間の生死を直接主題とする難解なものである。

こうして，人間すべてにとって，どのようにしてもくだくことのできない，真のジレンマとなり得るのは，多値的な思考方法を許さない「生」と「死」の間に見出されるジレンマにほかならない。前に扱った「命の授業」と「医師のまよい」が，環境問題に比べて解決の型を見出すことがはるかに困難であったのは，それら２つがいずれも有限者として人間がもつ，生死のパラドックス，すなわち究極のジレンマを直に主題としたためにほかならない。

それでは，より深く探究すればする程，恐らくパラドックスもしくは究極のジレンマに陥るであろう生命問題を，道徳授業を通じて積極的に実践（主題化）していくことを断念または回避すべきなのであろうか。それは否であろう。というのも，ひとつには「命の授業」で示されたように，人間の生きる権利，人権が蹂躙（差別）され，公正の原理が軽視される動きが現代の社会にあることをまったく否定できないからであり，さらにいまひとつは，「医師のまよい」や「それでも命は誕生する」で示されたように，従来，心臓死を基準に規定されていた「死」の定義に加えて，医療技術の進展によって「脳死」という「死」に対する新たな定義が生み出され，そのことによって，今まで自明であった人間の生死の境界が不分明になり，生死に対する価値観がゆらぎつつあるからである。つまり，道徳教育では，前者のように，公正の原理から，道徳的大原則，すなわち道徳的価値の重要性を子どもたちに明確に認識させていくことが求められると同時に，後者のように，思考実験を通じて，その確固とした道徳的価値をゆるがすような特殊・個別的な事態に彼らを直面させ，彼らの価値観に激しくゆさぶりをかけていくことが求められているのである。言い換えると，真の道徳的判断が求められているのは，公正の原理だけによる純粋な道徳命題（抽象的・普遍的な命題）が，稀少性原理によって経済倫理の命題へと変換され――現実化され――，その解決の型を求めるために，功利性の原理の助けを必要とする場合なのである。その意味で，「医師のまよい」でなされた，功利主義擁護を戦略とする思考実験は，将来あり得べき事態を想定して，様々な条件変更を行って，特殊・個別的な事態を設定し，その逐一の事態に対してどのような道徳的判断を下すことが適切なのか，その可能性を自由にかつ多面的に開示することができるがゆえに，有効なものであると考えられる。その授業でも主題化されたように，「脳死」問題――実質的には，「脳死・臓器移植」問題――の発生によって，現在，「死」の概念は宙吊りにされたままであり，従って，その概念を自明なもの（現実的なもの）とみなして生命問題に解決の型を見出していくこと自体，矛盾していると言わざるを得ない。この場合，残された方法は，可能性の追究に専心する思考実験をおいて他にないと考えられる。また，そのことは，人間の死に対する問題のみならず，人間の誕生（生）にかかわる「生命操作」問題，例えば「男女産み分け法」，「試験管ベービー」，「代理母」，「陣痛促進剤」などにも当てはまると思われる。

以上，本章を通じて，決疑論としての道徳授業の新たなモデルが探究されてきたのであるが，現段階では，モラルジレンマという視座を核として，そのモデルが構築され得る可能性が開示されたと言える。また，本章は，従来，道徳教育・論の立場から公然と無視されてきた功利主義原理の効用を見出し，その名誉を回復していくこと――と同時に，その限界を見定めること――をもうひとつの目的としており，それは環境問題と生命問題を主題化していくプロセスにおいて概ね果たされたものと考えられる。繰り返すと，環境問題に対しては，社会的ジレンマを通してその効用が，生命問題に対しては，サバイバル・ロッタリーを通してその限界が，それぞれ示された。

さらに，「正義的共同社会」の実現に向けて構築されたコールバーグの道徳教育論は，ロールズの正義論［Rawls，1971＝1979］やJ. ハーバーマスの「ディスクルス倫理学」［Habermas，1983＝1991］とともに，カントを鼻祖とする正義論の系譜に位置するが，私見によると，それは，道徳教育（道徳授業）のモデルを構築するにあたって，公正の原理（正義論の立場）から功利性の原理（例えば，前述した「利他的利己主義」）を“低次元の道徳”――コールバーグでは「前慣習的」水準，「道具的互恵主義」段階程度の道徳的判断（表2参照）――とみなし，軽視するとともに排除してきたのである。

しかしながら，道徳教育にみられる正義論への偏りを是正することも含めて，道徳教育において功利性の原理が有効性をもち得るということ，正確には功利性の原理をまったく無視して，公正の原理だけで道徳教育を行うことが不可能（非現実的）であるということを繰り返し強調しておきたい。つまり，功利性の原理をまったく無視し排除した道徳教育のモデルもまた，特設道徳と何ら変わりがないという意味で，ここで批判の対象としてきた「学校道徳」と何ら変わりがないのである。最後に，本論を通じて論述し検討してきた道徳授業のモデルをモラルジレンマの観点を中心に据えて，表4にまとめ，結論に代えることにしたい。

道徳授業タイプ	教　材	価値の扱い	価値観	教師の構え/授業方法	評　価
特設道徳（「学校道徳」）＝「道徳の時間」での道徳授業	創作資料（通俗的な物語としての副読本）	既成の価値項目（徳目）の単一的もしくは複合的な提示	儒教道徳＋公正の原理（正義論）	既成の価値（徳目）への関与／徳目に直結した教師の発問中心の授業	心情主義 徳目注入主義 イデオロギー 不自然な資料
モラルジレンマによる道徳授業（※コールバーグ理論に基づく授業モデル）	主として創作資料（心の葛藤場面を導入した物語）	2つの異なる（既成の）価値対立の提示によるジレンマ状況の設定	公正の原理（正義論）	価値中立的な構え（「公平な観察者」）／子どもの道徳的判断・理由の重視と討論の組織化・徹底化	心情主義（心理主義） 恣意的なジレンマ教材 理想主義
マル道（※道徳授業改革運動）	ノンフィクション資料（環境・生命・人権・福祉問題）	現実に生じる2つの異なる価値対立の提示によるジレンマ状況の設定	価値中立的（現実認識と環境観の認識が中心）	授業者の思想重視と価値への積極的な関与，授業では価値中立的な構え／子どもの自由発言と子ども同士の討論の組織化	論理主義 稀少性の無視 授業パターンのマンネリ化
環境プロジェクト（※環境教育の授業，教科は特定されない）	ノンフィクション資料（環境問題）	現実に生じる2つの異なる価値対立の提示によるジレンマ状況の設定と，ジレンマ認識の深化	価値中立的（ジレンマそのものについての認識が中心）	特定の環境認識のパラダイムの共有，授業では価値中立的な構え／子どもの自由発言方式	認識主義 稀少性の無視 ジレンマ状況の苛酷さに伴う認識深化の困難性
「医師のまよい」の道徳授業（※実験授業）	思考実験＋ノンフィクション資料（生命問題）	思考実験によるモラルジレンマ状況の設定と，現実に生じる価値葛藤場面の設定	授業戦略としての功利主義擁護（公正の原理との対比）	思考実験による価値命題の検討／挑発的な授業戦略と，自由な雰囲気のもとでの子どもの自由発言	決疑論としての道徳(授業)のシミュレーション 対象とする問題の難解性

表4　道徳授業の主要モデルとその特徴（本章のまとめ）

文献

荒木　紀幸　1988　『道徳教育はこうすればおもしろい――コールバーグ理論とその実践――』北大路書房．

――――　1990　『ジレンマ資料による道徳授業改革――コールバーグ理論からの提案――』明治図書．

浅田　彰　1985　『ダブル・バインドを超えて』南想社．

Attari, J.　1979　*L'ordre Cannibale: Vie et Mort de la Médecine,* Éditions Grasset

& Fasquelle.（J. アタリ，金塚貞文訳『カニバリスムの秩序——生とは何か／死とは何か——』みすず書房，1984年.）
Baudrillard, J.　1990　*La Transparence du Mal: Essai sur les phénomènes extrêmes.*（J. ボードリヤール，塚本史訳『透きとおった悪』紀伊國屋書店，1991年.）
Dawes, R. M.　1980　Social Dilemmas, *Annual Review of Psychology,* 31, pp.169–193.
藤川　大祐　1992　「環境教育の授業づくり——『フロンガスのジレンマ』の授業者として——」『授業づくりネットワーク』5–4，25–28頁.
深澤　久　1990a　「『命』の授業」深澤久編『命の授業——道徳授業の改革をめざして——』明治図書，7–21頁
————　1990b　「道徳授業をどうするか——マルドウは何をめざすか——」深澤久編，前掲書，108–132頁.
————　1992　「どのように道徳授業で『環境』を扱うのか」深澤久・羽鳥悟『環境の授業——道徳授業の改革をめざして——』明治図書，94–121頁.
Habermas, J.　1983　*Moralbewußtsein und Kommunikatives Handeln,* Suhrkamp Ver.（J. ハーバマス，三島憲一，他訳『道徳意識とコミュニケーション行為』岩波書店，1991年.）
Hardin, G.　1968　The Tragedy of the Commons, Science, 162, pp.1243–1248.
————　1977　*The Limits of Altruism : An Ecologist's View of Survival,* Indiana Univ. Pr.（G. ハーディン，竹内靖雄訳『サバイバル・ストラテジー』思索社，1983年.）
Harris, J.　1980　*The Survival Lottery, in his The Patient As Person.*（J.ハリス，新田章訳「臓器移植の必要性」エンゲルハート・ヨナス他，加藤尚武・飯田亘之編訳『バイオエシックスの基礎——欧米の「生命倫理」論——』東海大学出版会，1988年，167–184頁.
羽島　悟　1992　「単元『環境』の授業・その2——『森林破壊』から『環境』を考える——」深澤久・羽島悟『環境の授業——道徳授業の改革をめざして——』明治図書，57–85頁.
Hayek, F. A.　1960　*The Constitution of Liberty,* Routledge.（F.A. ハイエク，気賀健三，古賀勝次郎訳『自由論Ⅰ～Ⅲ』春秋社，1986–87年.）
井上　達夫　1986　『共生の作法——会話としての正義——』創文社.
梶田　正巳　1986　『授業を支える学習指導論——PLATT——』金子書房.
金子　郁容　1986　『ネットワーキングへの招待』中央公論社.
金子　務　1986　『思考実験とはなにか』講談社.
加藤　尚武　1986　『バイオエシックスとは何か』未來社.
————　1993　『倫理学の基礎』放送大学教育振興会.
小林　登　1980　『〈私〉のトポグラフィー——自己－非自己の免疫学——』朝日出版社.
Kohlberg, L.　1971　From Is to Ought : How to Commit the Naturalistic Fallacy and Get Away with it in the Study of Moral Development,（ed.）Mischel,T. *Cognitive*

Development and Epistemology, Academic Pr.（L. コールバーグ，内藤俊史訳「『である』から『べきである』へ」永野重史編『道徳性の発達と教育――コールバーグ理論の展開――』新曜社，1985年，172–192頁.）

―――――　1980　Stage and Sequence : The Cognitive-Developmental Approach Socialization,（ed.）Goslin,D.A., *Handbook of Socialization Theory and Research*, Houghton Mifflin Co.（L. コールバーグ，永野重史監訳，『道徳性の形成――認知発達的アプローチ――』新曜社，1987年.）

―――――, Levine,C. & Hewer,A.　1983　*Moral Stages : A Current Formulation and a Res-ponse to Critics*, S.Karger AG.（L. コールバーグ，C.レバイン，A. ヒューアー，片瀬一男・高橋征仁訳『道徳性の発達段階――コールバーグ理論をめぐる論争への回答――』新曜社，1992年.）

工藤文三，仲村秀樹　1996　「『社会的ジレンマ』をどう教材化するか」『教育科学 社会科学』425号（特集＝論争を呼ぶ「社会的ジレンマ」問題100選），明治図書，16–43頁.

Mach, E.　1920　*Erkenntnis und Irrtum : Skizzen zur Psychologie der Forschung*, Ver.v. Johann Ambrosius Barth.（E. マッハ，廣松渉・加藤尚武編訳『認識の分析』法政大学出版局，1971年.）

松下　良平　1992　「『道徳』授業の新たな可能性――馬場一博実践は何を提起したか――」『授業づくりネットワーク』5–6，22–27頁.

森岡　正博　1988　『生命学への招待――バイオエシックスを超えて――』勁草書房.

―――――　1991　『脳死の人』河出書房新社.

中井　孝章　1990　「自己革新としての〈学習〉過程――関係性の認識論と背理のコミュニケーション――」，『大阪市立大学生活科学部紀要』第37巻，213–232頁.

Palmer, A.　1984　Limit of AI : Thought Experiment and Conceptual Inquiry,（ed.）Torrance,S., *The Mind and the Machine : Philosophical Aspects of Artificial Intelligence*, Ellis Horwood, 1985.（A. パーマー「ＡＩの限界：思考実験と概念的探究」S.トーランス編，村上陽一郎監訳『ＡＩと哲学――英仏共同コロキウムの記録――』産業図書，1985年，13–23頁.）

Polanyi, M.　1966　*Tacit Dimension*, Peter Smith.（M. ポラニー，佐藤敬三訳『暗黙知の次元――言語から非言語へ――』紀伊國屋書店，1980年.）

Rawls, J.　1971　*A Theory of Justice*, Clarendon Pr.（J. ロールズ，矢島鈞次監訳『正義論』紀伊國屋書店，1979年.）

斎藤　勉　1990　『「道徳」授業改革の提案』明治図書.

佐野　芳史　1992　「環境教育のめざすべきもの」『授業づくりネットワーク』5–4，6–7頁.

鈴木　健二　1991　『ノンフィクションの授業――道徳授業の改革をめざして――』明治図書.

多田　富雄　1991　「個体の生と死――免疫学的自己をめぐって――」多田富雄・河合隼雄編『生と死の様式――脳死時代を迎える日本人の死生観――』

誠信書房，114–132頁．
―――――　1993　『免疫の意味論』青土社．
武田　邦彦　2000　『リサイクルの幻想』文藝春秋．
竹内　靖雄　1989　『経済倫理学のすすめ――「感情」から「勘定」へ――』中央公論社．
―――――　1991　『市場の経済思想』創文社．
寺尾　昭彦　1992　「富谷利光氏の授業『リサイクル社会の虚構』――論説文の授業の新しい試み――」『授業づくりネットワーク』5–9，8–21頁．
宇佐美　寛　1978　『教授方法論批判』明治図書．
山岸　俊男　1990　『社会的ジレンマのしくみ――「自分１人ぐらいの心理」の招くもの――』サイエンス社．
山崎　雄士　1993　『サークルで道徳授業を創る』明治図書．
矢野博之，佐野芳史　1993　「藤川大祐氏の授業『フロンガスのジレンマ』――便利な生活を取るか，環境を守るか――」『授業づくりネットワーク』5–4，8–22頁．
吉永　潤　1992　「現代社会に切り込む道徳の授業をめざして――脳死・臓器移植問題を考える授業の試み――」『授業づくりネットワーク』5–6，6–9頁．
吉永潤・馬場一博　1992　「『医師のまよい』～〈１人でも多くの命を救うこと〉のジレンマ――脳死と臓器移植を考える道徳の授業〈中３〉――」『授業づくりネットワーク』5–6，10–20頁．
吉岡　昌紀　1992　「道徳授業における価値の扱い方――「医師のまよい」と教師のまよい――」『授業づくりネットワーク』5–6，28–33頁．

［間奏３］　トゥールミンモデルの効用と限界
――「脳死」概念の議論分析を中心に――

ここでは，Ⅵで取り上げた脳死の授業「医師のまよい」を子ども（生徒）たちが自ら論理的に考えたり，他者と議論したり討論したりする上で必要な「言語の技術（スキル）」について述べていくことにしたい。

一般に，議論では根拠または前提に基づいて，主張または結論を正当化していくことが目的となる。そして，主張（結論）を導き出すための直接の証拠となるものがデータである。また，ある議論の結論となる要素を「主張（Claim）」［Cと略記する］［Toulmin et al., 1984：29–35］，ある主張の根拠となるデータや事実を「根拠（Grounds）」［Gと略記する］［ibid.：37–44］と定義することにしたい。

従って，一連の立証活動（議論）とは，一つあるいは複数の証拠となるべきデータから，直接，主張（結論）を導出することであると言える。ここで重要なことは，根拠（G）から主張（C）へと推論していく際，既知のものから未知のものへと，あるいは承認された事柄から問題性のある事柄へと，ある種の飛躍が存在するということである。これは「推論上の飛躍（inferential leap）」［足立幸男，1984：98］と呼ばれる。従って，子どもも含め私たちが適切な立証活動を遂行するためには，この推論上の飛躍が無謀なものではなく，合理的（理性的）なものであることを示す必要がある。根拠（データ）から主張（結論）を導出していくことがなぜ，妥当であるのかについて，私たちはその合理的な根拠を立証しなければならない。

いま，私たちに求められる，なぜその根拠によって主張（結論）できるのかを説明する議論の構成要素を，S.トゥールミンに従って，「理由づけ（Warrant）」［Wと略述する］［Toulmin et al., 1984：45–59］と呼ぶことにする。この理由づけ（W）は，日常の議論のなかで，ほとんど明示化されることがない反面，根拠の信憑性とあわせて，それには主張の真理性（または蓋然性）が依存している。従って，この理由づけを発見し，定式化する作業が，議論分析の中核に位置づけられることになる。

以上述べてきたことを再度，トゥールミンの議論分析モデルに準拠して要約すると，次の図17［ibid.：98］として表すことができる。

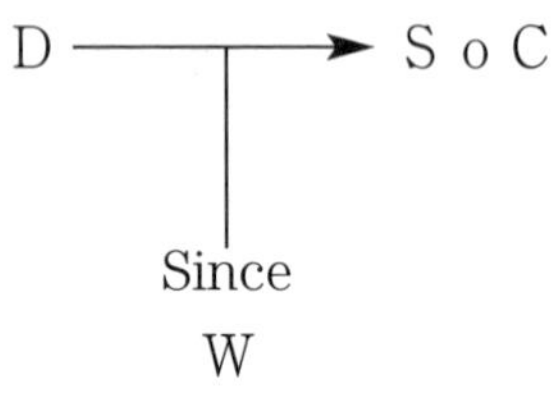

図17　議論の基礎構造

図17のように，議論の構造は，根拠，理由づけ，主張（結論）という3つの部分から構成されるとともに，立証活動（議論）は，根拠（G）から理由づけ（W）を経由して主張（C）へと至るプロセスとなる。しかも，この3つの構成要素は，議論分析の最小単位であって，これ以上分割すると，議論の構造そのものが成立し得なくなるのである。

このトゥールミンモデルから成る議論の構造のうち，最も単純な議論の形態として古典的三段階論法が挙げられる。つまり，このモデルに従うと，古典的三段論法とは，根拠（G）から理由づけ（W）を経由して主張（C）へと至るプロセスが必然的なものとなる推論形態として表される。それは「必然的議論（necessary argument）」［足立幸男，1984：100］と呼ばれる。この場合，必然的議論であるためには，理由づけ（W）が，根拠（G）から主張（C）への移行を完璧な形で保証するものでなければならない。

例えば，あの有名な論題（論証），「すべての人間は死ぬ。ソクラテスは人間である。ゆえに，ソクラテスは死ぬ。」で例示してみたい。この論題を古典的三段論法に沿って分析した上で，それに法的三段論法（法的議論法）とトゥールミンモデルを対応させてみると，次の表5のようになる。

論　　題	三段論法	法的議論法	トゥールミンモデル
すべての人間は死ぬ。 ソクラテスは人間である。 ゆえに，ソクラテスは死ぬ。	大前提 小前提 結　論	x(Hx→Mx) Ha Ma	理由づけ（W） 根拠（G） 結論（C）

表5　法的議論法とトゥールミンモデルに基づく必然的議論としての古典的三段階法の検討

三段論法からみると，この例では大前提と小前提の2つの真なる前提から論理必然的に（＝演繹的に）結論が帰結されており，妥当であると考えられる。そして，記号論理学を援用した法的三段論法からみると，この例は，「すべてのxについて，xが人間であるならば，xは死すべきものである。a（ソクラテス）は人間である。aは死すべきものである。」と表すことができる。従って，この例のなかの「人間」,「ソクラテス」,「死ぬ」にまったく別の言葉を代入したとしても，その関係は，H（A）はM（B）である，a（C）はH（A）である，ゆえに，a（C）はM（B）である，というように，適切な結論を帰結させることができる。さらに，トゥールミンモデルに沿ってみると，この例の議論は，「ソクラテスは人間である。」（G）から「すべての人間は死ぬ。」（W）を経由して「ゆえに，ソクラテスは死ぬ。」（C）へと至るプロセスと記述される。ただここで注目すべきことは，根拠（G）から主張（C）へのプロセスで経由される根拠づけ（W），すなわち（根拠づけに潜在している）「推論上の飛躍」がまったくみられないという点である。もっと言えば，必然的議論と称される古典的三段論法は，推論（思考）をほとんど伴わないトートロジカルな（すなわち，何も述べていないのと同じ）議論法に過ぎない。それは形式が厳密である一方で，内容はまったく空虚なのである。

これに対して，根拠（G）から主張（C）への推論上の飛躍を伴う議論は，「蓋然的議論（probable argument）」［同上］と呼ばれる。蓋然的議論では，根拠（G）から主張（C）へと至る推論のプロセスを支える理由づけ（W）は，必然的議論とは異なり，確固たる保証とはなり得ない。しかしそれでも，どれだけ理由づけ（W）が推論上の飛躍を支えることができるかに，理由づけ（W）の真価が問われることになる。価値判断を伴う論題の大半は，この類の議論に分類することができる。

こうして，価値判断を伴う蓋然的議論は，真と思われる根拠（G）もしくは蓋然的な根拠（G）に基づきながら，完璧とは言えない理由づけ（W）によって，主張（W）の妥当性（蓋然性，または確からしさ）を正当化していこうとする類の議論だということができる。そして，トゥールミンはこうした蓋然的議論の特徴を配慮して，前述した議論分析の最小単位，すなわち「根拠（G）」，「理由づけ（W）」，「主張（C）」の“三位一体”構造に，「限定」または「限定語（Qualifier）」［Qと略記する］［Toulmin et al., 1984：85–94］，「反証」または「留保（Rebuttal）」［Rと略記する］［ibid.：95–102］，「裏づけ」または「理由づけの裏づけ（Backing for Warrant）」［Bと略記する］［ibid.：61–72］を新たに加えたのである。

まず「限定（Q）」とは，根拠（G）から理由づけ（W）を経由して主張（C）へと至るプロセスがどのくらい確実であるのかと言うように，その確からしさ（蓋然性）の程度を示す要素である。つまり，それは，理由づけの確かさの程度を表す要素であり，蓋然的議論には不可欠な要素である。従って，「限定（Q）」は，根拠（G）から主張（C）への成り行きが「可能である（possible）」とか，「そうでないよりもそうである可能性が大きい（plausible）」ということを立証することになろう。

次に，「反証（R）」とは，「〜でない限り」という条件を表す要素である。根拠（G）から主張（C）への推論上の飛躍は，理由づけ（W）によって正当化されるとは言っても，これら3つの要素すべてが蓋然的なものに過ぎず，従って理由づけ（W）は推論上の飛躍を普遍的，絶対的に保証するような力をもちあわせていないのが普通である。従って，私たちは，間違いや虚偽を避けるために，例外的なケースを配慮することで，理由づけ（W）の普遍性や絶対性に対する保留条件を明示化しておくことが求められる。それが「～でない限り」と記述される「反証」もしくは「留保」なのである。

さらに，「理由の裏づけ（B）」とは，理由づけが正当なものであることを支える要素である。蓋然的議論においては，理由づけ（W）が内容上，真であることも真でないこともある。従って，理由づけ（W）の内容そのものの信憑性を支えるために――ときには問い直す（吟味する）ために――，何らかのメタ資料（データ）が必要となる。トゥールミンの議論が厳密であるのは，理由づけを正当化する，この裏づけに見出されると言っても過言ではない。

トゥールミンモデル（トゥールミンによる議論分析論）とは，正式には「論拠／データ（G）」，「理由づけ（W）」，「主張（C）」，「限定（Q）」，「反証（R）」，「裏づけ（B）」という６つの構成要素から成り立つ。それは図18［Toulmin et al., 1984：98］のように示される（ただし用語の統一上，図18では原書のModalityをQualifier［Q］へと変更した）。

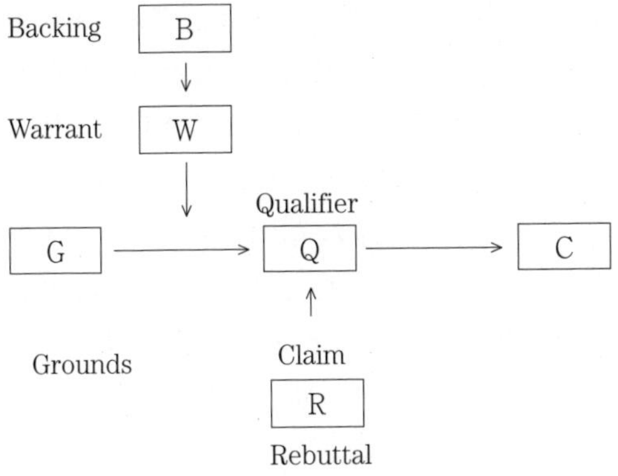

図18　トゥールミンモデル

なお，トゥールミン自身は，これら６つの要素の内，「主張」，「根拠」，「理由づけ」，「裏づけ」の４つの要素をもって議論の基本構造であるとし，それに「限定」と「反証」の2つの要素を付け加えている。前者の主要な要素は「議論の確かさを知るための要素」[中村敦雄，1993：76] であり，後者の付加的要素は，「議論の強さに関する要素」[同上：77] であると捉えられる。ただ私見によると，トゥールミンはすでに完成されたモデル（思考結果）を基準にこうした区分を行っているだけであり，必然的議論から蓋然的議論へといった議論の発生論的捉え方に従う限り，そうした区分の仕方よりも，「根拠」と「理由づけ」と「主張」をトゥールミンモデルの中核と捉えた上で（図18参照），そのモデルをより一層精緻化するためにそれ以外の3つの要素を付け加えていくとした方がより適切であると思われる。

トゥールミンモデルの捉え方に関する相違はともかく，それが発揮する効力を図18を参照しながら，Ⅵで取り上げた脳死問題を「脳死状態にあるこの若者は，死んでいる」という論題に置き換えて議論分析してみることにしたい。

まず，この主張（C）を行うために必要な論拠（G）として考えられるのは，「この若者は，事故で脳に致命傷を受けた」である。この論拠（G）から主張（C）へと推論上の飛躍を行う上で，もち出される理由づけ（W）は，脳死に関する科学的な知識，すなわち「脳死とは，脳機能の不可逆的喪失である」という定義である。つまり，一旦，脳に致命傷を受けてしまうと，その機能は回復し得ず，死（脳死）に至るというものである。従って，この場合の議論の基本構造は，「この若者は，事故で脳に致命傷を受けた」がゆえに，「（脳死状態にある）この若者は，死んでいる」，なぜなら「脳死とは，脳機能の不可逆的喪失である」ということになる。この場合，理由づけ（W）は，科学的知識（ブレイン・サイエンス）という「証言に基づく議論」，とりわけ「専門家の意見や判断」に基づいている。また，主張（C）の蓋然性は，そうした科学的知識に権威づけられることで「多分そうに違いない」あるいは「それは明白である」ということになろう。

ただこの場合，「（理由づけの）裏づけ（B）」として考えられるのは，脳死概念の医学的知識についてのさらなる裏づけである。一見，科学的知識による理由づけ（W）は，普遍的なものであり，まったく疑う余地のないものと思われる。しかもそれは，科学者（医者）という専門家の権威によって裏づけられている。ところが，脳死臨調の論議からわかるように，一口に脳死と言っても，脳死概念にはおよそ３つのタイプがあり，しかもその各々のタイプの前提にはまったく異なる脳死（死）に対する考え方がみられる。重複を避けるために最小限にとどめると，脳死概念には，全脳死説，脳幹説，大脳死説といった３タイプの脳死概念があり，そのなかで最もラディカルなものが大脳死説である。そして，その脳死学説の前提にある考え方（人間観）がパーソン論なのである。パーソン論によると，人間を「人格（person)」たらしめているのは，認識力や感情，理性能力，他者との関係能力にある。それらは人間の唯一の能力であり，人間性の本質（person-hood）にほかならない。従って，それらの能力を不可逆的に失うならば，人間はもはや生きているとは言えない。その帰結として，パーソン論では脳死者（全脳死の人）は元より，植物状態の人，重度の脳障害者，痴呆性老人，胎児などは人間とはみなされない。この考え方では，人間の精神機能は大脳皮質に存在することになる。言い換えると，大脳死説を支持するパーソン論は，西欧文化に特有の心身二元論（機械的生命論）に立つ人間観でしかない。極論すれば，これは人間に対するバイアスであり，そのことを明確に認識していく上でも，脳死概念そのものを問い直す，「裏づけ（B)」の役割は大きいと考えられる。つまり，裏づけ（B）は，一見動かしがたい真理と思われる，科学的知識や専門家という権威を批判的に検討する機会を与えるのである。

以上のことから考えると，脳死概念および脳死の基準は，全脳死説という最も妥当で穏健な――私たちのコモンセンスに適合した――学説がとられるべきであり，脳死概念が脳幹説，さらには大脳死説へと拡張されないように，脳死の妥当範囲を制限すべきである。言い換えると，脳死問題に関するこの論題（主張）は，人間に対する捉え方，すなわち人間観の解釈にまで及ぶのであり，そのことは理由づけの裏づけ（B），すなわち人間観をも含むメタ資料の討議による批判的検討によってあらためて明示化されることになる。

また，そのことに伴い，反証（R）は，「もし，この青年が脳幹や大脳に（だけ）致命傷を受けた場合でない限り」というように，青年が致命傷を受けたのが全脳（脳の全体）であって，脳幹や大脳皮質だけではないという制限が必要になる。この場合，「脳死＝死」であることの妥当範囲が制限されなければならない。こうした裏づけや反証も含めて以上述べてきたことは，図19のように表される。

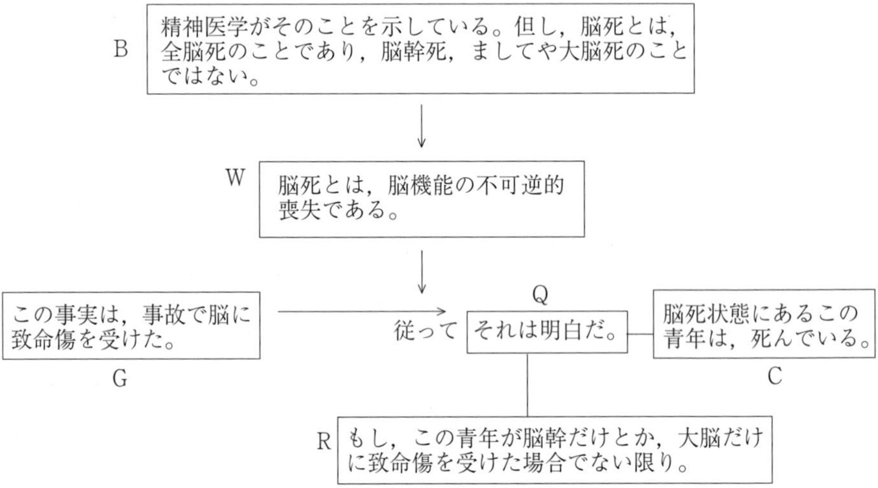

図19　トゥールミンモデルの応用例(2)

ところで，トゥールミンモデルは，議論分析の方法に準じて５つに分類されている。すなわちそれは，類似（アナロジー）による推論（議論），一般化による推論（議論），しるしによる推論（議論），因果関係による推論（議論），権威による推論（議論）である［Toulmin et al., 1984：213–235］。

さらに，足立幸男はトゥールミンモデルと５つの議論のタイプを摂取して議論の類型を12のパターンへと発展させた。それを要約したものが表6［足立幸男，1984：104–141］である。

議論のタイプ	議論の特徴
①一般化（Genealization）による議論*	データからの許容されうる一般化であるという理由によって，主張が正当化される。
②類似（Literal Analogy or Resemblance）による議論	一つ（複数）のケースについてのデータから，それと同一のカテゴリーに属する他のケースに関する主張が導き出される。
③比較（Comparison）による議論	推論上の飛躍が比較（「そうであることの可能性がより小さいところでそうであることは，そうである可能性がより大きいところではなおさらそうであろう」）によって正当化される。
④分類（Classification）による議論	あるカテゴリーについて一般に認められた事柄や，先立つ議論によってその正当性が立証された事柄から，そのカテゴリーに属する個別のケースについての主張を導き出そうとする議論。
⑤徴候ないしシルシ（Sign）からの議論*	通常，複数の事実から，それらの事柄がその徴候であるところの（それらの事柄が示唆するところの）事柄を導き出す議論。
⑥因果関係の議論（Causal Argument)* A.「原因－結果」の議論（Argument from Cause to Effect）	かくかくしかじかのデータが存在する以上，その当然の結果としてかくかくしかじかの事柄が生ずるであろうということによって，主張の確かさが立証される。
B.「結果－原因」の議論（Argument from Effect to Cause）	一つ，あるいは複数の，一般に認められた事実や，先立つ議論によってその正当性が立証された事柄から，それらをもたらしたところの原因ないし責任の所在を推定しようとする議論。
⑦ルール（Rule）に基づく議論	データから主張への推論上の飛躍が法，規則，推定，慣習などとして社会システムの中に制度化されているようなルールによって正当化される議論。

表6　蓋然的議論の主要なタイプ

表6に示されるように，前述したトゥールミンによる5つの議論のタイプは，すべてこの表のなかに内含されている（表中の＊がトゥールミンの議論のタイプと共通したものを示している）。

以上，「立論＝立証」活動およびその典型となるトゥールミンモデル（議論分析論）の有効性について論述してきた。トゥールミン＝足立による12種類の議論分析タイプを活用することによって，ほとんどの論題（議論）は分析可能になると考えられる。しかもこの議論分析論は，必然的議論としての古典的三段論法（形式論理学）のように，真なる前提から論理必然的に（＝演繹的に）ある結論を導出するということで結論の正しさ（真理性）を正当化するだけの，トートロジカルな抽象的論理ではなく，根拠（G）から主張（C）への推論上の飛躍を伴う，豊かな「日常言語の議論（蓋然的議論）」である。その意味において，この論理学は，必然的議論のように「思考の結果のみを対象にし」，「思考の結果の正しさを審査する学問」［碧海純一，1965：132］ではなく，思考や推論のプロセスそのものを対象にし，検討していく“生活世界の学”であると言える。

しかしながら一方で，このような，日常言語の論理学としての議論分析論は，根拠に基づいて主張を正当化しようとする，自己本位の論理的思考ではないかと思われる。つまりそれは，議論一般に不可欠な具体的な対話状況を捨象したモノローグであると言える。というのも，どのような議論においても，必ず他者との知的交流を通じて意見や考え方が衝突しあい，火花を散らすなかで相互に合意したり，相手の差異を内化することで自分の考え方を変えたり高めたりすることは起こるからである。「立論＝立証」活動と呼ばれる，この議論分析論（主として，トゥールミンモデル）に欠如しているのは，他者とのロゴスとパトスのわかちあいである。いわば，ディアーロゴスそのものの欠如である（「ディアロゴス＝対話行為」には，ロゴス的次元とパトス的次元の2つの層があると考えられる［中井，2003：87–94］）。こうした議論分析論は，日常言語の議論を展開しながらも，具体的な対話状況を捨象してしまっている。

こうして，トゥールミンモデルに典型される議論分析論（「立論＝立証」活動）は，必然的議論としての古典的三段論法（形式論理学）と比べると，内容の豊かな，日常言語の論理学（蓋然的議論）と評価される一方で，ディアロゴス（対話）の論理と比べると，具体的な対話状況と他者そのものを捨象した，自己本位のモノローグに過ぎないと批判されることになる。その意味でこの，「立論＝立証」活動としての議論法は，まさに両義的，中間的な議論の形態であることがわかる。従来，様々な議論法の形態は，バラバラなまま研究されてきたが，トゥールミンによって洗練化されたこの「立論＝立証」活動を基準にするとき，議論分析論（「議論」論）全体を明確に見通すことができるようになる。この点について島崎隆は，トゥールミンの「立証」と数学の「証明」とを明確に区別した上で，立証活動を形式論理学からレトリックへの中間形態（基準）として位置づけながら，議論分析論の全体について次のように俯瞰している。

「立証活動が形式論理学（数学的論理学も含めて）の手に余ることは明白である。……立証は，数学的論理学の厳密な演繹推理の枠内に収まるものではない。形式論理学の限界を洞察した多くの論者は，立証を『非形式論理学』または『非形式的思考』の仕事とみなしている。私はここで人間の行う証明ないし立証の活動に抽象から具体へと，または狭きから広きへといくつかのレベルが見出されることを提案したい。これを図示すると，論理学→証明→立証→対話→レトリック，となろう。ここで簡単に説明すると，『レトリック』がもっとも幅広く証明ないし説得に関わる。レトリックから心理的なものなどを除き，『対話』の論理を考えることができる。さらに対話的状況を捨象し，人間の『立証』行為を考察しうる（トゥールミンの試み）。そこから，たとえば，数学的な『証明』をとり出すことが可能である。そして，この証明のなかからそこで働く基本要素（推理など）をとり出すと，『形式論理学』が成立する。」［島崎隆，1993：104–105］，と。

この見解を集約したものが，図20である。

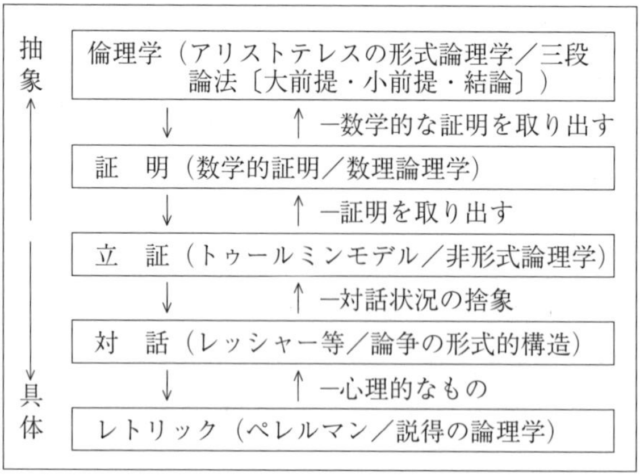

※図中の「−」の印は，「マイナス」を表す。

図20　議論分析論のタイポロジー

図20からわかるように，形式論理学からレトリックに向けて漸次，日常言語に基づく具体的な論理となっていく。その際，ターニングポイントとなるのが，トートロジカルな形式論理や数学などの精密な証明と区別される，立証活動である。従って，この立証活動以上の具体的論理，すなわち日常言語に基づく論理とレトリックこそ，子ども（生徒）たちにとって他者とのコミュニケーションや議論・討論を通じて自分の考え方を広めたり深めたりする上で，あるいは反対に自分の考え方を他者に明確に表現する上で必要不可欠な「言葉のわざ」なのである。議論分析をはじめ，言語論理教育がほとんどなされていないわが国の現状をみたとき，緊急に導入すべき教育内容のひとつであると考えられる。

文献

足立　幸男　1984　『議論の論理――民主主義と議論――』木鐸社.
碧海　純一　1965　『法と言語』日本評論社.
中井　孝章　2003　『学校教育の時間論的転回』溪水社.

中村　敦雄　1993　『日常言語の論理とレトリック』教育出版センター．
島崎　　隆　1993　『対話の哲学――議論・レトリック・弁証法――』（増補新版）こうち書房．
Toulmin,S., Rieke, R. & Janik, A.　1984　*An Introduction to Reasoning,* 2ed., Macmillan.

文献リスト（著者）

以下，本書を制作する元となった論文を下記に列挙したい。下記の論文は，2000年5月，学位申請論文を提出するまでに発表したものである。なお，各々の論文は大幅に修正・加筆したが，参考までに各論文の後に本書との対応関係を示すことにした。

中井　孝章　1991　「カリキュラムにおける知識観の再検討——暗黙知としての問題思考の展開——」『大阪市立大学生活科学部紀要』第38巻，263−282頁．＜Ⅲ＞

————　1994a 「『学校道徳』批判研究序説Ⅰ——モラルジレンマへの思考実験的アプローチ——」『大阪市立大学生活科学部紀要』第41巻，145−167頁．＜Ⅵ＞

————　1994b 「『学校道徳』批判研究序説Ⅱ——モラルジレンマへの思考実験的アプローチ——」『大阪市立大学生活科学部紀要』第41巻，169−190頁．＜Ⅵ＞

————　1995　「記号論からみた学びの生態——仮説的推論の射程——」『大阪市立大学生活科学部紀要』第42巻，155−174頁．＜Ⅱ＞

————　1997　「教育方法学の見地に立つ『学校知』の検討」日本学校教育学会編『学校教育研究』第12巻，235−243頁．＜Ⅰ＞

————　1998a 「思想問題としての『学校英語』改革——英語の呪縛を超えて——」日本社会臨床学会編『社会臨床雑誌』第5巻第3号，16−24頁．＜Ⅴ＞

————　1998b 「教育方法学における『学校知』の検討——《わざ》からのアプローチ——」日本教育方法学会編『教育方法学研究』第23巻，29−38頁．

————　1999 「文学教育における現実と幻想——マニエリスムの技法の可能性——」『大阪市立大学生活科学部 児童・家族相談所紀要』第15号，23−44頁．＜Ⅳ＞

あとがき

本書は，大阪市立大学大学院生活科学研究科に提出した博士論文『子どもの精神発達と教育的コミュニケーションに関する教育方法学的研究――「学校知」変革の視座――』の一部を基にしている。この度出版するにあたり，内容を大幅に修正・加筆した。また，本書は，序でも述べた通り，前書『学校教育の時間論的転回』の続編にあたる。現在，本書の続編にあたる『学校教育の言語論的転回』を執筆中であり，一刻も早く上梓したいと考えている。

博士論文を審査して頂いた，大阪市立大学大学院生活科学研究科の岩堂美智子教授，松島恭子教授，新平鎮博教授に心から御礼を申し上げたいと思います。前書に続いて本書の出版もまた，溪水社，特に木村逸司社長に大変お世話になりました。

最後に，いつもながら側で応援してくれている，妻の豊子と娘の梨花に感謝したい。

2004年3月8日

中井　孝章

著者　中井　孝章（なかい　たかあき）

1958年，大阪生まれ。筑波大学第二学群人間学類卒業，その後，筑波大学大学院教育学研究科博士課程，単位取得・満期退学。現在，大阪市立大学大学院生活科学研究科助教授。教育学専攻（特に，教育方法学）。学術博士。

近著　『学校教育の時間論的転回』溪水社，2003年．
『「学校知」変革の戦略』日本教育研究センター，2004年．
『頭足類画の深層／描くことの復権』三学出版，2004年．
『言葉遊びの教育記号論』三学出版，2004年．
（分担執筆）『教育関係論の現在』高橋勝・広瀬俊雄編著／川島書店，2004年．
（共著）『カウンセラーは学校を救えるか――「心理主義化する学校」の病理と変革――』昭和堂，2003年．

学校教育の認識論的転回

平成16年７月10日　発　行

著　者　中　井　孝　章

発行所　㈱ 溪 水 社
広島市中区小町１―４（〒730-0041）
TEL（082）246-7909／FAX（082）246-7876
E-mail:info@keisui.co.jp
URL:http://www.keisui.co.jp

ISBN4-87440-823-0　C3037